同济博士论丛
TONGJI Dissertation Series
总主编 伍 江　副总主编 雷星晖

陈 震　何清华　著

重大工程业主方项目公民行为对项目管理绩效影响机理及行为策略研究

Megaproject Owner's Project Citizenship Behavior Influences on Megaproject Management Performance Mechanism & Behavior Strategies

同济大学出版社
TONGJI UNIVERSITY PRESS

内 容 提 要

为了更好地研究重大工程业主方项目公民行为,实现项目管理绩效的提升,本书在借鉴已有项目公民行为的基础上,结合重大工程特征,采用访谈法和问卷调研并行收集数据,借助软件构筑模型,深入分析了重大工程业主方项目公民行为对项目管理绩效的影响。研究结论为通过重大工程业主方项目公民行为实现项目管理绩效提供系统理论支持。

本书基于组织行为理论、项目管理理论、经济学、社会学和系统工程理论等,系统分析了重大工程业主方项目公民行为的构建及不同情境下其对项目管理绩效的影响,有助于完善重大工程项目管理理论体系,也为重大工程项目管理实践提供理论支撑和策略建议。本书适用于政府部门、开发管理公司和重大工程业主方等参考使用,同时也适用于对该领域感兴趣的专家学者。

图书在版编目(CIP)数据

重大工程业主方项目公民行为对项目管理绩效影响机理及行为策略研究/陈震,何清华著. —上海:同济大学出版社,2018.9

(同济博士论丛/伍江总主编)
ISBN 978-7-5608-6863-9

Ⅰ. ①重… Ⅱ. ①陈… ②何… Ⅲ. ①重大建设项目－项目管理－研究 Ⅳ. ①F282

中国版本图书馆 CIP 数据核字(2017)第 073243 号

重大工程业主方项目公民行为对项目管理绩效影响机理及行为策略研究

陈 震 何清华 著

出 品 人	华春荣	责任编辑	孙丽燕	蒋卓文
责任校对	徐春莲	封面设计	陈益平	

出版发行	同济大学出版社 www.tongjipress.com.cn	
	(地址:上海市四平路1239号 邮编:200092 电话:021-65985622)	
经 销	全国各地新华书店	
排版制作	南京展望文化发展有限公司	
印 刷	浙江广育爱多印务有限公司	
开 本	787 mm×1092 mm 1/16	
印 张	18.25	
字 数	365 000	
版 次	2018年9月第1版 2018年9月第1次印刷	
书 号	ISBN 978-7-5608-6863-9	

定 价 83.00元

本书若有印装质量问题,请向本社发行部调换　　版权所有　侵权必究

"同济博士论丛"编写领导小组

组　　　长：杨贤金　钟志华

副 组 长：伍　江　江　波

成　　　员：方守恩　蔡达峰　马锦明　姜富明　吴志强
　　　　　　徐建平　吕培明　顾祥林　雷星晖

办公室成员：李　兰　华春荣　段存广　姚建中

"同济博士论丛"编辑委员会

总 主 编：伍 江

副总主编：雷星晖

编委会委员：（按姓氏笔画顺序排列）

丁晓强　万　钢　马卫民　马在田　马秋武　马建新
王　磊　王占山　王华忠　王国建　王洪伟　王雪峰
尤建新　甘礼华　左曙光　石来德　卢永毅　田　阳
白云霞　冯　俊　吕西林　朱合华　朱经浩　任　杰
任　浩　刘　春　刘玉擎　刘滨谊　闫　冰　关佶红
江景波　孙立军　孙继涛　严国泰　严海东　苏　强
李　杰　李　斌　李风亭　李光耀　李宏强　李国正
李国强　李前裕　李振宇　李爱平　李理光　李新贵
李德华　杨　敏　杨东援　杨守业　杨晓光　肖汝诚
吴广明　吴长福　吴庆生　吴志强　吴承照　何品晶
何敏娟　何清华　汪世龙　汪光焘　沈明荣　宋小冬
张　旭　张亚雷　张庆贺　陈　鸿　陈小鸿　陈义汉
陈飞翔　陈以一　陈世鸣　陈艾荣　陈伟忠　陈志华
邵嘉裕　苗夺谦　林建平　周　苏　周　琪　郑军华
郑时龄　赵　民　赵由才　荆志成　钟再敏　施　骞
施卫星　施建刚　施惠生　祝　建　姚　熹　姚连璧

袁万城　莫天伟　夏四清　顾　明　顾祥林　钱梦騄
徐　政　徐　鉴　徐立鸿　徐亚伟　凌建明　高乃云
郭忠印　唐子来　阎耀保　黄一如　黄宏伟　黄茂松
戚正武　彭正龙　葛耀君　董德存　蒋昌俊　韩传峰
童小华　曾国荪　楼梦麟　路秉杰　蔡永洁　蔡克峰
薛　雷　霍佳震

秘书组成员：谢永生　赵泽毓　熊磊丽　胡晗欣　卢元姗　蒋卓文

总 序

在同济大学110周年华诞之际,喜闻"同济博士论丛"将正式出版发行,倍感欣慰。记得在100周年校庆时,我曾以《百年同济,大学对社会的承诺》为题作了演讲,如今看到付梓的"同济博士论丛",我想这就是大学对社会承诺的一种体现。这110部学术著作不仅包含了同济大学近10年100多位优秀博士研究生的学术科研成果,也展现了同济大学围绕国家战略开展学科建设、发展自我特色,向建设世界一流大学的目标迈出的坚实步伐。

坐落于东海之滨的同济大学,历经110年历史风云,承古续今、汇聚东西,秉持"与祖国同行、以科教济世"的理念,发扬自强不息、追求卓越的精神,在复兴中华的征程中同舟共济、砥砺前行,谱写了一幅幅辉煌壮美的篇章。创校至今,同济大学培养了数十万工作在祖国各条战线上的人才,包括人们常提到的贝时璋、李国豪、裘法祖、吴孟超等一批著名教授。正是这些专家学者培养了一代又一代的博士研究生,薪火相传,将同济大学的科学研究和学科建设一步步推向高峰。

大学有其社会责任,她的社会责任就是融入国家的创新体系之中,成为国家创新战略的实践者。党的十八大以来,以习近平同志为核心的党中央高度重视科技创新,对实施创新驱动发展战略作出一系列重大决策部署。党的十八届五中全会把创新发展作为五大发展理念之首,强调创新是引领发展的第一动力,要求充分发挥科技创新在全面创新中的引领作用。要把创新驱动发展作为国家的优先战略,以科技创新为核心带动全面创新,以体制机制改革激发创新活力，以高效率的创新体系支撑高水平的创新型国家建设。作为人才培养和科技创新的重要平台，大学是国家创新体系的重要组成部分。同济大学理当围绕国家战略目标的实现，作出更大的贡献。

大学的根本任务是培养人才，同济大学走出了一条特色鲜明的道路。无论是本科教育、研究生教育，还是这些年摸索总结出的导师制、人才培养特区，"卓越人才培养"的做法取得了很好的成绩。聚焦创新驱动转型发展战略，同济大学推进科研管理体系改革和重大科研基地平台建设。以贯穿人才培养全过程的一流创新创业教育助力创新驱动发展战略，实现创新创业教育的全覆盖，培养具有一流创新力、组织力和行动力的卓越人才。"同济博士论丛"的出版不仅是对同济大学人才培养成果的集中展示，更将进一步推动同济大学围绕国家战略开展学科建设、发展自我特色、明确大学定位、培养创新人才。

面对新形势、新任务、新挑战，我们必须增强忧患意识，扎根中国大地，朝着建设世界一流大学的目标，深化改革，勠力前行！

万 钢

2017年5月

论丛前言

承古续今，汇聚东西，百年同济秉持"与祖国同行、以科教济世"的理念，注重人才培养、科学研究、社会服务、文化传承创新和国际合作交流，自强不息，追求卓越。特别是近20年来，同济大学坚持把论文写在祖国的大地上，各学科都培养了一大批博士优秀人才，发表了数以千计的学术研究论文。这些论文不但反映了同济大学培养人才能力和学术研究的水平，而且也促进了学科的发展和国家的建设。多年来，我一直希望能有机会将我们同济大学的优秀博士论文集中整理，分类出版，让更多的读者获得分享。值此同济大学110周年校庆之际，在学校的支持下，"同济博士论丛"得以顺利出版。

"同济博士论丛"的出版组织工作启动于2016年9月，计划在同济大学110周年校庆之际出版110部同济大学的优秀博士论文。我们在数千篇博士论文中，聚焦于2005—2016年十多年间的优秀博士学位论文430余篇，经各院系征询，导师和博士积极响应并同意，遴选出近170篇，涵盖了同济的大部分学科：土木工程、城乡规划学(含建筑、风景园林)、海洋科学、交通运输工程、车辆工程、环境科学与工程、数学、材料工程、测绘科学与工程、机械工程、计算机科学与技术、医学、工程管理、哲学等。作为"同济博士论丛"出版工程的开端，在校庆之际首批集中出版110余部，其余也将陆续出版。

博士学位论文是反映博士研究生培养质量的重要方面。同济大学一直将立德树人作为根本任务，把培养高素质人才摆在首位，认真探索全面提高博士研究生质量的有效途径和机制。因此，"同济博士论丛"的出版集中展示同济大学博士研究生培养与科研成果，体现对同济大学学术文化的传承。

"同济博士论丛"作为重要的科研文献资源，系统、全面、具体地反映了同济大学各学科专业前沿领域的科研成果和发展状况。它的出版是扩大传播同济科研成果和学术影响力的重要途径。博士论文的研究对象中不少是"国家自然科学基金"等科研基金资助的项目，具有明确的创新性和学术性，具有极高的学术价值，对我国的经济、文化、社会发展具有一定的理论和实践指导意义。

"同济博士论丛"的出版，将会调动同济广大科研人员的积极性，促进多学科学术交流、加速人才的发掘和人才的成长，有助于提高同济在国内外的竞争力，为实现同济大学扎根中国大地，建设世界一流大学的目标愿景做好基础性工作。

虽然同济已经发展成为一所特色鲜明、具有国际影响力的综合性、研究型大学，但与世界一流大学之间仍然存在着一定差距。"同济博士论丛"所反映的学术水平需要不断提高，同时在很短的时间内编辑出版110余部著作，必然存在一些不足之处，恳请广大学者，特别是有关专家提出批评，为提高同济人才培养质量和同济的学科建设提供宝贵意见。

最后感谢研究生院、出版社以及各院系的协作与支持。希望"同济博士论丛"能持续出版，并借助新媒体以电子书、知识库等多种方式呈现，以期成为展现同济学术成果、服务社会的一个可持续的出版品牌。为继续扎根中国大地，培育卓越英才，建设世界一流大学服务。

伍 江

2017年5月

前 言

中国重大工程存在项目管理复杂性,业主方项目管理难以完全满足项目内外部不确定性需求,因而频繁造成质量、进度、成本等管理目标的失控。而改善重大工程业主方在工程全过程的主动管理意愿有利于其目标的管理。因而,如何培养重大工程项目内业主方成员的主人翁精神,提升项目内业主方成员的适应性以适应项目内外部不确定性的需求成为重大工程业主方研究的趋势和热点问题。重大工程业主方项目公民行为作为一种重要的辅助工作完成的行为,旨在处理管理中的工作责任不明、因环境变化而增加的"隐性工作"和工作态度刻意"刁难"等现实中存在的影响项目管理绩效的现象。然而,现有文献针对重大工程业主方项目公民行为的研究尚不充分,已有研究多以组织公民行为为主,缺乏对中国重大工程建设业主方情境的认识,因而对中国重大工程管理的指导不足。

为了更好地研究重大工程业主方项目公民行为,实现项目管理绩效的提升,本研究在借鉴已有项目公民行为的基础上,结合重大工程特征,采用访谈法和问卷调研并行收集数据,借助 SPSS、Lisrel、Netlogo 等软件,运用定性与定量相结合、理论分析与实证研究相结合的方法,构建重大工程业主方项目公民行为对项目管理绩效的模型、开发重大工程业主方项目公民行为量表、进行重大工程业主方项目公民行为对项目管理绩效影响的实证研究、进行重大工程业主方项目公民行为对项目管理绩效影响的动态演化及其他因素对该演化影响的仿真研究等四个方面层层深入分析,并分别在此基础上提出相应的管理策略,系统分析了重大工程业主方项目公民行为对项目管理绩效的影响。研究结论为通过重大工程业主方项目公民行为实现项目管理绩效提供系统理论支持。具体而言,本书针对性地开展了以下创新研究工作。

1. 对重大工程业主方项目公民行为对项目管理绩效的影响程度、影响路径进行了相关综述,在此基础上构建重大工程业主方项目公民行为对项目管理绩效的理论模型。求解该理论模型,证明重大工程业主方项目公民行为对项目管理绩效存在显著积极影响,为后续的实证研究和仿真研究提供理论依据。

2. 面向重大工程业主方项目公民行为的构念,通过文献研究得到过往表征组织公民行为和项目公民行为的77个指标,通过调研访谈得到重大工程业主方项目公民行为与项目公民行为的差异性特征,通过访谈和问卷对其进行筛选,最终得到25个重大工程业主方项目公民行为的关键因素,其中7个因素是重大工程业主方项目公民行为的特有因素。通过探索性因子分析和验证性因子分析,获取利他、个体主动性、公民道德、人际关系和谐、项目服从等五个维度框架,以便于后续研究重大工程业主方项目公民行为。

3. 以重大工程业主方为研究对象,提出重大工程业主方项目公民行为通过关系资本部分中介影响项目管理绩效的路径,通过对25个项目收取267份有效问卷,运用结构方程模型,采用 Lisrel 软件分析其内部产生的影响。分析结果表明,重大工程业主方项目公民行为对关系资本有显著的积极影响,关系资本对项目管理绩效有显著的积极影响,业主方项目公民行为对项目管理绩效有积极影响,关系资本对业主方项目公民行为影响项目管理绩效路径有显著的中介作用。

4. 以重大工程业主方员工为研究对象,提出重大工程业主方项目公民行为通过关系资本影响项目管理绩效的仿真模型,采用 Netlogo 软件,动态模拟业主方项目公民行为对项目管理绩效影响过程。分析结果表明,重大工程业主方项目公民行为对项目管理绩效影响随时间推移呈现S形增长,即增速先慢后快再慢。业主方项目公民行为的成本过高会有效抑制业主方项目公民行为对项目管理绩效路径的实现。

本书基于组织行为理论、项目管理理论、经济学、社会学和系统工程理论等,系统分析了重大工程业主方项目公民行为的构念及不同情境下其对项目管理绩效的影响,有助于完善重大工程项目管理理论体系,也为重大工程项目管理实践提供理论支撑和策略建议。

目 录

总序
论丛前言
前言

第 1 章 绪论 ·· 1
  1.1 研究背景及问题的提出 ·· 1
    1.1.1 研究背景 ·· 1
    1.1.2 问题的提出 ·· 4
  1.2 研究意义 ·· 5
  1.3 研究内容、方法及技术路线 ································ 6
    1.3.1 研究内容及方法 ····································· 6
    1.3.2 研究技术路线 ·· 7
  1.4 研究创新点 ·· 9

第 2 章 研究综述 ·· 10
  2.1 重大工程的内涵和特征 ······································ 10
    2.1.1 重大工程的内涵 ····································· 10
    2.1.2 重大工程的特征 ····································· 12
    2.1.3 小结与评述 ·· 14
  2.2 项目公民行为研究文献综述 ······························ 15
    2.2.1 组织公民行为的内涵 ···························· 15
    2.2.2 项目公民行为的形成及内涵 ················ 17
    2.2.3 组织公民行为的研究维度 ···················· 17

    2.2.4 项目公民行为的研究维度 …………………………………… 22
    2.2.5 项目公民行为的研究热点 …………………………………… 24
    2.2.6 中国情境的组织公民行为研究 ……………………………… 28
    2.2.7 小结与述评 …………………………………………………… 28
  2.3 关系资本理论研究文献综述 ………………………………………… 29
    2.3.1 关系资本的概念及项目中的关系资本 ……………………… 29
    2.3.2 关系资本的量表和维度 ……………………………………… 31
    2.3.3 战略联盟下的关系资本的研究热点 ………………………… 35
    2.3.4 小结与评述 …………………………………………………… 36
  2.4 项目管理绩效研究文献综述 ………………………………………… 37
    2.4.1 项目管理绩效的内涵及维度与重大工程项目成功的管理
       因素 …………………………………………………………… 37
    2.4.2 项目管理绩效相关概念的比较 ……………………………… 51
    2.4.3 小结与评述 …………………………………………………… 52
  2.5 总结与述评 …………………………………………………………… 53

第3章 研究基础问题诠释及理论模型构建 ………………………………… 54
  3.1 项目公民行为对项目管理绩效影响的理论基础 …………………… 54
  3.2 本书拟解决的科学问题、研究对象及研究结构 …………………… 55
    3.2.1 本书拟解决的科学问题 ……………………………………… 55
    3.2.2 研究对象的界定 ……………………………………………… 56
    3.2.3 本书的研究结构 ……………………………………………… 61
  3.3 理论模型构建与求解 ………………………………………………… 62
    3.3.1 关系资本的作用 ……………………………………………… 62
    3.3.2 行为模型的构建 ……………………………………………… 63
    3.3.3 意愿和关系资本对项目管理绩效的影响 …………………… 65
    3.3.4 频率对项目管理绩效的影响 ………………………………… 68
  3.4 本章小结 ……………………………………………………………… 69

第4章 重大工程业主方项目公民行为的量表开发 …………………………… 71
  4.1 量表开发的总体设计 ………………………………………………… 71
    4.1.1 量表设计的原则 ……………………………………………… 71

  4.1.2 量表开发的步骤 ………………………………………… 72
  4.1.3 量表测量工具的选择 ……………………………………… 72
 4.2 初始题项的确定 ……………………………………………………… 73
  4.2.1 业主方项目公民行为题项的提取 ………………………… 73
  4.2.2 访谈方法的选择 …………………………………………… 80
  4.2.3 汇总访谈的实施 …………………………………………… 81
  4.2.4 汇总访谈结果分析 ………………………………………… 90
 4.3 数据收集 ……………………………………………………………… 92
 4.4 单维性和信度检验 …………………………………………………… 95
  4.4.1 探索性因子分析 …………………………………………… 95
  4.4.2 验证性因子分析 …………………………………………… 99
  4.4.3 量表信度分析 ……………………………………………… 101
 4.5 效度分析 ……………………………………………………………… 101
  4.5.1 内容效度 …………………………………………………… 101
  4.5.2 收敛效度 …………………………………………………… 101
  4.5.3 区别效度 …………………………………………………… 102
 4.6 本研究与已有成果的对比分析 ……………………………………… 102
  4.6.1 与现有项目公民行为研究的对比分析 …………………… 102
  4.6.2 与现有中国情境组织公民行为研究的对比分析 ………… 104
 4.7 本章小结 ……………………………………………………………… 104

第5章 基于关系资本中介的重大工程业主方项目公民行为对项目管理绩效影响的实证研究 …………………………………………… 106

 5.1 研究假设 ……………………………………………………………… 106
  5.1.1 重大工程业主方项目公民行为与关系资本假设 ………… 106
  5.1.2 重大工程业主方项目公民行为与项目管理绩效假设 …… 107
  5.1.3 重大工程中关系资本与项目管理绩效假设 ……………… 109
  5.1.4 关系资本作为中介变量的假设 …………………………… 110
  5.1.5 假设汇总 …………………………………………………… 110
 5.2 问卷设计 ……………………………………………………………… 112
  5.2.1 问卷设计的原则 …………………………………………… 112
  5.2.2 问卷设计的过程 …………………………………………… 113

5.2.3 问卷内容及可靠性分析 …………………………………… 115
5.3 小样本前测 …………………………………………………………… 116
    5.3.1 小样本数据收集 …………………………………………… 116
    5.3.2 初始量表 CITC 及内部一致性信度分析 ………………… 117
5.4 数据的收集及描述 …………………………………………………… 119
    5.4.1 调研对象的确定 …………………………………………… 119
    5.4.2 问卷的发放及回收 ………………………………………… 119
    5.4.3 样本的描述性统计 ………………………………………… 121
5.5 数据的差异特征分析 ………………………………………………… 125
    5.5.1 业主方成员差异比较分析 ………………………………… 126
    5.5.2 项目特征差异比较分析 …………………………………… 138
    5.5.3 分析结论 …………………………………………………… 146
5.6 问卷的验证性因子分析 ……………………………………………… 148
5.7 问卷的信度检验 ……………………………………………………… 150
5.8 问卷的效度检验 ……………………………………………………… 153
    5.8.1 内容效度 …………………………………………………… 153
    5.8.2 收敛效度 …………………………………………………… 154
    5.8.3 区别效度 …………………………………………………… 154
5.9 理论模型的拟合及路径分析 ………………………………………… 155
    5.9.1 结构模型拟合 ……………………………………………… 155
    5.9.2 结构模型的路径分析 ……………………………………… 156
5.10 理论模型的修正 …………………………………………………… 157
    5.10.1 结构模型的路径修正 …………………………………… 157
    5.10.2 结构模型的再检验与讨论 ……………………………… 157
5.11 中介效应的检验 …………………………………………………… 159
5.12 研究结果及讨论 …………………………………………………… 162
    5.12.1 假设检验结果汇总 ……………………………………… 162
    5.12.2 假设检验结果分析及讨论 ……………………………… 162
5.13 本章小结 …………………………………………………………… 169

目 录

第6章 基于关系资本的重大工程业主方项目公民行为对项目管理绩效机制动态仿真研究 ·········· 170

- 6.1 项目公民行为动态演化研究背景 ·········· 170
  - 6.1.1 问题的提出 ·········· 170
  - 6.1.2 计算实验仿真研究的必要性和可行性 ·········· 171
  - 6.1.3 仿真方法的选择 ·········· 172
- 6.2 行为仿真的要素分析 ·········· 173
  - 6.2.1 行为主体及状态 ·········· 173
  - 6.2.2 行为活动 ·········· 175
  - 6.2.3 行为利益 ·········· 175
  - 6.2.4 研究案例背景 ·········· 175
  - 6.2.5 案例跟踪调研 ·········· 176
- 6.3 项目公民行为仿真研究的假设及机理 ·········· 176
  - 6.3.1 项目公民行为对绩效动态仿真假设 ·········· 176
  - 6.3.2 项目公民行为对绩效动态仿真整体机理 ·········· 177
- 6.4 项目公民行为具体行为规则的制订 ·········· 181
  - 6.4.1 初始参数的计算与设定 ·········· 181
  - 6.4.2 项目公民行为是否产生的判断 ·········· 182
  - 6.4.3 个体行为的计算 ·········· 182
  - 6.4.4 离职与招聘 ·········· 184
  - 6.4.5 终止条件 ·········· 184
- 6.5 仿真模型的验证 ·········· 184
  - 6.5.1 概念模型的验证 ·········· 185
  - 6.5.2 操作效度的验证 ·········· 187
  - 6.5.3 数据效度验证 ·········· 191
  - 6.5.4 案例验证 ·········· 191
- 6.6 情境分析 ·········· 192
- 6.7 基准情境下动态仿真结果分析 ·········· 194
- 6.8 案例数据收集与验证 ·········· 196
- 6.9 业主方项目公民行为成本对项目管理绩效的影响 ·········· 198
  - 6.9.1 行为成本过高 ·········· 198
  - 6.9.2 关系成本过高 ·········· 199

6.10 项目内利益相关方结盟和分裂的影响 ………………………………… 201
    6.10.1 恶劣的公众环境的影响 ……………………………………… 201
    6.10.2 业主方内部团结的作用 ……………………………………… 202
6.11 业主方士气上限的影响 …………………………………………………… 203
6.12 结论 ………………………………………………………………………… 204
6.13 本章小结 …………………………………………………………………… 205

第7章 重大工程业主方项目公民行为实施管理策略 ……………………… 206
7.1 基于重大工程业主方项目公民行为对项目管理绩效影响模型
    研究 ………………………………………………………………………… 206
7.2 基于重大工程业主方项目公民行为量表开发研究 …………………… 208
7.3 基于重大工程业主方项目公民行为对项目管理绩效影响研究 …… 209
7.4 基于重大工程业主方项目公民行为对项目管理绩效动态影响
    研究 ………………………………………………………………………… 210
7.5 策略整合 …………………………………………………………………… 211
7.6 本章小结 …………………………………………………………………… 213

第8章 结论与展望 ……………………………………………………………… 214
8.1 研究结论 …………………………………………………………………… 214
8.2 研究局限及展望 …………………………………………………………… 216

参考文献 ………………………………………………………………………… 218

附录 ……………………………………………………………………………… 240
  附录A 中国重大工程业主方项目公民行为对项目管理绩效影响的
       调查问卷 ………………………………………………………… 240
  附录B 重大工程业主方项目公民行为对项目管理绩效动态仿真
       界面 ……………………………………………………………… 246
  附录C 重大工程业主方项目公民行为对项目管理绩效动态仿真编程
       源代码 …………………………………………………………… 247

后记 ……………………………………………………………………………… 271

第1章 绪 论

1.1 研究背景及问题的提出

1.1.1 研究背景

近年来,我国的重大基础设施工程建设得到了快速发展,具体表现在,投资额上,重大基础设施工程呈现几何级数增长,根据《中国统计年鉴》(1996—2014),10亿元以上的固定资产投资从1995年的3 807.5亿元增至2013年的78 998.4亿元。数量上,重大基础设施工程稳步增长,从1995年到2010年,我国超过50亿元人民币的重大基础设施工程从12个/年增加到93个/年,平均每年增加22.8%。52.22%的重大基础设施工程的投资额在100亿元到300亿元之间,平均建设周期为5年(何清华等,2013)。随着项目规模和周期的增加,重大工程产生了一系列管理复杂性问题,进而导致了项目的工期、成本、质量三个指标难以得到同时控制(张宪,2011),Flyvbjerg的研究表明70%的重大工程项目存在投资超支问题;超过75%的重大工程项目未实现项目最初机会的功能要求或者存在质量缺陷(Flyvbjerg等,2003)。

项目复杂性给重大工程带来项目和个体利益的不一致,进而个体在实施过程中产生一系列异化行为,严重威胁着重大工程项目管理目标的实现(范昕墨,2010)。该类行为具体表现在:业主方向其他利益相关方下达指令时,其他利益相关方由于受到已有合同的保护,缺乏足够的动力尽心帮助业主实现目标;业主团队成员往往在过往工作中积累了"不做不错"的工作经验,只有领导确定好工作路径后再实施,而由于重大工程面临的环境复杂多变,领导并不了解每一步工作面临的现状,因而造成不适应当时环境的指令被执行,最终造成不利的管理绩效,不得不多次修正指令后返工执行,造成大量的浪费;业主方成员工作任务与工作任务之间由于环境差异而产生一些需要衔接的"隐性工作",而中间的"隐性工作"常常无人完成而引起紧前任务和紧后任务完成者双方的"扯皮",影响项目管理绩效的实现;项目实施过程中业主方对其他利益相关方存在"公权私用"等现象,具体表现为刻意"刁难",故意拖欠工程款等行为,使得流程停滞,影响项目管理绩效的实现;又如在建设工程中当危险地点缺乏安全标志时,有员工进入项目危险区却无其他员工对其加以警告,进而可能发生安全生产事故,影响项目管理目标的实现。这些行为产生的根源在于员工缺乏主人翁精神,强化本位利益,对工作采取应付的态度,破碎化项目管理绩效的结果。因而对项目业主方需要形成这样一种行为,它能够把项目利益最大化放在首位,通过组织间合作和组织内部提升,把项目做成功当成实现人生价值的一部分,自我实现目标而不注重微小的经济利益或者工作便利性等利益的得失。

项目公民行为是项目管理领域近五年来新形成的研究领域,它以 Braun 在 2012 年提出的项目公民行为为标志,认为项目公民行为是项目成员对某一个特定的项目所表现出的时间(time)、团队(teams)、任务(task)和变更(transition)等维度的组织自发的不被传统激励体系所识别的亲社会的角色外的行为(Braun,2012)。项目公民行为的本质是一种跨组织的临时性的网状的组织公民行为(Braun,2012;Braun,2013),相较于组织公民行为,它具有行为的整体性、行为动机的短期性和行为对象的异质性等特征。

业主方项目公民行为是针对业主方成员的一种团队公民行为,与项目公民行为相比:首先,业主方项目公民行为的项目目标更为明确。项目中不同利益相关方所指的项目不同,其项目公民行为难免存在歧义,如对业主方而言,项目指的是整个工程,而对承包方而言,项目仅仅是该方所承揽的一部分。其次,项目公民行为针对的对象主要是个体,侧重于描述个体在工作外的主动利于项目的行为,其行为强调一系列相互独立的个体之间的独立行为;业主方项目公民行为针对的对象是业主方团队,侧重于描述业主方成员对行为的共同理解和期望而表现出的持续性和定期性强化,是业主方内部成员之间以及其他利益相关方成员对业主方成员的相互合作、帮助和支持等行为(Nielsen 等,2009)。

为何研究重大工程业主方的项目公民行为问题? 从必要性而言,由于重大工程涉及多重参建单位及众多参建行为个体,但不同层级的员工对项目的影响是不同的,真正做出决策对项目产生重大影响的行为人仍然是重大工程业主方,其行为价值要高于重大工程中的其他利益相关方(丁士昭,2004)。因而重大工程业主方能够落实项目公民行为,其带来的重大工程项目管理绩效的提升相较于其他利益相关方更为显著。

从可行性而言,重大工程业主方在该项目中层次更高,更易产生项目公民行为,原因有二:首先,从精神层面而言,根据马斯洛的需求层次理论,重大工程业主方更可能先于其他利益相关方进阶自我实现这一最高的价值需求,且外界对该项目的认可往往更聚焦于对该项目业主方的认可,因而从主观上他们更愿意将自己主导的项目做好(Robbins,Coulter,2004)。其次,从物质方面而言,重大工程业主方是重大工程建设的受益方,重大工程建设的利弊直接对业主方产生影响。重大工程也存在针对项目管理绩效实现的各类奖励,该类奖励的受益主体亦为重大工程业主方为主,因而他们更有动力去实现业主方项目公民行为最终提升项目管理绩效。

目前虽然有针对德国情境和葡萄牙情境的项目公民行为研究(Ferreira等,2013),但缺乏对中国情境下重大工程业主方项目公民行为的研究。中国情境下重大工程业主方又面临着西方发达国家业主方不曾遭遇的问题,例如中国重大工程业主方资金来源单一,使用方式缺乏灵活性,难以适应多变的环境需求,因而易造成超支;承包方与业主方之间存在千丝万缕的联系,出现承包方倒逼业主方的现象,极易造成监理方与承包方的冲突。同时,中国情境又存在"以组织为家"的思想,项目业主方成员的主人翁精神的行为又是西方业主方所不具备的(梅哲群等,2014)。因而针对中国现象讨论业主方在各方协调沟通过程中的项目公民行为,对减少业主方内部以及业主方与其他利益相关方对立,缓解冲突具有重要意义。

组织公民行为是组织行为学近三十年来新形成的一类研究领域,主要是指这样一类行为,它是员工自愿产生的,不能被传统的奖励机制所识别,却能够有效地促进组织绩效的一类角色外行为(Organ,1988)。该类行为虽然不是角色内生产行为,但一方面,该类行为能有机磨合存在分工个体的角色内工作行为,让个体绩效更有效地合成为组织绩效,产生"1+1>2"的效果,另一方面,自愿加班等行为对角色内生产行为做出了重要补充(Podsakoff,2000),它是员工对组织满意度在组织绩效的行为体现方式(Organ,1988),又是中国情境"以组织为家"思想影响下,员工主人翁精神的行为体现方式(梅哲群等,2014),因而近年来的研究越来越受到关注。

从重大工程业主方项目公民行为最早的源头——组织公民行为算起,相关研究已持续近30年,但长期以来一直围绕永久性组织或行业层面展开讨论,直到2008年Yen将组织公民行为引入信息系统项目实施研究中(Yen等,2008),之后Aronson等亦开始项目中组织公民行为的研究(Aronson等,2009)。但前述并未清晰界定项目中的组织公民行为与一般组织公民行为的差异,直到2012年项目公民行为(Project Citizenship Behavior)的概念首次被正式提出,并基于概念开发出相应的量表,主要指项目情境下的组织公民行为问题,其临时性、跨组织和网络化是其区别于一般项目公民行为的重要特征(Braun等,2012)。2013年,Braun提出临时性组织公民行为的概念,并开发了相应的量表(Braun等,2013)。然而,项目公民行为将多种类型项目,如IT项目、R&D项目、建设工程项目等统一于同一量表下,削弱了各类项目的特性,特别是重大工程项目中表现出的特征又不完全与一般建设工程相同。虽然Flyvbjerg认为个体行为可以影响重大工程的绩效(Flyvbjerg,2003),但目前为止尚未有合适的学术名词用以描述重大工程管理中的爱岗奉献等现象,而该类现象与管理学中组织公民行为是契合的。何清华等学者的研究也认为重大工程项目公民行为是重大工程项目成功的评价的重要影响因素(何清华,陈震,2014)。过往研究多针对项目个体展开研究,没有考虑项目组织间,特别是业主方内部以及业主方和其他利益相关方的项目公民行为。故作者认为重大工程业主方项目公民行为立足于项目公民行为,相较于项目公民行为,更强调业主方发起的跨组织间的项目公民行为。对其进行界定并研究其对项目管理绩效的影响机制,进而探讨实践中采取哪些措施从重大工程业主方项目公民行为角度提升重大工程项目管理绩效。

1.1.2 问题的提出

重大工程是一个复杂性系统,重大工程的项目管理绩效面临复杂性的挑战而又由于客观条件不能满足复杂性的需求。因而能够调动项目业主方的主观能动性,让其实现自组织和自适应,通过关系资本的构建,降低重大工程项目管理的复杂性,从而最终提升项目管理绩效。研究问题包括:

1. 重大工程业主方项目公民行为的内涵是什么?重大工程业主方项目公民行为构成究竟是怎样的?其中哪些题项又是重大工程业主方项目公民行为所特有的?

2. 重大工程业主方项目公民行为对项目管理绩效究竟产生了怎样的影响?关系资本是否是重大工程业主方项目公民行为对项目管理绩效影响的有效中介

路径?

3. 随时间推移,重大工程业主方项目公民行为对项目管理绩效影响的动力学机制是什么?重大工程项目行为成本、关系程度等参数又会对业主方项目公民行为对项目管理绩效影响路径产生怎样的影响?

1.2 研究意义

1. 理论意义

(1) 界定重大工程业主方项目公民行为的概念并开发相关量表,为重大工程积极组织行为理论研究奠定基础。目前国内外均缺乏重大工程业主方项目公民行为的研究,通过梳理和分析国内外相关领域已有文献对组织公民行为和项目公民行为的研究成果,采用访谈法和问卷调查法,识别出重大工程业主方项目公民行为的关键因素,构建重大工程业主方项目公民行为的维度和题项,进一步诠释重大工程业主方项目公民行为的内涵。

(2) 提出重大工程业主方项目公民行为通过关系资本传导到项目管理绩效的模型,定量化研究静态情境下重大工程项目公民行为对项目管理绩效的影响作用,为重大工程项目公民行为管理提供理论依据。探讨重大工程业主方项目公民行为与项目管理绩效之间的关系假设,实证研究了项目公民行为各维度如何通过关系资本的各维度最终影响项目管理绩效的作用过程。分析所揭示的重大工程业主方项目公民行为对项目管理绩效的影响作用可为后续重大工程项目公民行为的研究提供理论支撑。

(3) 构建重大工程业主方项目公民行为对项目管理绩效的动态仿真模型,为微观研究项目公民行为对项目管理绩效的作用机理和环境改变时的动态影响提供模型支持。探讨重大工程业主方项目公民行为与项目管理绩效之间的动态形成机理,并研究行为成本、关系资本和外部因素变动下对该影响路径的动态冲击。分析揭示了成本控制、关系管理及士气控制策略可为后续研究提供参考借鉴。

2. 实践意义

针对得到的结论提出相应的管理建议,为重大工程项目业主方公民行为的管理提供恰当的管理经验借鉴。本研究提出了一些具有可操作性的策略建议。

首先，重大工程业主方管理相较于其他利益相关方更需要一套标准化工作流程并强调项目服从的作用。

其次，鼓励重大工程中业主方使用更为灵活的工作时间和休息时间，有利于项目公民行为的实现。

第三，不能因为公众压力而改变一些促进业主方项目公民行为的措施，与公众关系恶化对业主方项目公民行为改进项目管理绩效的影响很小。

第四，业主方女性成员、业主方接受本科、硕士学历教育的成员更易产生业主方项目公民行为。增加业主方项目公民行为，可以通过适当提升业主方成员的受教育水平来实现。

1.3 研究内容、方法及技术路线

1.3.1 研究内容及方法

本研究试图将组织公民行为与重大工程项目管理理论相结合，从构建重大工程业主方项目公民行为对项目管理绩效影响的数学模型并证明关系存在，到开发重大工程业主方项目公民行为量表，到选取静态数据实证重大工程业主方项目公民行为对项目管理绩效的影响，到通过仿真动态反映重大工程业主方项目公民行为对项目管理绩效影响的动力学成因及随时间的影响程度，层层深入分析，系统分析了重大工程业主方项目公民行为对项目管理绩效的影响，从而为重大工程业主方项目公民行为的管理提供理论支撑与实践借鉴。具体研究内容如下：

第1章：绪论。从学术和实践两个角度描述了研究背景、提出研究的问题、研究的意义。在此基础上提出本研究的研究内容和研究方法，并构建本研究所需的技术路线，并总结本研究的创新点。

第2章：研究综述。分别综述重大工程、项目公民行为、关系资本、项目管理绩效的概念、内涵和属性特征。是后续章节研究的理论基础。

第3章：研究基础。界定本研究的研究对象和范围，结合文献综述内容提出本研究的研究框架。在此基础上，构建重大工程业主方项目公民行为对项目管理绩效的研究数学模型，求解模型并证明相关结论。

第4章：重大工程业主方项目公民行为的量表开发。结合前述研究成果，在文献研究和访谈的基础上收集题项并精炼，形成重大工程业主方项目公民行为初始量表,通过收集数据,采用lisrel进行探索性因子分析和验证性因子分析,并进行信度和效度检验,得到最终重大工程业主方项目公民行为量表。

第5章:基于关系资本中介的重大工程业主方项目公民行为对项目管理绩效的实证研究。结束前述研究成果,采用lisrel进行静态实证研究,研究关系资本对于重大工程业主方项目公民行为和重大工程项目管理绩效的中介作用。具体研究方法为:首先,结合已有的文献综述,提出重大工程业主方项目公民行为经由关系资本中介影响项目管理绩效的假设;其次,收集问卷数据,并进行数据特征分析;再次,采用结构方程模型分别对重大工程业主方项目公民行为、关系资本和项目管理绩效量表进行验证性因子分析;最后,构建重大工程业主方项目公民行为、关系资本和项目管理绩效影响路径模型,分析路径系数,验证假设。

第6章:基于关系资本的重大工程项目层面的业主方项目公民行为对管理绩效动态仿真研究。结合前述研究成果,采用netlogo进行agent仿真,研究重大业主方项目公民行为对项目管理绩效的动态作用过程,采用真实案例进行验证并讨论在特定的组织模式下的行为成本的改变、关系资本的改变和外部因素的改变对该动态作用过程的影响。具体研究方法为:首先,定义仿真要素、仿真规则和仿真运行机理;其次,构建重大工程项目公民行为经由关系资本影响项目管理绩效的基准模型;最后,分别考虑成本改变、关系资本的改变和外部因素改变对该动态作用过程的影响。

第7章:重大工程业主方项目公民行为策略。基于第3、4、5、6章的内容对重大工程业主方提出相应的实施管理策略建议,并在此基础上基于行为—过程—结果(Conduct—Process—Performance)进行整合。

第8章:研究结论与展望。是对全文研究成果的总结,梳理各章内容中较为重要的结论,并讨论本研究的不足及未来的研究方向。

1.3.2 研究技术路线

研究技术路线是指导本研究从文献综述、理论模型构建、量表开发、实证研究、模拟仿真的总体性研究规划。本研究遵循的是理论和实证相结合的原则,通过对理论研究构建重大工程项目公民行为对项目管理绩效影响的模型,开发重大工程业主方项目公民行为量表,并对原模型进行静态实证和动态仿真的过程。本研究的具体技术路线图如图1-1所示。

重大工程业主方项目公民行为对项目管理绩效影响机理及行为策略研究

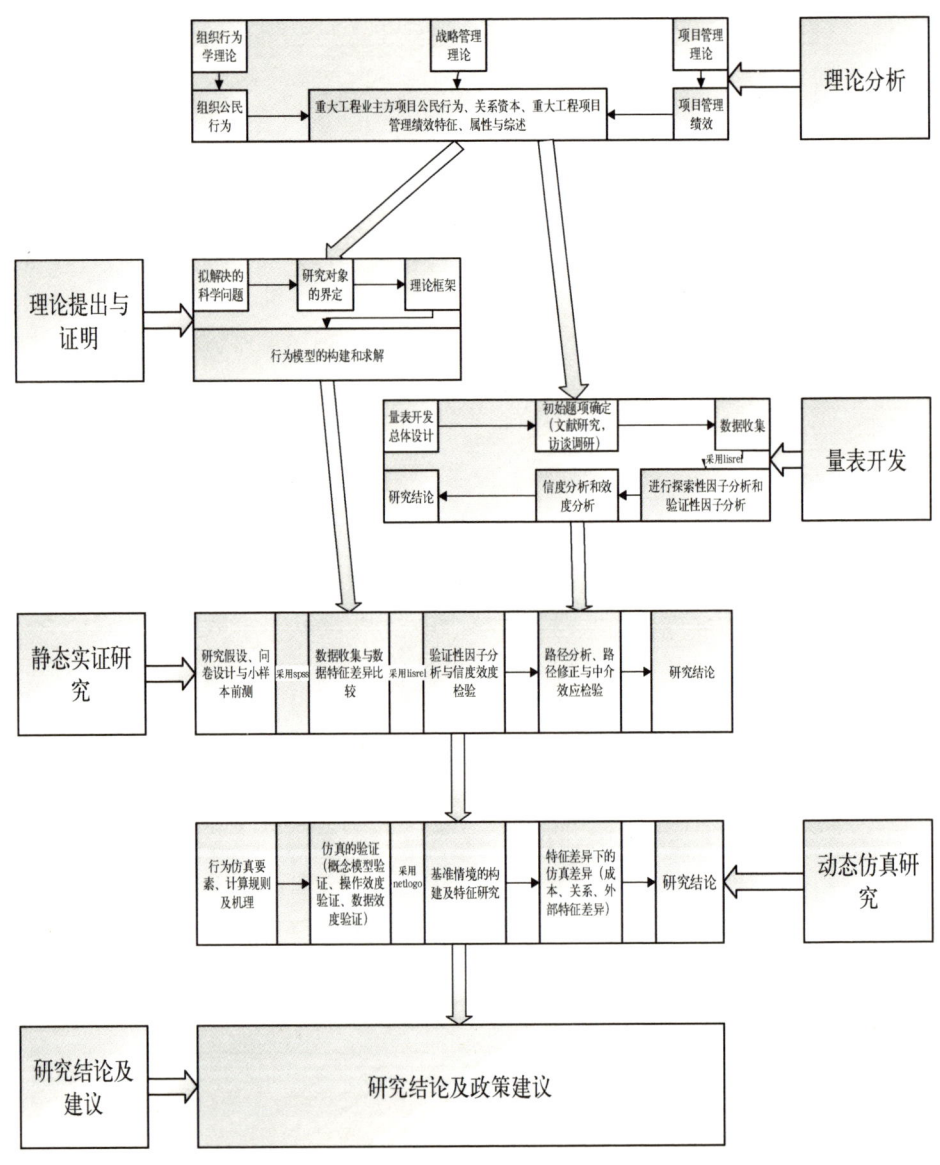

图 1-1 研究技术路线图

1.4 研究创新点

1. 在前人组织公民行为量表开发和项目公民行为量表开发的基础上,通过实证的方法开发了重大工程业主方项目公民行为量表,并将其用于实证研究。

本研究采用文献研究和访谈法收集可能的影响因素,采用访谈法和问卷调研法对影响因素进行筛选,最终识别出重大工程业主方项目公民行为的 20 个关键要素和 5 个维度,其中 3 个关键要素是重大工程业主方项目公民行为所特有的关键要素,得到一些不同于过往研究的一些研究结论。目前对于重大工程业主方项目公民行为的研究不多,因而,所识别的关键因素,一方面,可以为后续重大工程业主方项目公民行为研究提供参考,另一方面,也可为项目业主方进行重大工程项目公民行为管理提供指导。

2. 在前人研究的基础上通过实证验证了重大工程业主方项目公民行为对项目管理绩效的研究假设,并开拓性地实证了重大工程业主方项目公民行为经由关系资本影响项目管理绩效的研究路径。

本研究创新性地将重大工程利益相关方看成战略联盟,从战略管理领域引进关系资本的概念应用于重大工程研究之中,并提出重大工程业主方项目公民行为经由关系资本影响项目管理绩效的中介路径,并通过实证研究论证了该路径的部分中介作用。

3. 构建重大工程业主方项目公民行为动态仿真模型,研究项目公民行为对项目管理绩效影响机理及成本、关系资本和外部因素可能的影响。

本研究动态研究了重大工程业主方项目公民行为形成项目管理绩效的过程,认为关系资本能够促进其作用的发生,并认为重大工程业主方项目公民行为经由关系资本促进项目管理绩效关系使项目管理绩效的增长呈现"S"形增长,增长速度随关系改善而加速,随士气的约束而降低。仅有项目利益相关方均保持良好关系的前提下,关系资本才能中介业主方项目公民行为和项目管理绩效。社会公众与业主方关系恶化对项目管理改进的影响较小,不能因为社会公众的干涉而影响业主方项目公民行为实施。项目士气(角色外精力)的增加能够显著提高项目公民行为的次数从而提升项目管理绩效,因而采用灵活的工作方式能收到更好的效果。传统实证研究难以得到上述研究成果,可为后续研究提供参考借鉴。

第 2 章 研究综述

2.1 重大工程的内涵和特征

2.1.1 重大工程的内涵

重大工程(megaproject)的研究起源于 20 世纪 90 年代,主要针对旨在用于公共服务的大型建设项目。公共项目从本质上讲是由政府提供的,满足社会公共需求的弥补市场失灵的公共产品,具有许多与私人项目不同的特点:① 大多数公共项目是非盈利的公益性项目;② 产出具有非私有品性质;③ 公共项目往往不以经济效益为唯一目标;④ 项目投资大、风险大、影响面大;⑤ 管理程序比一般项目严格;⑥ 更容易受到社会各界舆论的关注(王春阳,尹贻林,2001)。目前针对重大工程的定义尚不统一,国内外对重大工程的典型定义如表 2-1 所示。

表 2-1 国内外对重大工程、大型项目和项目的典型构念定义

构　念	参考来源	定　　义
重大工程 (megaproject)	Bent Flyvbjerg	重大工程是大规模的,具有复杂风险的,需要数年开发和建设的,涉及公共和私人利益相关者的,能改变和影响数百万人生活的耗资数十亿美元的工程项目(Flyvbjerg,2014)
	Ute Lehrer 等	重大工程被用来描述大规模资本投资于一项简单的目标,如交通网络和电力设施的基础设施工程一样,历史性地承担公共物品角色的工程(Lehrer 等,2008)

续 表

构 念	参考来源	定 义
重大工程 （megaproject）	G. Locatelli 等	重大工程是规模极大的投资项目,耗资超过 5 亿欧元。重大工程包括发电站(核能发电站或垃圾燃烧发电站等)、油田油井、高速公路、隧道、大桥、铁路、海港甚至体育文化事件如奥林匹克运动会(Locatelli 等,2014)
	美国联邦高速公路管理委员会（FHA）	重大工程是投资超过 5 亿美元,或由于其具有大量直接和间接影响邻里、环境和预算的显性成本而受到公众广泛关注的项目
	Yi Hu 等	重大工程是大规模的,投资超过该国该年 GDP 的 0.01%,具有高度内在复杂性特征(结构性、技术性、定向性、临时性),包含两个或更多的子项目协同的工程项目(Hu 等,2013)
	Li Zhai 等	重大工程是有超过 10 亿元投资(大约 1.4 亿美元),极度复杂,具有大量风险,持续时间较长,具有大量参与者和外部影响涉及邻里、经济、技术开发以及区域甚至整个国家环境的建设工程项目(Zhai 等,2009)
	高梁等	重大工程是国家为解决所面临的重大经济、社会、安全问题,实现国家战略目标,通常由必要行使最高行政权力,在国力允许的范围内,动员全社会人力、物力、财力资源,组织实施的某些大型工程(高梁,刘洁,2005)
	国家发改委颁布的《国家重大建设项目招投标监督暂行办法(2002 版)》第三条内容	国家重大建设项目,是指国家出资融资的,经国家发改委审批或审批后报国务院审批的建设项目
大型项目 （major project）	Bent Flyvbjerg	从规模而言,大型项目是指数亿美元投资的项目(Flyvbjerg.,2014)
	国家计委、建委和财政部在 1978 年颁布的《关于基本建设项目和大中型划分标准的规定》[1978]234 号附 2 相关内容	铁路:新建的干线、支线、低下铁道和总投资 1 500 万元以上的原有干线、枢纽的重大技术改造工程,以及长度在 100 公里以上,货运量在 50 万吨以上的项目。 公路:新建、改建长度 200 公里以上的国防、连防公路和跨省区的重要干结及总投资在 800 万元以上或长度在 1 000 米以上的独立公路大桥。 港口:年吞吐量 100 万吨以上的新建、扩建的沿海港口;年吞吐量 200 万吨以上新建、扩建的内河港口 民航:总投资 2 000 万元以上的新建、改建机场

续 表

构　念	参考来源	定　义
大型项目 (major project)	国家计委在1996年颁布,国家发改委在2011年修订的《国家重点建设项目管理办法》第二条内容	国家重点建设项目,是指从下列国家大中型基本建设项目中确定的对国民经济和社会发展有重大影响的骨干项目:① 基础设施、基础产业和支柱产业中的大型项目;② 高科技并能带动行业技术进步的项目;③ 跨地区并对全国经济发展或者区域经济发展有重大影响的项目;④ 对社会发展有重大影响的项目;⑤ 其他骨干项目
项目 (project)	Bent Flyvbjerg	从规模而言,项目是指数百万美元及数千万美元投资的项目(Flyvbjerg,2014)
	PMBOK(2013)	项目是为创造独特的产品、服务或成果而进行的临时性工作(P. M. Institute,2013)

资料来源:本研究根据相关文献整理。

结合中国情境,本书研究的重大工程是为了满足国家战略层面和社会公共需求而建设的,投资额在10亿元人民币以上的,持续时间长,任务、组织、技术等较为复杂,具有不确定性,以政府投资为主导兼容多种融资模式,利益相关者众多,对居民生活、社会经济或自然环境等产生深远影响的大型基础设施建设工程,该类工程诸如:三峡水利枢纽工程、南水北调工程、京沪高铁工程、港珠澳大桥工程、上海虹桥交通枢纽改扩建工程、上海轨道交通建设工程和上海环线建设工程等。

2.1.2　重大工程的特征

重大工程是一个相对的概念,"非重大工程"到"重大工程"是随着工程规模增大而产生的由量变到质变的过程,很难用精确的量化工具将"重大工程"与"非重大工程"加以区分。然而,重大工程的一些特征是一般工程所不具备的:

1. 重大工程是一个完善的系统,存在大量相互作用的子系统,其内部互嵌复杂

重大工程规模巨大,需要完成的目标往往可以划分成多个子目标,由重大工程建设团队的子系统分别加以实现,形成了任务和组织的双重复杂性(何清华等,2013)。而重大工程系统的复杂性又表现为:要素数量众多,具有差异性和多样性、具有相互依赖性、不确定性和动态性(He,Luo,Hu,Chan,2015)。重大

工程参与人数众多,实现的任务规模更为庞大,个体间属性和取向的差异使得重大工程的组织和任务在实施之前已产生内在复杂性(何清华等,2013)。而在实施过程中,个体间的差异和多样性被放大,使得各人完成的任务质量参差不齐,组织的纵向差异、横向差异和技术差异使得重大工程的子系统产生"离心力",而重大工程则要协调各方重回实现项目总体目标的轨道。项目任务之间具有复杂的逻辑关系,使得项目任务互相依赖性增加,而外部环境对重大工程系统的冲击易通过系统内传导响应机制而被放大,造成整个系统大的灾难。然而,由于重大工程的影响因素众多,其冲击亦具有动态和不可预测性,使得系统性风险的防范更加困难(李帅杰,2013)。

2. 重大工程涉及利益相关方众多

重大工程涉及利益相关方众多,既包括与工程项目直接相关的投资方、建设单位、勘察设计单位、承包商、分包商、材料设备供应商、监理单位、运营方、高层管理者、员工,又包括政府部门、工程项目所在社区、银行为代表的金融机构、社会公众、保险公司和担保公司等。各方为了其短期利益,往往会产生损害项目长期利益的行为,具体表现在:第一,项目的承揽方往往在投标过程中均存在"过度承诺"问题,造成"钓鱼工程",又缺乏相应的应急预案和替代方案,导致项目的利益被利益相关方利益所绑架,而形成"绿灯综合征",最终阻碍重大工程绩效的实现(马蔡琛,2008);第二,由于重大工程承揽涉及利益巨大,容易产生寻租现象,阻碍适合的项目参与方资源有效配置于重大项目,进一步地,寻租方为回收寻租成本,对重大工程实施过程采取偷工减料等策略,威胁重大工程的质量安全(乌云娜等,2013);第三,重大工程持续时间长,利益相关方众多,各方在协同过程中基于搭接顺序、利益分配的考量,难免出现冲突,如何协调各利益相关方关系,保证各利益相关方能够持续有效合作对促进重大工程项目绩效实现具有积极意义(Olander,2007);第四,重大工程利益相关方还包括政府、企业和社会公众等主体,重大工程不仅存在内部利益相关方之间的博弈,基于其外部性还存在与外部利益相关方之间的博弈,因而项目不得不作出让步,影响重大工程绩效的实现(周义,2014)。

3. 重大工程具有深度的动态性和不确定性

重大工程的动态性和不确定性主要体现在:第一,项目规划时间长,在此期间项目受政治、社会、经济、技术条件、自然条件等多重因素影响,项目范围和项目规模可能发生不断的变化,因而重大工程的最终产品亦与规划有所不同(陈伟,2005);第二,重大工程由于其体量庞大,往往突破了一般设计规范和施工技术的标准,需要参与人员基于经验摸索适合重大工程的设计和施工技术标准,其中难免出现返工,造成项目进度的延迟和成本的上升(何清华等,2013);第三,重大工程涉及的参与单位众多,如何在长时间保持相关单位的良好关系,保持之间的动态平衡,实现有效协同,最终实现项目目标同样具有不确定性(Olander,2007)。

4. 重大工程具有目标的多元性

重大工程作为公共项目,具有重要的政治和社会意义,因而其目标往往也不仅限于重大工程的质量、进度、成本和安全等目标,还可能涉及重大工程的政治意义、重大工程的社会价值、运营阶段的经济价值、运营阶段对附近居民生活的影响、运营阶段对自然环境的影响等多维度的项目目标,而目标之间亦存在冲突的关系(王茜,程书萍,2009)。重大工程需要在目标间有所取舍侧重,才能实现目标群导向下集成的总体目标(盛昭瀚等,2008)。

5. 重大工程的所有权与运营权不分离

尽管有研究表明项目中越来越多采用所有权和运营权相分离的模式(Muller,Turner,2005),但是,重大工程关系到国家利益和社会利益,因而重大工程的业主方仍然承担所有权和运营权统一的角色,也就是重大工程业主方既是项目的所有方,又是管理方(盛昭瀚等,2008)。

综上所述,重大工程具有不同于一般建设项目的复杂性,而使得项目的子目标和实现过程往往是不确定的,而传统的项目团队按照目标执行任务的刚性工作行为不能随项目内外部因素的改变而及时作出适应性改变,从而增加了工作的延迟时间、等待时间和返工时间,进而造成了重大工程绩效的低下(何清华等,2013)。故有必要从项目团队行为主动性的角度提升其适应性,从而实现重大工程绩效的提升。

2.1.3 小结与评述

重大工程的概念提出起源于 20 世纪 90 年代,各国学者均根据各国自身实际情况构建满足其本国发展情境的定义。本书认为重大工程表现的是该数量级投资下的该类工程所体现出的共有特点,本质是一般项目规模扩大后产生的涉及项目内外部的非线性异化效应。重大工程是一个完善的系统,其实现的目标具有多元性等特征,同时具有深度的动态性和不确定性等特征,具有时代性特征。因而重大工程情境是项目管理领域一类新兴而特殊的管理情境,随着我国重大工程项目数量的不断增多,该情境将越来越普遍,亟须形成重大工程相关管理理论。

2.2 项目公民行为研究文献综述

项目公民行为与组织公民行为近年来的发展,其行为的动机是相似的,均是为了实现组织(项目)目标,其行为本身诸如利他等也有诸多相似之处,因而本节内容根据构念的发展演进,从组织公民行为→项目公民行为(项目公民行为→重大工程项目公民行为→重大工程业主方项目公民行为)展开综述。

2.2.1 组织公民行为的内涵

组织公民行为最早由 Bateman 和 Organ 于 1983 年共同提出(Bateman,Organ,1983),是一种自愿的个体行为,它不能被传统的奖励系统所直接地或精确地识别,却能有效地提升组织效能(Organ,1988)。组织公民行为起源于工作满意度对工作绩效的作用,认为员工由于对于工作的满意而愿意跨越传统的组织结构而给予同事帮助并协同工作。在组织公民行为最早定义的基础上,Organ 认为:第一,组织公民行为不是一种持续存在于组织之中的被强迫的工作需求;第二,组织公民行为不是为了获得个体的任务绩效的奖赏而是有自信完成组织目标而获得自我价值实现;第三,组织公民行为作为一种"有亲和力的"(affiliative)和"奖励性的"(promotive)行为而显著不同于挑战性行为,挑战性行为虽然最终对组织长期效能有贡献但是短期须承受较大的社会心理成本风险以支持完成任务绩效,而组织公民行为对组织长期效能的贡献虽然没有挑战性行为强,但是其可以避免组织承受的短期社会心理成本风险。Organ 认为组织公民行为产生关系绩效,能够对组织的社会和心理环境提供维持和增强的作用(Organ,1997)。Podsakoff 研究认为,组织公民行为是组织运行过程中的"润滑剂",能够减少组织运行过程中的各个部分的相互摩擦,提升生产效率,有效地协调团队成员之间的工作活动,降低组织中的离职率,提升组织效率(Podsakoff等,1997)。综上所述,组织公民行为不以规定的工作任务为目标,对组织绩效的影响较慢但是不会产生组织内部冲突,是一种关系稳定的辅助的工作行为。

Farh 等最早就中国情境下的组织公民行为展开研究,在 1997 年针对台湾的组织公民行为研究中,其认为中国情境下的组织公民行为中的组织认同、利他、尽责与西方组织公民行为的公民美德、利他、尽责等维度类似;而西方的容错精神和礼貌两个维度在中国体现并不明显,而由于中国文化"家天下"和"先破坏人际和谐者受责"的背景,更强调人际关系和谐和保护公司资源的影响(Farh 等,1997)。在此基础上,2004 年的研究基于中国大陆,根据社会、组织、团队和自身四个层次将原先五个维度进一步细化,并分为国有企业中的组织公民行为更侧重于沟通为导向(参与社会福利),而私企和外企中的组织公民行为更侧重于内部效率为导向(个体主动性、节约和保护资源)(Farh 等,2004)。该研究提出中国情境下的"家庭集体主义"和"关系至上"的理念对组织公民行为的作用,以及对不同组织类型下组织公民行为特征的讨论,为中国情境组织公民行为奠定研究基础。其后,杨百寅等在 Farh 等中国情境组织公民行为研究的基础上对概念进一步细化,认为中国社会的组织文化情境强调雇员对雇主的忠诚并称之为"高尚的道德"或"高素质",压制个体兴趣强调集体兴趣;中国组织强调类家庭的集体主义文化(Yang,Zhequn,2014)。杨百寅等进一步归纳雇员在组织中自觉保护集体利益的行为,提出组织主人翁行为的概念,认为员工将自己作为所在组织的主人这一心理状态而引发的一系列有益于提高组织有效性的行为称为组织主人翁行为。并认为组织公民行为是组织主人翁行为的一部分,主要包括员工岗位职责以外的行为,而组织主人翁行为还包括员工岗位职责界限不清,但雇主希望员工能够完成的行为(杨百寅,梅哲群,2014)。许多等的研究认为,中国情境的组织公民行为角色泛化、人际关系对行为的影响显著、强调员工自我层面的积极主动行为(许多,张小林,2007)。由于组织主人翁行为提出时间较短,另外杨百寅等也未对员工岗位界限不清的行为展开清晰的界定和梳理,因而组织主人翁行为的概念未受到广泛重视。综上所述,在一般企业管理领域,中国情境的组织公民行为的研究主要强调"家庭集体主义"的内在驱动和"人际关系"的直接作用下组织公民行为的变化。

　　由于个体处于社会团队协作之中,故当组织公民行为面向团队产生一种规范化的公民行为水平时,团队层面的组织公民行为就会产生(Ehrhart,Naumann,2004)。Nielsen 将团队公民行为定义为在团队内部产生的一种规范化的公民行为水平,它反映了团队成员之间对就公民行为应当发生的水平的相互理解,是一种规范化的期望(Nielsen,Hrivnak,2009)。团队公民行为可以调整团队成员之间的社会互动,并影响对社会和团队的认同(Ehrhart 等,2006)。与个体层面的组织公民行为相比,团队公民行为在侧重点上存在不同。例如,个体层面的组织公民行为的利他强调完成具体任务时一个老员工对一个新员工的帮助,而团队公民行为的利他强调借助团队力量,多个老员工通过相互合作、支持对一个新员工完成任务的帮助。团队公民行为反映的是团队成员内部以及外部利益相关方对团队成员的合作、帮助与支持行为的总和(Nielsen,Hrivnak,2009)。

2.2.2 项目公民行为的形成及内涵

2008年,Yen等的研究首次将组织公民行为的构念引入到项目之中,针对信息管理项目中的组织公民行为开展研究,认为信息管理项目中的组织公民行为对项目成功具有积极作用(Yen等,2008)。之后Aronson等、Anvuur等均对项目中的组织公民行为开展了"点式研究"(Aronson,Lechler,2009;Anvuur,Kumaraswamy,2012)。直至2012年,项目公民行为(project citizenship behavior)的构念被正式提出,Braun认为项目公民行为是一种跨组织边界的、嵌入人际关系网络的组织公民行为。项目组织区别于一般组织的四个不同特征影响项目公民行为,包括项目组织的时间导向性特征、临时性组织依靠团队、任务的独特性和复杂性、组织随项目工作具有可变性(Braun等,2012)。Braun进一步把项目情境解释成综合考虑特定历史、区域性、组织和社会等特征嵌入永久性组织的临时性组织,既包含了组织内维度,又包含了跨组织维度的组织公民行为(Braun等,2013)。

目前,针对重大工程项目公民行为的研究较少。中国的重大工程项目组织实现目标更为复杂,业主方既需要项目中各利益相关方的支持,又需要业主方内部雇员的支持。因而对项目业主方而言,项目公民行为也分为其他利益相关方雇员实现的项目公民行为和业主雇员实施的项目公民行为。由于业主方与其他利益相关方之间的立场不同,因而之间的项目公民行为特征亦有所差异。过往研究虽然重视到中国重大工程中个体所存在项目公民行为(何清华,陈震,李永奎,2014),但并未进一步基于项目内不同利益相关方不同利益诉求展开业主方项目公民行为的研究。

本研究要研究的重大工程业主方项目公民行为不同于陈震等(陈震等,2016)研究的重大工程项目公民行为,重大工程业主方项目公民行为属于团队公民行为,更强调业主方在项目实施中内部以及与其他利益相关方的合作、支持和帮助,而陈震等(陈震等,2016)研究的重大工程项目公民行为是个体公民行为。

2.2.3 组织公民行为的研究维度

组织公民行为的维度划分和量表开发主要研究成果如表2-2所示。

表 2-2　现有组织公民行为的维度划分和量表开发主要研究成果

年代	作者	对象	维度
1983	Smith 等	组织	利他（altruism）和一般性服从（generalized compliance）两个维度（Smith, Organ, Near, 1983）
1988	Organ	组织	利他（altruism）、好意（courtesy）、调解（peacemaking）、带头鼓励（cheerleading）、公民道德（civic virtue）、尽责（conscientiousness）、冒险精神（sportsmanship）七个维度（Organ, 1988）
1990	Podsakoff 等	组织，主要研究领导力的作用	尽责（conscientiousness）、冒险精神（sportsmanship）、公民道德（civic virtue）、好意（courtesy）、利他（altruism）五个维度（Podsakoff 等, 1990）
1990	Randall 等	组织	牺牲（sacrifice）、共享（sharing）、态度（presence）三个维度（Randall, Fedor, Longenecker, 1990）
1991	Graham	组织	组织忠诚（organizational loyalty）、组织服从（organizational obedience）、组织参与（organizational participation）三个维度
1991	Williams 等	组织	个体的组织公民行为（OCB-I）和组织的组织公民行为（OCB-O）两个维度（Williams, Anderson, 1991）
1994	Van Dyne 等	组织	服从（Obedience）、忠诚（Loyalty）、参与（Participation）三个维度（Van Dyne, Graham, Dienesch, 1994）
1995	Van Dyne 等	组织	联盟导向的公民行为（affiliation-oriented citizenship behavior）、挑战导向的公民行为（challenge-oriented citizenship behavior）两个维度（Van Dyne 等, 1995）
1995	Moorman 等	组织	各人互相帮助（interpersonal helping）、忠诚热心拥护（loyalty boosterism）、个人勤勉（personal industry）、个体主动性（individual initiative）四个维度（Moorman, Blakely, 1995）
1996	Van Scotter 等	组织	人际促进（interpersonal facilitation）、工作奉献（job dedication）两个维度（Van Scotter, Motowidlo, 1996）

续 表

年代	作 者	对 象	维 度
1997	Podsakoff 等	虽然是组织，但以项目为实证对象	帮助行为（helping behavior）、公民道德（civic virtue）、冒险精神（sportsmanship）三个维度（Podsakoff 等，1997）
1997	George 等	组 织	帮助同事（helping coworkers）、传播友善（spreading goodwill）、提出建设性意见（making constructive suggestions）、保护组织（protecting the organization）、自我发展（developing oneself）五个维度（George,Jones,1997）
1997	Farh 等	中国情境的组织	公司认同（identification with company）、协助同事的利他（altrusim toward colleagues）、尽责（conscientiousness）、人际和谐（interpersonal harmony）、保护公司资源（protecting company resources）五个维度（Farh 等,1997）
2000	Podsakoff 等	组 织	帮助行为（helping behavior）、冒险精神（sportsmanship）、组织忠诚（organizational loyalty）、组织服从（organizational compliance）、个体主动性（individual initiative）、公民道德（civic virtue）、自我发展（self-development）七个维度（Podsakoff,2000）
2000	Coleman 等	组 织	帮助和与同事合作（helping and cooperating with others）、认可,支持和保护组织对象（endorsing, supporting, and defending organizational objectives）、遵循组织规则和程序（following organizational rules and procedures）、坚持热情和额外努力去成功完成自己的任务活动（persisting with enthusiasm and extra effort to complete own task activities successfully）四个维度（Coleman,Borman,2000）
2001	Bettencourt 等	服务型组织	忠诚（loyalty）、服务交付（service delivery）、分享（participation）三个维度（Bettencourt 等,2001）
2002	Hannam 等	组 织	组织服从（organizational compliance）、个体主动性（individual initiative）、利他（altruism）、尽责（conscientiousness）、公民美德（civic virtue）五个维度（Hannam,Jimmieson,2002）

续 表

年代	作者	对象	维度
2002	Lee 等	强调与工作场所越轨行为（Workplace Deviance Behavior）联系的组织	OCB-I 和 OCB-O 两个维度（Lee., Allen, 2002）
2004	Farh 等	中国情境的组织	主动性（taking initiative）、帮助同事（helping coworkers）、建言（voice）、团队活动参与（group activity participation）、提升公司形象（promoting company image）、自我训练（self-training）、参与社会福利（social welfare participation）、保护和节约资源（protecting or saving resources）、保持工作地点整洁（keeping workplace clean）、人际和谐（interpersonal harmony）十个维度（Farh 等，2004）
2006	Kim	韩国情境的组织	利他（altruism）、一般性服从（generalized compliance）两个维度（Kim, 2006）
2007	Euwema 等	团队公民行为	团队里的人们愿意提供帮助直至工作完成；团队里的人们愿意把工作外的时间用于工作；团队里的人们经常采取多种方式让团队取得成功；团队里的人们愿意为工作作出牺牲；愿意把配合他人工作看成是首要解决的事（Euwema, 2007）
2008	Autry 等	组织间公民行为	跨组织利他（interorganizational altruism）、跨组织容忍（interorganizational tolerance）、跨组织忠诚（interorganizational loyalty）、跨组织尽责（interorganizational conscientiousness）、跨组织服从（interorganizational compliance）、跨组织建设性（interorganizational constructiveness）跨组织提升（interorganizational advancement）七个维度（Autry 等, 2008）
2009	Paillé	法国情境的组织	利他（altruism）、公民道德（civic virtue）、冒险精神（sportsmanship）、帮助其他人（helping others）四个维度（Paillé, 2009）
2011	Ueda	日本情境的组织	帮助行为（helping behavior）、公民道德（civic virtue）、冒险精神（sportsmanship）三个维度（Ueda, 2011）

续 表

年代	作者	对象	维度
2012	Braun 等	项目组织	项目特定的帮助行为(project-specific helping behavior)、项目忠诚(project loyalty)、项目服从(project compliance)三个维度(Braun 等,2012)
2013	Braun 等	临时性组织	帮助行为(helping behavior)、项目忠诚(project loyalty)、基于项目的服从(project-based compliance)、个体主动性(individual initiative)、关系维护(relationship maintenance)五个维度(Braun 等,2013)
2014	Yang 等	中国情境的组织	乐于学习和取得进展(eager to learn and make progress)、献身于工作并愿意在需要的时候作出牺牲(dedicated to work and willing to sacrifice when needed)、愿意为帮助他人而做出额外努力(willing to walk the extra mile to help others)、人际和谐(interpersonal harmony)、忠诚和正直(loyalty and integrity)、考虑集体整体的利益(considering the interests of the collective whole)六个维度(Yang, Zhequn, 2014)
2015	Purba 等	印度尼西亚情境的组织	OCB-I 和 OCB-O 两个维度(Purba, Ostrom, van der Molen, Born, 2015)

资料来源：本研究根据相关文献整理。

针对组织公民行为的量表开发主要集中于 2000 年之前。维度划分研究主要分为两种流派：① 基于 Organ 在 1988 年的维度基本框架，由 Podsakoff 加以归纳，提出利他、礼貌、尽责、容错和公民美德五维框架(Podsakoff 等,1990)；② 基于组织公民行为针对的对象，Smith 等最早将组织公民行为划分为利他和一般性服从两个维度(Smith, Organ, Near, 1983)，在此基础上，Williams 明确将组织公民行为分为针对个人的组织公民行为(OCB-I)和针对组织的组织公民行为(OCB-O)两个维度，并认为 OCB-I 与利他行为相对应，而 OCB-O 与组织服从行为相对应(Williams, L. J., Anderson, S. E., 1991)。两种分类方式分别基于行为目标和行为受益对象进行了分类，既有相似之处，又不尽相同。

1997 年，Podsakoff 开启了对团队公民行为的研究(Podsakoff 等,1997)。

目前,绝大多数对团队公民行为研究都是对团队成员做关于他们层面的公民行为和对团队层面责任的调研(Ehrhart 等,2006;Podsakoff 等,1997)。构念调研方法类似但是团队公民行为的调研题项不同于个体层面的公民行为。相较于个体层面的题项,团队公民行为更强调团队层面的视角以及对团队有贡献的公民行为(Chan,1998)。Nielsen 认为团队公民行为是与组织公民行为近似的但基于团队层面的一种公民行为(Nielsen 等,2009)。

2000 年以后的组织公民行为量表开发呈现以下几种典型发展趋势。第一,从普适的组织公民行为向适应各行业情境特色的组织公民行为发展。1997 年,Organ 将组织公民行为与 Borman 等在 1993 年提出的情境绩效(或称为关系绩效,contextual performance)内涵整合后(Organ,1997),各专业学者针对组织公民行为的行业情境性分别展开量表开发工作,Bettencourt 等、Braun 等均根据自身特定行业开发了适应行业需求的量表(Bettencourt 等,2001;Braun 等,2012;Braun 等,2013)。第二,文化情境差异下的组织公民行为亦受到关注。Farh 最早开发中国情境的组织公民行为的量表(Farh 等,1997),其后韩国学者(Kim,2006)、法国学者(Paillé,2009)、日本学者(Ueda,2011)和印度尼西亚学者(Purba,Ostrom,Van der Molen,Born,2015)分别根据本国的情境在一般组织公民行为量表的基础上对维度加以适应性改良和重新整合。第三,组织公民行为的研究从个体间的组织公民行为研究向跨组织之间的个体和群体组织公民行为渗透。Mark 提出了工作团队组织公民行为的层级框架(Ehrhart,Naumann,2004)。Autry 等基于供应链协作关系开发了跨组织公民行为的量表(Autry 等,2008)。

2.2.4　项目公民行为的研究维度

项目公民行为的量表开发,存在两种主流观点。一类学者基于管理学角度,认为组织公民行为的量表能够高度涵盖所有组织中存在的组织公民行为共性问题,虽以项目为实证目标,但仍然可以使用组织公民行为量表量度项目中的公民行为。Yen 等调研项目人员中的组织公民行为对信息系统开发项目实施成功影响时,使用了 Organ(Organ,1988)和 Farh(Farh 等,1997)的量表组合,将项目分为帮助行为、公民道德、冒险精神等三个维度。Chou 等研究信息系统开发人员的组织公民行为时采用 Randall 针对组织公民行为开发的量表,分为牺牲、共享和参与三个维度共计八个题项(Chou 等,2013)。Anvuur 在对建设领域协调的前因变量描述中借鉴 Williams 对组织的研究,采用 OCB-I 和 OCB-O 的分类方式(Anvuur,Kumaraswamy,2012)。

目前,该类研究多以信息系统开发类项目的研究为主,参考组织公民行为的维度没有统一的标准,量表使用缺乏合理的理论支持,因而研究缺乏可持续性。上述研究多以离散研究为主,未能形成较为系统的研究脉络,近年来,基于以上视角研究总体上呈现出下降趋势。

另一类学者基于项目管理角度,借鉴组织研究中对组织公民行为的维度识别,Braun 等认为项目对项目组织公民行为的影响因素主要包括时间、任务、团队和变更(Braun 等,2013),采用探索性方法开发与借鉴已有量表相结合的方法将项目公民行为分为五类:帮助行为、项目忠诚、项目为基础的服从、个体主动、关系维持五个维度(Braun 等,2012;Braun 等,2013)。Aronson 在 Podsakoff 开发的组织公民行为量表的基础上,结合项目实践,构建项目公民行为量表包括帮助行为、公民美德两个维度,而冒险精神维度的指标在实证研究中不显著(Aronson,Lechler,2009)。参见表2-3所列。

目前,该类量表开发呈现出的特点多以 Podsakoff 的研究为基础,结合项目情境加以修改和完善,研究基于项目情境组织公民行为的反映。基于量表开发基础工作的研究,进一步开展了基于葡萄牙和德国不同项目情境的对比研究(Ferreira 等,2013)。总体上,对于项目公民行为的研究还存在诸多不足。第一,针对项目中不同人群的量表开发精细程度仍然不够,由于项目的参建方和业主方在现场工作过程中任务不同,未能将项目的参建方和业主方分类分别开发项目公民行为量表(Braun 等,2012)。第二,虽然已有多文化对比情境研究,但使用的是同一量表,项目公民行为的维度开发缺乏文化情境,特别缺乏中国情境下国有项目的项目公民行为的量表开发(Braun 等,2013)。第三,对于重大工程,该类量表难以将该类项目政治性、复杂性等宏观特征反映在微观组织公民行为中。第四,重大工程中各利益相关方众多,各方的利益甚至是对立的,而业主方作为项目最终负责者,既对项目负有管理责任,又代表了项目整体的利益。因而,有必要开发针对中国重大工程情境下业主方项目公民行为量表。

中国重大工程业主方项目公民行为是业主方雇员对项目的项目公民行为,它既包括业主方雇员在完成目标时产生的项目公民行为,又包括管理项目其他利益相关方时产生的项目公民行为。目前研究尚未对该类对上对下均有项目公民行为的群体开展研究。因而重大工程项目公民行为量表开发的研究是对项目公民行为研究的完善。

表 2-3 现有项目公民行为文献使用量表

年代	作者	维度
1988	Organ 等	利他(altruism)、好意(courtesy)、调解(peacemaking)、带头鼓励(cheerleading)、公民道德(civic virtue)、尽责(conscientiousness)、冒险精神(sportsmanship)七个维度(Organ,1988)
1990	Randall 等	牺牲(sacrifice)、共享(sharing)、态度(presence)三个维度(Randall,Fedor,Longenecker,1990)
1991	Williams 等	个体的组织公民行为(OCB-I)和组织的组织公民行为(OCB-O)两个维度(Williams,Anderson,1991)
1997	Podsakoff 等	帮助行为(helping behavior)、公民道德(civic virtue)、冒险精神(sportsmanship)三个维度(Podsakoff 等,1997)
1997	Farh 等	公司认同(identification with company)、协助同事的利他(altrusim toward colleagues)、尽责(conscientiousness)、人际和谐(interpersonal harmony)、保护公司资源(protecting company resources)五个维度(Farh 等,1997)
2009	Aronson 等	帮助行为(helping behavior)和公民道德(civic virtue)两个维度(Aronson,Lechler,2009)
2012	Braun 等	项目特有的帮助行为(project-specific helping behavior)、项目忠诚(project loyalty)、项目服从(project compliance)三个维度(Braun 等,2012)
2013	Braun 等	帮助行为(helping behavior)、项目忠诚(project loyalty)、项目为基础的服从(project-based compliance)、个体主动性(individual initiative)、关系维持(relationship maintenance)五个维度(Braun 等,2013)

资料来源：本研究根据相关文献整理。

2.2.5 项目公民行为的研究热点

1. 项目公民行为的前因研究

由于目前项目公民行为的研究过程较短,项目公民行为的前因研究较为破碎化,主要研究一些直接因素对项目公民行为的影响,归纳起来,分为针对项目雇员本身的特征和项目组织本身的特征分别对项目公民行为的影响。

(1) 项目雇员特征对项目公民行为的影响

项目雇员特征对项目公民行为的影响是指项目内雇员心理状态和个性特征

对其产生项目公民行为的影响。现有研究中项目雇员特征主要包括了项目团队士气和雇员意向性两个方面的因素对项目公民行为产生的影响：其中团队士气主要包括雇员满意度、组织承诺和领导支持感，雇员意向性主要包括接受、尽责、积极和消极的情感(Podsakoff等,1996;Podsakoff,2000)。项目团队士气是指被认为是团队成员对他们的任务抱集体主义的态度并共享成员间的承诺(He,2012)。基于软件开发项目的实证研究，讨论了对项目团队绩效产生消极作用的"搭便车"行为，认为克服"搭便车"行为的关键在于首先提高项目团队士气，在士气提升的基础上提升项目团队的公民行为，从而抑制"搭便车"行为，最终实现项目团队绩效的提升(He,2012)。

雇员责任心是雇员意向性的重要组成部分(Organ,Andreas,1995)。Tan等研究通过项目成员的实证研究组织公民行为问题，认为雇员责任心与组织公民行为有正向关联。通过社会惰化与雇员责任心有负向关联，结合数据的研究认为雇员责任心正向影响了雇员的组织公民行为，这与Organ等人相关研究的结论是一致的(Tan,Tan,2008)。

上述研究分别从心理状态和个体特征两个角度实证了项目雇员特征对项目公民行为的影响，较为具体地论证了项目公民行为在雇员特征视角的形成路径，但其研究尚存在一些问题：第一，上述研究虽然是基于项目实证的组织公民行为研究，但是理论部分仍然是用组织管理的理论，没有突出项目情境对组织公民行为理论的影响；第二，雇员特征广度挖掘不足，雇员的性格特征、情绪特征，如内向还是外向、暴躁还是谦虚均会影响组织公民行为的实现；第三，雇员特征深度挖掘不足，例如团队士气这一概念仍然比较空泛，仍有进一步展开深入研究的空间；第四，雇员特征中的心理状态和个性特征二者本身不是孤立的因素，二者共同影响项目公民行为，而现有研究并未将二者更好地结合研究。

(2) 项目组织特征对项目公民行为的影响

项目组织特征对项目公民行为的影响，主要指组织环境特征对个体实施项目公民行为产生的限制，其具体包括组织形成、组织刚性、同事支持、团队凝聚力等(Podsakoff,2000)。现有关于项目组织特征的研究仍然以"点状研究"为主，主要聚焦于同事支持和团队凝聚力方面的引申，主要包括了项目文化和组织公正两个特征对项目公民行为的影响。

文化的本质在于描述不同人群的个体价值的不同性(Farh等,1997)。项目文化是项目成员共享集体主义信仰和价值系统，并坚持行为与信仰价值的一致性。项目成员感知项目文化的支持，促进了项目成员的项目公民行为(Aronson

等,Lechler,2009)。Aronson 等以新产品开发、信息技术实施、建设工程项目为例,实证假设并认为项目建设性的文化特性(积极)正向影响项目公民行为,项目防御性的文化特性(消极)负向影响项目公民行为。项目公民行为对防御性文化特性(消极)和项目成功起完全中介作用,而对建设性文化特性(积极)和项目成功起部分中介作用(Aronson 等,Lechler,2009)。

基于中国情境的永久性组织特征研究认为,分配公正与进程公正对组织公民行为有显著的相关关系(Farh 等,1997)。组织公正理论表明当个体对公正关系会对组织更加信任,产生组织与个体的盟约关系,从而促进组织公民行为的产生(Farh 等,1997);相反,不公正的关系反馈消极的情绪或行为(Vigoda - Gadot,2007),这种感知会降低雇员的志愿义务和主动性,影响工作承诺,从而影响组织公民行为。Chou 等借鉴了组织行为成因的研究于信息系统开发项目组织之中,结合项目雇员工作相互依赖的情境,提出中国情境下分配公正和人际公正被信息系统开发者个体感知是显著的,而程序公正是不显著的;分配公正和人际公正都与工作承诺和组织公民行为之间呈正相关关系,且二者的影响程度是接近的(Chou 等,2013)。这与永久性组织的研究结果是不同的,程序公正在项目组织中是不能显著对组织公民行为产生影响的,这一方面与信息技术项目政策一般不强调对工作的激励有关,另一方面与中国情境下的关系有关,会影响激励和资源的分配,使得分配公正和人际公正比程序公正更重要(Chou 等,2013)。

项目组织特征作为项目情境的一部分,其对项目公民行为的影响相较于雇员特征更能体现出项目情境。然而,研究仍然存在一些问题,首先,由于数据限制,采用截面数据而缺乏纵向数据的支持,使得项目公民行为的研究,例如程序公正与项目公民行为的关系,很可能存在随机变量的偶然作用而使某个变量显著或不显著,影响整个模型的效果。其次,组织特征的研究仍然处于破碎化阶段,缺乏整体梳理和项目特有的组织特征对项目公民行为影响的深入研究。例如,指挥部制的构建以及集权制组织结构究竟对项目公民行为有何影响?

2. 项目公民行为的后果研究

项目公民行为的后果研究相较于前因研究,一致性更强,**现有研究主要针对项目效能或项目成功为结果变量开展研究**,研究结论亦论证了项目公民行为对项目效能或项目成功的积极作用。而项目公民行为可能产生其他结果的研究,**现有研究涵盖较少**,仅有文中提及项目公民行为对项目雇员关系的改进作用,而未有实证研究。

(1) 项目公民行为对项目效能或项目成功的影响

项目公民行为对项目效能和项目成功的影响研究是目前主流的项目公民行为结果变量研究。项目公民行为往往通过生产过程中的协调、改进产品的建议、增强团队凝聚力、改进适应环境的能力等具体手段实现项目效能和成功,且这种关系往往存在积极影响(Braun 等,2013)。Yen 等通过实证研究,以信息系统实施项目为例,认为项目团队中存在的组织公民行为既可以通过整合项目氛围和有效的项目管理最终推动信息系统的实施成功,也可直接作用实现信息系统的实施成功(Yen 等,2008)。Braun 等、Aronson 等的实证通过新产品研发项目、信息技术实施项目和建设工程项目等三类项目论证了项目公民行为对项目成功(项目效能)的积极影响(Aronson,Lechler,2009;Braun 等,2013)。虽然上述研究并未考虑不同项目组织结构不同,项目公民行为的产生者和作用机制是不同的,但所有研究均一致地证明了项目公民行为对项目效能和成功有显著的积极影响。

临时性和不确定性也是在项目情境下,虽然项目效能相较于传统组织效能目标更显著的特征,但目前尚无针对性实证研究表明个体会受到目标临时性和目标不确定性的影响而出现消极行为。虽然近年来组织行为领域展开了特定情境下组织公民行为可能出现"过犹不及"问题,出现了围绕诸如强制性公民行为以及组织公民行为的不利影响等问题的讨论,但主要是对现有理论体系的完善。因而现有观点一致认为项目公民行为是积极影响项目效能和项目成功的。

(2) 项目公民行为对项目成员关系的影响

项目公民行为对项目成员关系促进的研究尚处于起步阶段,已有研究并未直接证明项目公民行为对成员关系的影响,仅仅是提出项目公民行为对成员关系可能的促进作用,并将其研究与对项目成功的研究结合起来,认为是项目"心理"维度的成功(Braun 等,2013)。由于项目的个体和制度因素继承于先前的项目,故项目的临时性组织必须合适地嵌入项目情境(既包括与项目客户的关系,亦包括与项目利益相关者的关系),才能保证项目的成功。项目公民行为通过创建和配置个体关系网络,改进共同喜好、信仰和认同,语言的同化来影响社会资本(Bolino,Turnley,2002)。

重大工程项目的组织结构相较于永久性组织更为复杂,它既包括同组织内部的组织结构关系,又包括跨组织间的组织结构关系。不同组织间虽然是利益相关方,但对项目的边界界定不同,各方之间的利益并不完全一致,所表现出的项目公民行为亦有所差异。现有研究对项目公民行为对项目成员关系影响路径的研究不明确,也没有相关的实证研究,这也在客观上对深入理解项目公民行为的影响结果以及制订相应的规避措施和策略带来困难。

2.2.6 中国情境的组织公民行为研究

目前尚无中国情境下的项目公民行为的相关研究,但存在一些中国情境下组织公民行为的研究。

中国情境的组织公民行为源于Farh教授的研究,她开创性地考虑中国的文化和经济制度等因素下组织公民行为的内容差异。中国情境下的组织公民行为与一般组织公民行为相较的特点在于:第一,角色泛化明显。Lam等人对美国、澳大利亚、中国香港和日本四个地区的管理者和雇员进行比较研究发现,中国香港和日本的管理者和雇员把一些类型的组织公民行为看成工作的一部分(Lam,Hui,Law,1999)。在中国情境下,遵守组织的规章制度、积极参与组织举办的各项活动、吃苦耐劳、甘愿奉献是每个员工应尽的义务,一般看成职责以内的行为(杨百寅,梅哲群,2014)。中国情境下,国有企业除了盈利,还承担着更多的社会责任,这使得其雇员的组织公民行为下还包括了一些社会公民行为的内容,基于"修身、齐家、治国、平天下"的儒家思想,产生了诸如"参与社会公益活动"、"提升企业形象"等维度(许多,张小林,2007);第二,人际关系和谐的影响被强化;第三,强调"自我学习"的作用。西方的组织公民行为虽然不乏"个体主动性"的作用,但均未见"自我学习"的重要作用(Farh等,2004),这与中国文化中对工作认真负责的要求密不可分(Yang,Zhequn,2014)。

2.2.7 小结与述评

由于项目本身的跨组织性、不确定性、复杂性、临时性等特性,使得项目公民行为相较于组织公民行为更为复杂。根据组织公民行为的过往经验,中国情境下的项目公民行为也与项目公民行为有着显著不同。但目前国内外对于项目公民行为的研究并不多,不能为项目管理实践提供可操作的指导。纵观项目公民行为现有研究文献,由于项目组织特征的多样性,并未更多体现项目公民行为的特征,具体表现在以下几方面:

1. 项目公民行为的研究对象泛化,量表针对性不强。虽然上述学者研究项目公民行为的相关问题,但是对项目不同利益相关方的复杂性认识不够清晰,对项目公民行为缺乏精确的定义。一类研究认为,项目中的组织公民行为属于组织公民行为的一部分,因而其照搬的是组织公民行为的定义。而定义项目公民行为的一类研究只是将项目公民行为描述为项目情境下的组织公民行为,由于该项目情境包括了多种类型的项目,指的是网络化、跨界的行为,因而对特定类型项目的解释不强。

现有项目公民行为实证研究主要分为两类:一类研究主要针对R&D项目和信息系统开发项目的组织公民行为,该类研究往往照搬组织公民行为的量表,没有结合R&D项目的特征和信息系统开发项目的特征对组织公民行为进行改造,因而使研究变成了组织公民行为理论在R&D项目中和信息项目中的验证,所得结果基本与过往组织公民行为的结果类似,缺乏理论贡献。另一类研究在第一类研究的基础上,开发了项目公民行为的量表,但该类量表的开发更注重项目的普适性,而忽略了不同项目特性的差异,缺乏实践指导价值。

特别是建设项目组织不同于永久性组织,它的成员源于多个不同的永久性组织,每个组织完成项目的目标和满意程度是不同的,每个组织的利益诉求不同,其项目公民行为的表现形式也存在差异,难以构建一个量表,包括各个利益相关方的项目公民行为,而目前尚不存在针对不同利益相关方构建的不同项目公民行为量表。故长期以来建设工程管理领域的项目公民行为缺乏较为完善的描述。

此外,重大工程与一般工程的出发点不同,雇员能激发出一般工程所不具备的主人翁精神,进而出现大量特定的公民行为(周敦友,2010)。雇员行为差异也未能在过往研究中得以体现。

2. 项目公民行为的实证研究破碎化,难以集成形成理论体系。目前,项目公民行为的研究多以论文为导向,研究多集中于个别破碎的点,且研究人员较为分散,没有形成前后连贯的研究链。无论从前因角度还是后果角度梳理,均显混乱。在具体研究过程中例如对构念的解释、对量表的选择均有所差异,因而在理论梳理过程中得到的现有理论体系的精确程度较低。

2.3 关系资本理论研究文献综述

2.3.1 关系资本的概念及项目中的关系资本

关系资本(relational capital)是存在于相互联系的联盟成员层面,基于成员相互的信任、尊重和友谊,而获得的关系网络中的外显的或内涵的可带来增值的资源(Kale等,2000;O'Shea,1987)。关系资本基于雇员间的信任和承诺为基础,通过构建伙伴或者联盟关系,降低项目资源交易过程中的谈判成本、交易成本,提供更优质更廉价的资源而提高项目管理绩效(Kale等,2000)。

关系资本与社会资本(society capital):社会资本包括外部社会资本和内部社会资本,外部社会资本是指社会网络中的一个参与者和其他参与者直接或间接的关系,内部社会资本是指个体与社会集体之间的关系(Carmeli,Azeroual,2009)。Nahapiet等主张关系资本是社会资本的一个维度,其中包含了信任、规章、义务和认同等要素(Nahapiet,Sumantra,1998),社会资本会产生智力资本,而关系资本是智力资本的重要组成部分。Carmeli等认为社会资本描述的是两个部分间的邻接性和连接交互频率,侧重于研究空间位置和是否连接;而关系资本则是聚焦于两部分间高质量交互的关系连接,侧重于研究连接的质量(Carmeli,Azeroual,2009)。其与社会资本的相似之处在于社会资本的关系维也强调个体嵌入社会网络中所在位置及与他人的感情联系所能带给个体带来可增值的资源,在知识管理领域也强调与他人感情联系带来的知识共享(Collins,Hitt,2006),但不涵盖社会网络本身的结构和个体对社会网络中的语言、背景认知共享带来的可增值的资源(Nahapiet,Sumantra,1998)。

关系资本与关系(interpersonal relationship或者guanxi):关系是一种两人之间相互依赖的,长期包含强烈的、频繁的和多样化成因的人际连接,他们的行为、情感和思维是相互连接的成因(Nathan,Mohrman,Milliman,1991);中国情境的关系(guanxi)是指人与人之间的"社会连接",它含蓄地包含了共同兴趣和共同利益的双向的人际关系。一旦两人之间的关系建立,一个人可以请另一个人帮助而获得期望收益同时迅速地产生了一笔"人情债"将来某个时间需要偿还(Xin,Pearce,1996)。而人与人之间由于地域、生活、文化等相似而建立的联系(Ling,Li,2012)。关系指的是一种特殊的人际连接,而关系资本则是这种长期的特定的人际连接带来的可增值的资源。

建设领域由于利益相关方多,合同结构复杂,一直以来重视关系在个体契约和组织契约中发挥的增值作用(Smyth,Edkins,2007;Rahman,Kumaraswamy,2004;Maurer,2010)。特别是业主方,处于利益相关方的核心地位,其决策决定了项目未来的方向(Anderson,2012)。因而业主方的关系资本影响了其他利益相关方的配合程度,从而影响业主方项目管理的优劣(Karlsen,2010)。

近年来,不乏学者基于社会资本视角研究项目管理问题(Gao,Sung,Zhang,2013;Bartsch,Ebers,Maurer,2013;Koh,Rowlinson,2012;Di Vincenzo,Mascia,2012;Lee,Fu,Li,Chen,2011),亦有学者用智力资本研究项目管理问题

(Huang,Hsueh,2007;Egbu,2004),还有学者采用组织关系和人关系的社会网络研究建设工程管理问题(乐云等,2013;Ling,Li,2012),这些研究中虽有涉及关系资本的相关构念,但都未明确提出关系资本,也未实证研究建设工程领域关系资本的具体贡献。而事实上,目前的关系资本的研究多集中于企业战略联盟(瞿艳平,陆杉,2013),对于重大工程中关系资本问题的研究,目前尚无学者明确提出相关问题。基于项目治理层面,重大工程项目恰是由多利益相关方组织的一个战略联盟,以项目部为载体,其最终目标同为实现项目价值,因而关系资本的概念在重大工程项目中同样适用;其与企业战略联盟的区别在于其临时性、可变性、应急性,重大工程项目战略联盟的未来结束是确定性事件且其时间是可以预测的,其中战略联盟伙伴经常发生变化,战略联盟需要应付大量突然发生的事件的影响,使得重大工程项目的联盟内关系资本的研究更加复杂(温枢刚等,2009;章胜平,丁烈云,2005;周韬等,2011)。

2.3.2 关系资本的量表和维度

Kale 在总结前人研究的基础上,基于战略管理视角,开创性地提出关系资本的量表,共包括五个指标,成为后人开发关系资本量表的主要依据。Cousins(Cousins, Handfield, Lawson, Petersen, 2006)、Welbourne(Welbourne, T. M., Pardo-del-Val, M., 2009)、Kohtamaki(Kohtamäki, Vesalainen, Henneberg, Naudé, Ventresca, 2012)分别基于 Kale 的研究开发了针对供应商提出各自的关系资本量表。Cousins 的量表被 Petersen(Petersen 等,2008)和薛卫(薛卫,雷家骕,易难,2010)分别应用于关系资本的研究中。2010 年以前的关系资本的研究多以单维度的研究为主,基本以 Kale 的量表为基础加以改进。

Carmeli 基于团队开发了关系资本量表,将关系资本分为团队间关系资本和团队内关系资本两个维度(Carmeli,Azeroual,2009)。Sambasivan 对关系资本进行了细分,将其分为沟通、信任、承诺三个维度(Sambasivan 等,2011);之后,叶飞将关系资本分为信任和关系承诺两个维度(叶飞,薛运普,2011);Blonska 将关系资本分为信任、互惠、承诺三个维度(Blonska 等,2013);冯宝军将关系资本分成信任、满意和承诺三个维度(冯宝军等,2013)。2010 年以后的关系资本更趋向于认为关系资本是多维度的构念,虽然各人分类方式有所不同,但上述研究均认为信任和承诺是关系资本重要的维度。

国内基于工商企业的关系资本研究在考虑商业关系资本的同时更倾向于考虑政治关系资本(陈爽英等,2010;杨震宁等,2013)和银行(刘衡等,2010;陈爽英等,2010)的影响。姜文杰基于关系网络,提出纵向关系资本和网络关系资本两个维度(姜文杰,张玉荣,2011;姜文杰,张玉荣,2013)(表2-4)。

表2-4 关系资本的量表和维度

年代	作者	维度	指标
2000	Kale 等	无	1. 存在联盟内多层次伙伴间密切的个体关系 2. 联盟内多层次伙伴间具有相互尊重 3. 联盟内多层次伙伴间具有相互信任 4. 联盟内多层次伙伴间的个人存在朋友关系 5. 联盟内伙伴间具有高的互惠性(Kale,Singh,Perlmutter,2000)
2006	Cousins 等	无	1. 存在供应商多层次伙伴间紧密的个人关系 2. 供应商多层次伙伴间具有相互尊重的关系 3. 供应商多层次伙伴间具有相互信任的关系 (Cousins,Handfield,Lawson,Petersen,2006)
2009	Welbourne 等	无	1. 我们客户服务的层次 2. 经理和雇员的关系 3. 我们与客户的关系质量 4. 我们是否有外部公司作为我们的合作伙伴 (Welbourne,Pardo-del-Val,2009)
2009	Carmeli 等	分为团队间关系资本(interunit relational capital)和团队内关系资本(intraunit relational capital)两个维度	1. 团队间关系资本 (1) 向其他团队的成员介绍我们的会议并交换意见 (2) 拓展与其他团队的成员的关系以促进之间交换意见 (3) 与其他团队的成员共享信息 (4) 与其他团队的成员建立好的互惠关系 (5) 与其他团队的成员开展有质量的协作 (6) 与其他团队的成员开展有质量的经验交流 (7) 享受与其他团队的成员开放的关系 2. 团队内关系资本 (1) 共享信息和从其他人那里学习 (2) 和团队里其他人交互和交换理念 (3) 应用团队内某一领域的知识来解决其他人的问题 (4) 有能力与其他人合作开发商业解决方案 (5) 与其他人共享竞争者的信息 (6) 与其他人共享客户信息 (7) 与团队内其他人共享资源(Carmeli,Azeroual,2009)

续表

年代	作 者	维 度	指 标
2010	陈爽英等	1. 政治关系资本 2. 协会关系资本 3. 银行关系资本（陈爽英,井润田,龙小宁,邵云飞,2010)	不详
2011	Sambasivan 等	1. 沟通 2. 信任 3. 承诺（Sambasivan, M., Siew-Phaik, L., Mohamed, Z. A., Leong, Y. C., 2011)	不详
2011	叶飞等	1. 信任 2. 关系承诺	其中信任包括 4 个题项,关系承诺包括 3 个题项(叶飞,薛运普,2011)
2011	姜文杰等	1. 纵向关系资本 2. 网络关系资本	两个维度共包括 7 个题项(姜文杰,张玉荣,2011)
2012	Kohtamaki 等	无	1. 如何描述与客户之间的人际信任关系 2. 如何描述与客户之间人际作用的开放性、建议性的匹配和问题解决的能力 3. 如何描述共享过程和目标的感觉和一种共同理解理念下的最佳实践(Kohtamäki 等,2012)
2013	Blonska	分为信任（trust）、互惠（reciprocity）、承诺（commitment）三个维度	1. 信任 (1) 当做决策时,购买者×把我们的生意兴趣当成他自己的兴趣 (2) 我们相信购买者×在思维上保持与我们最大的兴趣 (3) 我们可以指望购买者×能遵守他们的诺言 2. 互惠 (1) 购买者×感觉到从我们公司这样一个供应商那里因为我们所做的而受到了优惠待遇 (2) 我们感觉从购买者×那里因为他们所做的而受到了优惠待遇

续　表

年代	作者	维度	指标
2013	Blonska	分为信任（trust）、互惠（reciprocity）、承诺（commitment）三个维度	（3）我们和购买者×的关系被定义为"相互受益方"（"mutually beneficial"） （4）我们期待我们能够和购买者×在未来一直合作 3. 承诺 （1）与购买者×合作愉快，因此我们持续保持了这一关系 （2）我们需要维持作为购买者×的一个供应商 （3）我们保留作为购买者×的一个供应商是基于我们收到购买者×作为一家公司的某种东西的吸引（例如：印象、品牌）
2013	Kohtamaki等	无	1. 组织内各层次的伙伴互相尊重的关系 2. 组织内各层次的伙伴互相信任的关系 3. 组织伙伴间存在高的互惠的关系 4. 在客户关系上，我们总是公平地对待其他人 5. 当产生问题需要解决时，我们考虑其他人的兴趣 6. 这种关系下，我们互相信任对方的能力（Kohtamäki，Partanen，Möller，2013）
2013	杨震宁等	商业关系资本和政治关系资本两个维度	1. 商业关系资本 （1）与设备、原材料或零部件供应商的关系 （2）与客户或者消费者的关系 （3）与市场竞争者或同行业其他企业的关系 （4）与咨询公司、其他研发机构的关系 （5）与高等学校的产学研关系 2. 政治关系资本 （1）与政府或公共科研机构的关系 （2）利用政府的科技研发计划进行创新 （3）从商品交易会、专业会议获得创新资源 （4）从科技期刊、文献获得创新资源 （5）与专业行业协会的关系（杨震宁，李东红，马振中，2013）
2013	冯宝军等	1. 信任 2. 满意 3. 承诺	不详

注：不详主要是由于文中未说明具体题项而致。

2.3.3 战略联盟下的关系资本的研究热点

1. 关系资本的形成

由于关系资本的概念较新,故早期的关系资本的研究多聚焦于关系资本的形成机理的研究。总体而言,关系资本的形成主要影响因素有:① 联盟成员间彼此熟悉前提下,其之间频繁的相互作用,如沟通等(闫立罡,吴贵生,2006;常荔等,2002;林莉,周鹏飞,2004;方兴,林元增,2006);② 企业特定资产的投资而产生的影响。联盟成员为了形成该联盟而必须投入如厂址、物质资产、人力资产等特定资产满足该联盟正常运营的需要,这些资产多属于沉没成本,沉没成本有利于减少机会主义倾向,从而增加联盟各方之间的关系资本(常荔等,2002);③ 组织适应性和组织相容性的作用。由于任务、目标和奖励客观上的相互依赖性,而促进伙伴之间工作和资源具有互补性,任何一方靠自身的核心业务都不可能完成总目标,因而不得不通过合作完成任务,进而产生关系资本(常荔等,2002;闫立罡,吴贵生,2006;Sambasivan等,2011);④ 企业间知识和信息的共享,伙伴间通常的信息交流和知识传递有助于联盟形成开放交流的氛围,进而有助于建立互助的信任关系(常荔等,2002);⑤ 良好的股权治理结构和规范的联盟管理,对联盟间伙伴进行进一步的整合。以股权等方式绑定联盟内各方的利益,使之利益相关,合并核心业务一致性的伙伴,避免联盟内同业竞争,使其基于共同利益需要而产生关系资本(Petersen等,2008;闫立罡,吴贵生,2006)。

2. 关系资本与知识管理的联系

关系资本主要通过帮助行为,促进了知识的转移,进一步促进了知识的整合。① 关系资本促进知识转移。关系资本越深厚,对联盟内部学习知识成功的可能性越大,对联盟外部保护自身核心资产的能力就越强(薛卫,雷家骕,易难,2010;陈菲琼,2003)。而关系资本本身促进的联盟间员工的知识转移是员工间互惠互利,相互学习的过程,因而最终联盟内伙伴间知识的价值均有提升(Collins,Hitt,2006);② 关系资本促进知识整合。所谓知识整合能力,是指:a. 评估现有知识并识别特定的新的知识需求;b. 形成一个计划来满足对知识的这些需求;c. 将新知识和过去的知识合并为一个体系;d. 决定如何用这些新知识寻找未来更新的知识。关系资本会使人在遇到困难时不会害怕批评或者难为情,而选择寻求帮助的行为,而对方由于双方关系良好而更愿意传授过往经验,通过双方的交流可以增进伙伴互相之间的知识整合能力(Carmeli,Azeroual,2009)。

3. 关系资本与绩效的关系

近年来,研究均认为关系资本对联盟绩效产生了积极的影响,已有研究认为,关系资本对绩效的影响路径以下有五条(Kohtamäki,Partanen,Möller,2013;Kale,Singh,Perlmutter,2000;宝贡敏,王庆喜,2004):① 知识为基础的关系资本可使不同专业的双方相互传授知识,信息共享,各方均从跨界知识转移过程中得到竞争优势,同时加强了知识整合能力,从而增强了联盟绩效(叶飞,薛运普,2011;Collins,Hitt,2006;Carmeli,Azeroual,2009;Gulati,1995;薛卫,雷家骕,易难,2010;宝贡敏,王庆喜,2004);② 关系资本降低了谈判成本,进而降低了交易费用和生产费用,故对联盟绩效产生了积极影响(Welbourne,Pardo-del-Val,2009;宝贡敏,王庆喜,2004;Zaheer,McEvily,Perrone,1998;徐亮,龙勇,张宗益,2008);③ 关系资本可以协同联盟管理人员,进一步整合资源,增强资源协调,提升联盟绩效(Welbourne,Pardo-del-Val,2009;宝贡敏,王庆喜,2004;庞华,何庆明,2006);④ 关系资本对已有关系和绩效间的调节作用。关系资本本身不仅能够改进联盟间关系绩效,还可以调节关系结构、关系相关的投资对联盟间关系绩效的影响(Kohtamäki 等,2012);⑤ 关系资本对供应商特征和绩效间的调节作用。关系资本既调节了供应商能力与收益之间的关系,又调节了供应商治理与收益之间的关系(Blonska 等,2013),还调节了供应商研发服务与绩效的关系(Kohtamäki,Partanen,Möller,2013)。

2.3.4 小结与评述

关系资本的研究源于社会资本,是社会资本研究的深化,其与社会资本的不同体现在:社会资本强调的是该人际网络中的空间邻接性和连接数量;关系资本强调的是具体连接的质量。关系资本的研究是战略管理领域近二十年里提出的重要的研究领域,目前建设工程管理领域虽然有社会资本、关系网络等研究,但尚无关系资本相关的研究。

关系资本的量表目前虽然较多,但仍处于各自使用自身量表的状态,没有相关研究分别比较其优劣后加以整理归类,因而比较混乱,有必要进一步梳理不同情境下关系资本可使用的合适的量表。

目前,关系资本的研究也多以实证研究为主,研究多围绕知识管理和绩效两个方面展开。所有研究均认为关系资本能够促进知识管理,也能够促进联盟绩效、供应商本身的绩效。但目前关系资本实证研究的范围目前较为狭窄,未来还可以和跨界行为等整合研究。

2.4 项目管理绩效研究文献综述

2.4.1 项目管理绩效的内涵及维度与重大工程项目成功的管理因素

1. 项目管理绩效的起源与内涵

绩效(performance)的定义一直以来被学者及业界人士反复探讨。Katzell 提出"绩效是指组织目标达成程度的一种衡量"(Katzell,1975)。Szilagyi 提出可以分别通过社会、组织、个人和短期、中期、长期两个层面划分绩效,并认为绩效可以是主观的,也可以是客观的(Szilagyi, A. D. , 1981)。Kast 进一步认为绩效构成的三要素包括:效果(effectiveness)、效率(efficiency)和参与者的满意度(participant satisfaction),其中效果是产出是否满足需求,而效率是为实现产出而投入的资源是否得到有效利用(Kast,Rosenzweig,1974)。方振邦等认为绩效是组织期望的结果,是组织为了实现其目标而展现在不同层面上的有效输出(方振邦,罗海元,2010)。进一步地,对于绩效的内涵,学术界有三种不同的理解。

第一种是目标理论,该理论认为绩效是一种结果,组织有自己的最终和认同的目标,绩效可以用实现自己制订的目标程度加以衡量(Etzicni,1964)。由于传统的项目绩效更强调确定的成本、确定的进度和确定的质量目标,因而"铁三角"视角以及安全视角等项目绩效理论均源于目标理论。

第二种是过程理论,它认为绩效是组织成员的行为,用代表性员工的行为来衡量组织绩效(Steers,1977)。然而,由于行为具有情境性,建设工程项目,特别是重大工程,项目情境复杂多变,使得建设工程员工的行为常常发生异化,因而具有不确定性,故目前在项目中通过行为衡量项目绩效仍然具有争议性,本书尝试描述重大工程中项目公民行为与项目绩效的关系也正是基于实现行为衡量绩效而展开的讨论。

第三种理论是利益相关方理论,将不同的利益相关方的满意程度纳入考察范围(Connolly,Conlon,Deutsch,1980)。该理论认为投资者投资获益往往不是最重要的,而利益相关方对组织的存在、过程、结果和声誉等感兴趣往往更加重要。该理论对绩效指标的选择暗示了利益相关方的重要程度以及利益相关方认为的组织属性重要度。利益相关方理论将绩效关注的焦点从客观的目标调整为主观的满意度,强调了人的主导作用。认为利益相关方有各自的期望,组织必须满足利益相关方的需求才能吸引利益相关方的参与(Thompson,1967)。绩效是为了衡量利益相关方的评价而构建的用于评价组织对利益相关方期望的满足程度的指标(Friedlander,Pickle,1968)。建设工程,特别是重大工程,涉及利益相关方众多,利益相关方理论的绩效在重大工程情境下更有其价值。

美国项目管理协会(PMI)认为项目管理是将知识、技能、工具与技术应用于项目活动,以满足项目的要求。项目管理是通过合理运用与整合 42 个项目管理过程来实现的,归类成 5 大过程组,即:① 启动;② 规划;③ 执行;④ 监控;⑤ 收尾。管理一个项目通常要:① 识别需求;② 在规划和执行项目时,处理干系人的各种需要、关注和期望;③ 平衡相互竞争的项目制约因素,包括但不限于:a. 范围;b. 质量;c. 进度;d. 预算;e. 资源;f. 风险。

英国皇家特许建造学会(CIOB)认为工程项目管理是自项目开始至项目完成,通过项目策划和项目控制,以使项目的费用目标、进度目标和质量目标得以实现。

我国《建设工程项目管理规范》(GB/T 50326—2006)认为,工程项目管理是运用系统的理论和方法,对建设工程项目进行计划、组织、指挥、协调和控制等专业化活动。

所有概念均表明:项目管理是一个多维度相互平衡与控制的过程。因而项目管理的好坏需要通过项目管理绩效加以衡量。

项目管理绩效构念是项目成功的重要组成部分。1980 年之前,对项目结果的评价普遍使用项目绩效,将项目绩效狭隘地定义为进度、成本和质量。为了整合成本和进度,美国国防部提出了挣值分析(Howes,2000)。20 世纪 80 年代到 90 年代,项目成功地出现改变了进度、成本和质量的范式。项目成功引入了多维度的评价方式,引入了人的影响因素,讨论项目不同时期下结果的不同。项目管理绩效作为项目成功的一个评价维度而存在,主要表征项目管理过程(Bryde,2003)。

Bryde 提出项目管理绩效评估(project management performance assessment,PMPA)模型,认为项目管理绩效是利益相关方认为的有质量的项目管理过程(Bryde,2003)。Tam 认为项目管理绩效是对分包商的有效安排和管理(Tam,2011)。Jiang 认为信息系统的项目管理绩效是匹配需求不确定和结构化流程解决问题能力二者,使得结构化流程能够解决该需求不确定性问题的过程(Jiang,2009)。

柯洪认为绩效是"绩"和"效"的合成,项目管理绩效是一种建设结果,既包含了量层面上的建设成果,又包含了质层面上的建设成果(柯洪,2007)。进一步地,柯洪在总结 Munns 和 Bjerimi 等人研究的基础上,整理了项目成功、项目管理成功、项目绩效、项目管理绩效的相互关系,如图 2-1 所示。图中表明项目绩效涵盖的是项目的全生命周期的结果,项目管理绩效主要包括项目的计划、实施和移交三个阶段的结果。

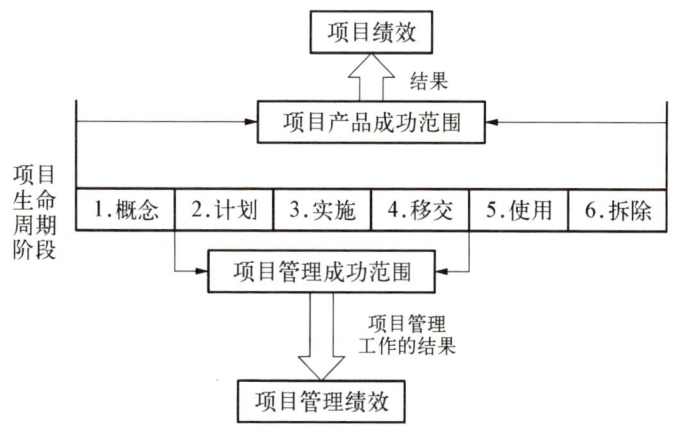

图 2-1 项目成功、项目管理成功与项目绩效、项目管理绩效相互关系(柯洪,2007)

范道津认为,公共项目管理绩效应当是"过程与结果"的共同作用,即项目管理绩效不仅作用于静态,还作用于动态,并将公共部门绩效界定为经济性(Economy)、效率性(Efficiency)、效果性(Effectiveness)和公平性(Equity)原则(范道津,2007)。

杜亚灵将公共项目管理绩效的界定与范道津相似:以"4E"标准为前提的"过程+结果",在综合考虑公共项目的经济性、效率性、效果性和公平性的前提下,公共项目管理全过程与项目目标相关的动态的组织行为以及这些行为所产生的静态的结果(杜亚灵,2009)。

白俊峰将代建项目管理绩效界定为:以"5E"标准为前提的"过程+结果",即在综合考虑代建项目的经济(Economy)、效率(Efficiency)、效果(Effectiveness)、公平(Equity)和环境(Environment)的前提下,代建项目具体建设管理过程包含的前期阶段、建设实施阶段和竣工验收三个阶段的管理过程绩效及管理结果绩效的综合绩效(白俊峰,2010)。

尹贻林等对政府投资项目管理绩效进行界定:首先,政府投资项目管理绩效的边界与一般私人项目管理绩效相似,均为项目管理全过程的"结果+过程

(行为)";其次,政府投资项目管理绩效界定的前提为充分考虑其公共品性质和公益性目标。

由于项目管理绩效不是对项目产品本身的衡量,其结果影响因素众多,因而项目管理的结果不完全能反映其绩效。片面追求项目管理绩效的客观结果也会造成客观结果的外部性难以体现,不能全面评价项目管理的好坏。因而本书中的项目管理绩效是基于项目业主方层面的项目管理绩效,即:项目的业主方在项目管理过程中所表现出的动态的组织行为和组织行为导致的静态的满意度和结果的总和。

2. 项目管理绩效的维度

项目管理绩效量度作为动词时是量化过往的项目管理行为的效率与效果的过程,项目管理绩效量度作为名词时是一个用以量度过往的项目管理行为的效率与效果的参数(Neely, Adams, Kennerley, 2002)。项目业主方为了评估项目管理成功与否,要通过项目管理绩效加以评价,项目管理绩效往往基于已有的关键点与其他已完成的项目比较,这些关键点隶属于多个不同的维度,如领导力、项目文化、合作、过程、KPI和满意度等,这些子指标的综合共同量度项目管理绩效(Dainty, Cheng, Moore, 2003; Yu, Jeon, Kim, 2015)。因而,项目管理绩效应当包含一系列标准化的、有权重的、可以合计的子指标体系,通过一系列标准化的类别量表加以量度(Yu, Jeon, Kim, 2015)。因而,基于项目管理绩效动态和静态的过程,针对不同类型的项目对管理的需求差异,形成项目管理绩效维度如表2-5所示。

表2-5 项目管理绩效维度表

年代	作者	研究对象	维度
2003	Cooke-Davies	项目	1. 项目文化 2. 组织领导力 3. 商业文化 4. 多项目管理 5. 项目管理结构,方法和系统 6. 授权度 7. 信息位置 8. 项目团队匹配度 9. 项目管理层的能力 10. 项目和功能管理的能力(Cooke-Davies, Arzymanow, 2003)

续 表

年代	作者	研究对象	维　　度
2003	Anderson	项目	1. 对风险和不安全的态度 2. 对能力和责任共享的态度 3. 对难处理问题和软性管理的态度 4. 对协调的态度 5. 假设的知识 6. 工作路径的知识 7. 令人满意的结果 8. 总体知识 9. 战略层面的行动 10. 技巧层面的行动 11. 管理层面的行动 12. 运营层面的行动（Anderson，Jessen，2003）
2003	Bryde	项目	1. 项目管理领导力 　(1) 管理各种类型变更的能力 　(2) 实际项目中对项目软性管理关注程度 　(3) 项目文化的开发程度 　(4) 弥补项目文化缺陷的能力 　(5) 项目环境阻碍项目文化发展的程度 2. 项目管理雇员 　(1) 增加项目雇员对项目全流程的认知程度 　(2) 有开发和评估项目雇员能力的流程 3. 项目管理政策和策略 　(1) 认识到项目持续改进的需求 　(2) 项目管理对未来的计划程度 　(3) 克服项目管理特定的障碍变更的能力 4. 项目管理伙伴关系和资源 　(1) 伙伴间形成项目利益相关方合作的程度 　(2) 存在正式的项目利益相关方沟通流程 5. 项目全生命周期管理进程 　(1) 项目全生命周期关键业务流程使用模型 　(2) 能够增加照顾到项目全生命周期流程的项目文化的能力 　(3) 设计和施工阶段能考虑到项目全生命周期流程工作 　(4) 采购的标杆程度 6. 项目管理关键绩效点 　(1) 开发方法来管理项目管理重要的 KPI 指标 　(2) 有连接项目管理对象和项目交付后运营的能力 　(3) 了解利益相关方想法的能力 　(4) 开发一个尽可能包含广泛的 KPI 的能力（Bryde，2003）

续 表

年代	作者	研究对象	维　　度
2004	Belout	项目	1. 开始执行阶段识别了特定的技术需求 2. 项目进度能够跟得上 3. 项目成本目标能够实现 4. 项目顾客和产品使用者能够对项目产出满意 5. 所管理的项目的组织文化或价值没有给员工造成困扰 6. 没有为了满足团队成员的利益和挑战而放弃对项目的管理 7. 项目成果未出现质量问题 8. 技术问题被成功地识别和解决 9. 项目成果能够被轻易地制造和销售（Belout，Gauvreau，2004）
2007	Crawford	项目	1. 整合；2. 范围；3. 时间；4. 成本；5. 质量；6. 沟通；7. 人力资源；8. 风险；9. 采购（Crawford，2007）
2008	Niebecker	跨公司项目	1. 融资/项目 　（1）项目成本 　（2）增加商业价值 　（3）合作项目管理贡献 　（4）项目成熟度 2. 进程 　（1）遵守进度 　（2）创新改进 　（3）最小化风险 　（4）遵守合作进程 　（5）质量 3. 合作 　（1）沟通 　（2）合作 4. 发展 　（1）团队满意度 　（2）团队学历提升 　（3）团队成员间信任（Niebecker 等，2008）
2008	Niebecker	同公司项目	1. 财务 　（1）项目预算 　（2）增加商业价值 　（3）项目贡献 　（4）项目管理 2. 顾客 　顾客满意度

续 表

年代	作者	研究对象	维　度
2008	Niebecker	同公司项目	3. 进程 　(1) 遵守进度 　(2) 创新改进 　(3) 最小化风险 　(4) 优化项目结构 　(5) 质量 4. 发展 　(1) 雇员满意度 　(2) 雇员学历提升(Niebecker 等,2008)
2008	马辉	公共项目	1. 整体管理；2. 范围管理；3. 时间管理；4. 费用管理；5. 质量管理；6. 人力资源管理；7. 沟通管理；8. 风险管理；9. 采购管理(马辉等,2008)
2008	Luu	工程项目 (承包方视角)	1. 建设成本绩效；2. 建设时间绩效；3. 客户对服务的满意程度；4. 客户对产品的满意程度；5. 质量管理体系；6. 项目团队绩效；7. 变更管理；8. 材料管理；9. 劳动力安全管理(Luu 等,2008)
2009	Crawford	项目	1. 服务结果；2. 满意度；3. 结果；4. 信任和合规
2009	Jiang	信息系统项目	1. 实现项目目标的能力 2. 期待工作的完成程度 3. 高质量的工作完成度 4. 进度能够跟上 5. 预算没有超支 6. 运行任务有效(Jiang 等,2009)
2011	Tam	工程项目	1. 质量绩效 　(1) 底层分包商采用低劣的材料 　(2) 底层分包商采用技能较差的劳动力 　(3) 在利润有限的前提下分包商对质量不负责 　(4) 分包商不合适的工作实践 　(5) 分包商技术不胜任做相应的质量工作 　(6) 分包商不符合质量规格 2. 时间管理绩效 　(1) 给分包商设置不切实际的时间合同 　(2) 分包商的低效率最终限制了期望获得 　(3) 分包商的慢反应由于沟通链过长 　(4) 时间花费在修补工作上 　(5) 时间花费在解决各类分包商之间的争端

续 表

年代	作者	研究对象	维　　　度
2011	Tam	工程项目	3. 成本控制绩效 　（1）管理人员涉及分包商的链条耗费了过多的日常费用 　（2）为中间分包商所取费用增加成本而没有获得价值 　（3）增加大量建造成本用于更多的失败或者修补工作 　（4）增加大量的建造成本在更多的声明和争端上 4. 沟通和协调 　（1）由于长的沟通链而使对底层的沟通决策延迟 　（2）增加分包商层级而增加了沟通的错误 　（3）主承包商与分包商之间沟通渠道不畅 　（4）多层之间缺乏沟通 　（5）在多层供应链分包商间经常的信息沟通存在困难 　（6）主承包商和分包商之间出现争端时缺乏中介（Tam 等，2011）
2011	杜亚灵	公共项目	1. 属性：最终用户满意 2. 工期：工期实现率 3. 成本：成本降低率 4. 质量：工程质量水平，返工损失率，重大质量事故次数 5. 安全：重伤率，死亡率 6. 组织成长：经验积累情况，声誉的提高 7. 影响：对环境的影响，对人们生活的影响，对经济的影响 8. 未来情况：项目的发展前景，解决了业主经营中的某些问题（杜亚灵，尹贻林，2011）
2012	杜亚灵	工程项目	1. 工程实现情况：工程基本按照预先拟定的进度计划实施，因而较好地实现了工期目标，甚至提前完工 2. 工程质量水平：工程质量符合国家标准 3. 成本节约程度：工程完工时的实际成本与计划成本相比基本相符，甚至有所节约 4. 利益相关者满意度：工程的承发包双方及使用者等核心利益相关者对该项目产品表示满意（杜亚灵，尹贻林，2012）
2014	Mir	项目	1. 项目管理领导力 2. 项目管理员工工作程度 3. 项目管理政策和策略 4. 项目管理伙伴和资源 5. 项目全生命周期管理进程 6. 项目管理关键绩效指标（Mir，Pinnington，2014）
2016	黄晓霞	产学研合作项目	1. 项目工期管理；2. 项目风险管理；3. 项目人员管理；4. 利益相关方沟通管理（黄晓霞等，2016）

注：本表格由作者对过往研究整理后获得。未标识研究视角的均为业主方视角或整个项目的视角。

项目管理绩效早期研究大多将绩效与财务指标混用。Keegan 提出绩效应该既包括财务角度和非财务角度(Keegan,Eiler,Jones,1989)。Kaplan 提出分为四个维度：财务、顾客、内部进程和创新(Kaplan,Norton,1992)。Cross 和 Lynch 基于前人研究，针对企业绩效提出"绩效金字塔"(Performance Pyramid)，提出从市场和财务两个角度加以量度客户的满意度、灵活性和生产力三个方面，具体而言，包括质量、交付、进程时间和成本四个方面。

在与项目成功的构念融合之后，对项目管理绩效的描述更为全面。2003年，开始有学者提出经过数据验证的较为成熟的项目管理绩效量表。2003年到2007年的量表开发的研究对象均为普适性的项目，2008年之后，学者们进一步细化、聚焦研究问题，分别围绕跨公司项目、公共项目、工程项目、信息系统项目和产学研合作项目等研究对象分别开展量表的开发工作。但目前尚无直接针对重大工程项目的项目管理绩效研究。

由于重大工程项目既属于工程项目，又属于公共项目，因而应当重大工程项目应当包括这些项目的一些共同特征。

目前围绕工程项目的项目管理绩效的研究，"铁三角"仍然是已有研究的共有指标，Tam 增加了"沟通与协调"(Tam 等,2011)，杜亚灵增加了"利益相关者满意度"(杜亚灵,尹贻林,2012)。Luu 基于承包商视角，认为客户对产品和服务的满意程度，团队沟通，变更，材料，安全均为影响项目管理绩效的重要因素(Luu 等,2008)。

目前，围绕公共项目的项目管理绩效的研究尚存在分歧。马辉等根据 PMI 提出的 PMBOK 要求，参考 Crawford 研究成果，提出了公共项目的项目管理绩效包括：① 整体管理；② 范围管理；③ 时间管理；④ 费用管理；⑤ 质量管理；⑥ 人力资源管理；⑦ 沟通管理；⑧ 风险管理；⑨ 采购管理(马辉等,2008)。但这一研究对公共项目的普适性不强。杜亚灵借鉴了工程项目的项目管理绩效，在"铁三角"、安全、满意度的基础上，增加了组织成长、影响和未来情况(杜亚灵,2011)。

过往研究分别围绕工程项目和公共项目的项目管理绩效开展研究，但未有针对重大工程项目管理绩效的研究。虽然杜亚灵的研究对工程项目和公共项目的项目管理绩效有了一定的整合，但未体现出重大工程的特征，因而需要进一步研究重大工程项目成功中的管理因素与公共项目管理绩效的差异之处。

3. 重大工程项目成功中的管理因素

项目管理绩效受到了项目成功的影响，使得其管理绩效不仅注重过程，还注重结果。虽然目前尚无重大工程项目管理绩效的相关研究,但存在重大工程项目成功的相关研究,因而可以从重大工程项目成功中的管理因素中借鉴重大工程特有的管理指标。

目前研究重大工程项目成功的研究仍然较少,已有的研究如表2-6所示。

表2-6 重大工程项目成功因素

年代	作者	项目类型	因素
1994	Christiunsen	地铁建设工程	1. 管理卓越(伙伴间沟通) 2. 总体质量管理 3. 项目群安全 4. 成本控制和进度管理 5. 社会责任 6. 合同管理(Christiansen,1994)

1996	Dias 等	基础设施工程	1. 提升团队特征
			  (1) 提升团队管理特征
			  (2) 提升团队力度
			  (3) 足够的改进承诺
			2. 技术评估
			  (1) 提供质量设计的能力
			  (2) 提供一个可行的计划的能力
			  (3) 提供充足的运营转换包的能力
			3. 财务评价
			  (1) 充足的财务资源支撑
			  (2) 财务可行性
			  (3) 建造和运营成本的确定性
			  (4) 收入的确定性
			4. 合格和本地情境原则
			  (1) 总体质量原则
			  (2) 公共支持层面
			  (3) 合理的环境
			  (4) 政策环境(Dias Jr,Ioannou,1996)

2005	Li Bing	PPP项目	1. 强力项目共同体的支持 2. 风险分担和风险共享 3. 竞争性购买进程 4. 公共部分和私人部分的承诺和责任 5. 全面的现实成本/收益评估 6. 项目技术可行性 7. 购买过程公开程度 8. 好的治理 9. 符合法律框架

续　表

年代	作　者	项目类型	因　　素
2005	Li Bing	PPP 项目	10. 存在融资市场 11. 政治支持 12. 多重利益目标 13. 政府提供担保 14. 健全的经济政策 15. 稳定的宏观经济环境 16. 良好组织的公共招标机构 17. 公共和私人共享所有权 18. 社会支持 19. 技术转移（Li Bing 等，2005）
2005	Zhang Xueqing	PPP 项目	1. 适合的投资环境 　（1）稳定的政治系统 　（2）适合的经济系统 　（3）足够的本地融资市场 　（4）可预测的汇兑风险 　（5）可预测的和有理由的法律框架 　（6）治理支持 　（7）支持和理解社区 　（8）项目是公共感兴趣的 　（9）预测风险场景 　（10）项目很好地适应私营运营 　（11）可预测的经济前景 2. 经济活力 　（1）对项目提供的产品/服务有长期需求 　（2）项目投资者必须获得的利益 　（3）能够给借款人提供具有吸引力的长期的现金流 　（4）正常运营项目需要长期稳定的供应商 3. 有可靠的特许权并有强技术支撑的项目共同体 　（1）一个关键企业的领导角色 　（2）有效的项目组织结构 　（3）强力和有能力的项目团队 　（4）与政府所有权者保持良好的关系 　（5）维持伙伴关系的技能 　（6）国际 PPP 项目管理丰富的经验 　（7）多部门参与 　（8）健全的技术解决方案 　（9）创新性技术解决方案 　（10）成本—效率技术解决方案 　（11）低的环境影响 　（12）公共安全和健康考虑

续 表

年代	作者	项目类型	因 素
2005	Zhang Xueqing	PPP 项目	4. 健全的融资包 　（1）健全的财务分析 　（2）投资、支付、提款进度 　（3）主贷和候补设备的结构和资源 　（4）债务稳定的现金流和均衡财务 　（5）低资产负债比 　（6）低财务费用 　（7）确定的和低的融资利率 　（8）对长期债务融资最小化再融资风险 　（9）有能力处理利率/费率波动 　（10）适当的运费和关税并能做适应性调整 5. 通过可靠的合同安排风险分担 　（1）特许权合同 　（2）利益相关方合同 　（3）设计和建造合同 　（4）贷款合同 　（5）保险合同 　（6）供货合同 　（7）运营合同 　（8）销售合同 　（9）担保函(Zhang Xueqing，2005)
2006	Fayek Aminah		劳动力训练对重大工程项目成功有显著影响
2010	Chan Albert	PPP 项目	1. 稳定的宏观环境 　（1）健全的经济政策 　（2）符合法律框架 　（3）稳定的宏观经济条件 　（4）风险分担和风险共享 　（5）存在财务市场 　（6）多重利益目标 2. 公共和私人部分的责任 　（1）共享公共和私人部分的所有权 　（2）公共和私人部分的承诺和责任 　（3）项目技术可行性 　（4）全面的现实成本/收益评估 3. 公开和有效的采购流程 　（1）有竞争力的采购流程 　（2）公开的采购流程 　（3）良好组织的公共招标机构

续　表

年代	作　者	项目类型	因　　　素
2010	Chan Albert	PPP 项目	4. 稳定的政策和社会环境 　（1）政策支持 　（2）社会支持 　（3）强力的项目共同体支持 　（4）好的治理 5. 明智的政府控制 　政府提供担保
2012	Olusola	PPP 项目	1. 存在适合的融资市场 2. 健全的经济政策 3. 好的治理 4. 风险分担和风险共享 5. 稳定的宏观经济情境 6. 全面的现实成本/收益评估 7. 项目技术可行性 8. 竞争性采购过程 9. 政府提供担保 10. 可接受的法律框架 11. 良好组织的公共招标机构 12. 公共部分和私人部分的承诺和责任 13. 采购过程的公开 14. 强力的项目共同体支持 15. 社会支持 16. 公共和私人共享所有权 17. 政策支持 18. 多重利益目标
2012	Chang Artemis	国防项目	1. 铁三角 2. 防御能力 3. 为增强实力而训练 4. 好的关系 5. 客户满意度 6. 问题解决 7. 项目成员幸福
2013	Puerto Carla		1. 成本；风险；准备项目；计划/建设；存在问题 2. 进度：时间；风险；计划/建设；技术；数学模型 3. 技术：范围；内部结构；合同；设计；建设；技术

续 表

年代	作者	项目类型	因　　素
2015	Hu Yi		1. 环境能力：情境理解；项目群策略 2. 核心能力：项目群领导力；范围管理；项目群治理；组织结构矩阵；项目群管理办公室；可胜任的雇员；使用项目分解结构/工作分解结构工具；标准化流程管理；关键利益相关方伙伴关系；风险管理；成本管理；进度管理；功能和质量管理；知识管理；项目群控制信息系统；意外管理；技术管理；采购管理 3. 动机能力：项目群文化；沟通管理；团队构建；项目群激励

注：本表格由作者对过往研究整理后获得。括号内表示重大工程的特定的项目类型。

重大工程项目成功的研究时间较短，目前对于该类项目的研究尚不充分。首先，重大工程项目成功的研究深度不均：有的研究仅用成本、进度、技术表征，研究深度过浅；而有的研究则已经细化到了财务比率的高低研究，研究深度过深。其次，各方研究视角不同，成功因素虽有一些共性特征，但仍存在大量的不同指标，难以相互印证。

由于项目成功与项目管理绩效的构念不同，因而筛选符合项目管理绩效的项目成功因素应当符合下列条件：

1. 项目成功在时间阶段上与项目管理绩效不同，项目成功关注项目全生命周期的成功因素，而项目管理绩效只关注前期、实施和竣工阶段（柯洪，2007）。因而对于运营期间的指标，项目管理绩效不予考虑。

2. 重大工程从具体工作目标，到具体工作过程，到最终完成结果，均具有不确定性，其风险远高于工程项目和公共项目，因而重大工程的项目风险需要考虑（盛昭瀚等，2009）。由于项目不确定性大，因而需要发挥雇员的主动性，因而需要强的领导力和优秀的项目文化。

3. 重大工程的目标是为大量的居民提供社会服务，必须取得公共的信任并适合工程覆盖范围居民的需求，因而工程的政治影响和社会影响必须予以考虑（Christiansen，1994；Dias，1996）。

基于此，本研究认为研究重大工程项目管理绩效可从重大工程项目成功中借鉴的因素包括：① 社会和政治支持；② 优秀的领导力和项目文化；③ 优秀的培养和激励机制；④ 风险控制的能力。

重大工程既包括工程项目的质量、进度、成本不确定性,还包括环境不确定、社会反馈不确定、政策不确定、实现功能需求不确定、雇员工作能力不确定、雇员工作意愿不确定等一系列问题(Flyvbjerg,2003),项目管理必须能减少项目产品绩效由于风险产生的波动,平稳实现项目产品绩效。

2.4.2 项目管理绩效相关概念的比较

项目绩效与项目效能、项目成功、项目管理绩效、项目治理绩效等概念仍然存在混用等问题,因而有必要对相关概念加以界定。

1. 项目管理绩效与项目管理成功

De Wit认为,项目成功的概念并不清晰,将项目成功界定为项目产品成功和项目管理成功两个部分。他认为,项目成功是项目满足了所有的既定目标,而项目管理成功只是满足了项目管理所需求的目标(De Wit,1988)。项目管理绩效与项目管理成功同为项目评价产生的结果,两者亦有所不同,项目管理成功需要依赖评价体系和标准,而项目管理绩效只需要评价体系。项目管理成功通过项目管理绩效加以度量,而对项目绩效的结果所给出的定性的表达。项目管理成功是相对来说最好的项目管理绩效(杜亚灵,尹贻林,2008)。而由于重大工程项目涉及利益相关方众多,每个人的需求不同,所处的阶段不同,项目管理成功的标准亦有所不同,因而重大工程项目管理成功多基于主观出发,因而项目管理成功是定性的,而项目管理绩效的评判更为定量化且准确(柯洪,2007)。

2. 项目绩效、项目管理绩效和项目治理绩效

项目绩效和项目管理绩效二者是内在联系的,但二者侧重点存在差异。一方面,项目管理绩效聚焦于项目交付时的成功关键点有没有达到,但并不重视项目交付后组织绩效情况(Bryde,2003)。即项目绩效是针对项目的全生命周期,主要强调项目实现了最初制订的目标并实现了项目的价值(Cheung,Yiu,Lam,2013)。项目管理绩效是项目管理活动的产出,是综合考虑项目的效率(efficient)、效果(effectiveness)、经济(economics)、公平(equity)、环境(environment)等因素,针对项目的实施阶段的管理过程和管理结果绩效的总和(白俊峰,2010)。另一方面,项目管理绩效更强调心理层面的量度,包括做项目对项目团队成员生涯发展计划影响等的量度,而项目绩效只聚焦于项目最终结果是否成功(Bryde,2003)。

项目治理绩效主要针对项目的决策阶段和实施阶段,是在项目交易中,项目各参与方在合作过程中实际采取或感知到的合作制度的效果和效率(邓娇娇,

2013)。

项目绩效强调的是项目产品本身所达到的程度。项目管理绩效强调的是项目管理所达到的程度。项目治理绩效强调在项目中的合作制度所达到的程度。

3. 项目管理绩效与项目效能

项目效能(project effectiveness),又称项目效果,是针对项目组织的组织效能。Daft认为组织效能是组织实现其目标的程度,即目标的达成,并认为组织绩效分为组织效能和组织效率两个部分(Daft,2012)。Drucker认为组织效能是指选择适当的目标并实现目标的能力,就是去做正确的事情的能力(Drucker,1998)。Kast认为绩效是效果、效率和满意度的总和(Kast,Rosenzweig,1974)。项目效能和项目管理绩效属于对项目绩效按照不同维度进行的划分中的分支,项目效能表示了完成该项目目标的达成程度,与项目效率对应,项目管理绩效表示了项目管理的管理本身所达到的程度,与项目产品本身的绩效对应。

2.4.3 小结与评述

项目管理绩效是继项目绩效和项目成功之后对于项目结果评价进一步发展细化而形成的独立构念(Bryde,2003)。不同于上述构念,项目管理绩效的对象更加清晰,研究对象仅仅是项目管理本身,而不涉及产品。研究时间段也更加明确,项目管理绩效仅面向项目前期、实施和竣工及后评价三个阶段。由于项目管理的对象是个客观实体,而项目管理的好坏本身是个主观概念,因而项目管理绩效是一种主观评价,这种评价体系随人的需求和侧重点不同而产生差异,本书为了全面反映业主方需求项目的实现情况,基于过往项目管理绩效研究和重大工程情境进行了绩效整合。进一步地,本研究比较了重大工程项目管理绩效和重大工程项目成功中的管理因素,认为二者显著的不同表现在:① 项目管理绩效强调的是项目管理过程的好坏,项目管理得好不代表项目绩效高,同理,项目绩效高也不等于项目管理得好。而项目成功是通过项目绩效来定量刻画的定性程度;② 项目管理绩效是一个主观构念,它源于业主方对项目的需求和判断,而非项目实际的客观事实。而项目成功是一个客观构念,基于项目产品的客观事实作出的判断;③ 项目管理绩效从内容上包括项目管理的过程和项目管理的结果。而项目成功只包括项目产品的结果,并且不包括项目管理的结果。

在此基础上,本研究整理了过往众多研究对项目管理绩效的评价体系。这些维度分别从不同的角度描述项目管理绩效。由于项目管理绩效源于项目成功,因而对项目管理绩效的执行者有着清晰的界定,为专业项目管理者或项目业主方(Bryde,2003)。然而,项目类型的不同从客观上导致了部分评价指标存在差异。本书立足于重大工程成功的管理因素和建设工程项目管理绩效两个出发点,梳理二者之间的共性及特性,这些均是未来可以进一步深入研究的方向。

2.5 总结与述评

本章围绕本研究需要研究的四个核心概念:重大工程、项目公民行为、关系资本和项目管理绩效分别进行了文献综述,其中,重大工程是本研究的现实情境,项目公民行为、关系资本和项目管理绩效是待研究的理论构念。本章通过厘清重大工程业主方项目公民行为、关系资本、重大工程项目管理绩效等三个相关构念及相关研究现状,为后续研究奠定理论基础。首先,通过梳理重大工程的概念和性质了解重大工程情境具体指的是什么特征,并进一步为重大工程业主方项目公民行为和重大工程项目管理绩效的情境奠定基础;其次,讨论组织公民行为、项目公民行为、重大工程业主方项目公民行为的内涵差异并比较组织公民行为和项目公民行为量表,确定本研究要研究的重大工程业主方项目公民行为;再次,讨论关系资本的内涵及维度,对关系资本可应用于重大工程情境加以论证。最后,讨论工程项目绩效与重大工程项目管理绩效的内涵及维度,确定本研究要研究的重大工程项目管理绩效。

具体对于各概念的界定及研究关联,本书将在3.2.2节中进一步展开阐述。

第3章
研究基础问题诠释及理论模型构建

本章在第2章的文献综述的基础上,进一步讨论本研究对于该问题恰当的切入点,基于该切入点提出本研究拟解决的科学问题,进一步论证研究对象,研究的意义,基于提出的科学问题和明确的研究对象提出本研究对该问题的研究框架。为后续研究提供理论依据。

3.1 项目公民行为对项目管理绩效影响的理论基础

1938年,切斯特·巴纳德(Chester I. Barnard)出版了《经理人员的职能》一书,正式提出管理学中的社会系统理论。他认为社会系统理论与梅奥提出的人际关系理论(Interpersonal Relationship Theory)主要区别在于人际关系理论的重点只是解释了组织中人与人的关系,强调行为个体之间的相互关系,并没有研究行为个体与组织之间的协调关系。基于此,巴纳德认为组织管理存在基于个体的"合作意愿","合作意愿"是正式组织结构的灵魂。正式组织结构是组织活动的结果,而不是原因,正式组织结构只能识别已存在个体和群体的合作意愿,但不足以完成组织功能所必需的全部条件(巴纳德,1997)。其研究认为人的主动性能够对组织产生影响,为研究个体行为与组织的关系奠定了基础。

1964年,Katz提出了功能组织的三种基本行为:① 留任行为,组织必须吸引并留住员工;② 角色内行为,确保员工以可信赖的方式满足组织对员工安排的特定角色;③ 角色外行为,员工行为表现超越组织对员工安排的特定角色规范的行为,主要包括但不限于创造性与自发性行为、合作行为等。Katz认为组织不是一个只依靠规划设计和规定行为形成的脆弱的社会系统,员工具有自发性行为与合作行为,对组织生存和组织绩效都是非常重要的(Katz,1964)。

Organ 的研究认为自发合作性行为与组织公民行为的特征存在一定重叠,因而是组织公民行为的重要理论基础(Organ,1988)。

1977 年,Organ 认为,员工对工作满意度可以影响工作绩效,过往实证结果发现工作满意度与工作绩效常存在正向相关关系,Organ 认为这种现象可用社会交换理论加以解释,员工满意度越高,越可能为绩效做贡献(Organ,1977)。为实现该目的而产生的该类行为则须通过员工积极的工作态度及主动利他的行为得以实现(Organ,1997)。通过对这些行为的共性特征进一步抽象,得到了组织公民行为。因而工作满意度是产生组织公民行为的重要前提。

1997 年,Podsakoff 最早实证了团队公民行为对绩效的积极影响(Podsakoff,1997)。2000 年,Podsakoff 在其研究中认为团队公民行为是未来的研究方向(Podsakoff 等,2000)。2009 年,Nielsen 对团队公民行为的定义是指在团队内部产生的一种规范化的公民行为水平,它反映了团队成员之间对就公民行为应当发生的水平的相互理解,是一种规范化的期望,并采用元分析后认为,团队公民行为能够对团队绩效产生影响(Nielsen 等,2009)。

2012 年,Braun 在总结项目管理实践经验和过往项目中研究组织公民行为的成功的基础上(Chou 等,2013;Aronson,Lechler,2009;Yen,Li,Niehoff,2008),正式提出了 PCB(project citizenship behavior)的概念(Braun 等,2012),认为 PCB 是项目实施阶段出现一种现象,它以自愿的形式表现出来,不受项目组织传统的奖励和需求机制所影响,却显著提升了项目完成的绩效。Braun 认为项目公民行为与组织公民行为的显著差别在于:项目公民行为呈现网络化趋势,是跨界行为和项目情境双重作用下在组织公民行为中的反映。之后,Braun 论证了临时性组织公民行为对项目绩效的积极影响作用(Braun 等,2013)。

现有研究多研究雇员对雇主的项目公民行为,而雇主本身是不复杂的。重大工程不同于一般项目,其业主方本身不是一个人,而是多个组织,就存在基于业主方组织之间的关系,而业主方本身与其他利益相关方又存在雇主与雇员关系。本书研究的行为是重大工程业主方内部的雇员项目公民行为。

3.2 本书拟解决的科学问题、研究对象及研究结构

3.2.1 本书拟解决的科学问题

正如第 2 章所提到的,重大工程具有显著的复杂性和明确的社会政治影响,

工作稳定性较低，因而需要重大工程的业主方采用更多的工作主动性（鲁棒性），以减少工作环境、条件等不确定对目标的影响。早在 2012 年，Braun 等就在总结 Yen、Aronson 等人（Yen，Li，Niehoff，2008；Aronson，Lechler，2009）研究的基础上提出了项目公民行为的概念（Braun 等，2012）。2013 年，Braun 又在该概念基础上进一步深化形成临时性组织公民行为的概念，更加强调该类组织的临时性（Braun 等，2013）。但上述研究主要针对普适的项目管理情境，没有很好地解释重大工程情境下的不确定性、政治性和社会性，以及重大工程业主方在建设过程中具有特色的行为，例如甘于奉献地工作、主动维护项目、愿意向他人解释消除对项目的误解等。因而，本研究借鉴组织行为学中组织公民行为，提出重大工程业主方项目公民行为的概念，该概念是传统工程管理理论与组织行为理论的交叉。具体而言，本研究要讨论重大工程业主方项目公民行为是否存在，其存在是否对项目管理的影响，通过何种路径产生什么影响，进一步根据前面的问题提出相应的管理改进策略。

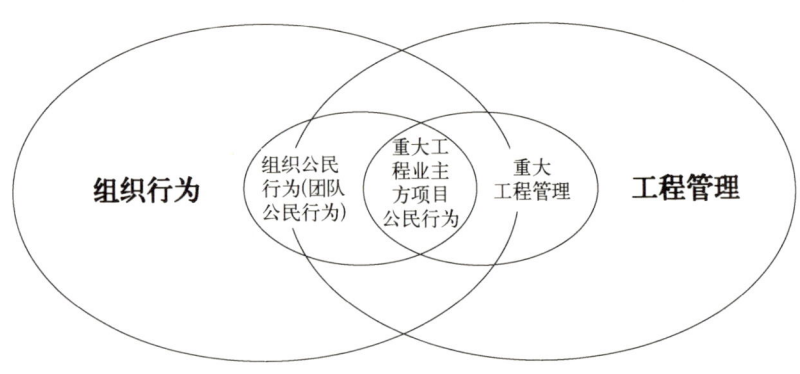

图 3-1 研究问题的提出

资料来源：本研究根据相关文献整理。

3.2.2 研究对象的界定

正如第 2 章内容综述内容，基于现实情境，本书主要研究重大工程项目业主方在重大工程项目前期、实施、竣工验收及后评价等三个阶段管理过程中涌现出的项目公民行为对业主方所管理的项目的管理绩效。

首先，将研究对象界定为重大工程项目业主方。

1. 重大工程项目业主方如何界定

早在计划经济时期，原国家计委曾基于全过程投资管理角度将项目业主定义为由投资方派代表组成，从建设项目的筹划、筹资设计、建设实施直至生产经营、归还贷款及债权本息等全面负责并承担投资风险的项目管理班子。

我国建设工程监理协会基于监理的视角，对其定义为：建设单位，也成为业主、项目法人，是委托监理的一方。建设单位在工程建设中拥有确定建设工程规模、标准、功能以及选择勘察、设计、施工、监理单位等工程建设中重大问题的决定权(建设工程监理协会，2003)。

郭丁汉认为，建设工程项目业主是指具备某项工程项目建设需要的条件(资金、规划用地、建设手段等)，建立起与承包商(生产供应)及社会中介机构的委托合同关系，并最终得到建设工程产品所有权的政府部门、企事业单位和个人(郭丁汉，2005)。

曹萍认为，建设工程项目的业主是出资并履行项目管理职责的机构，主要针对不长期从事专业项目建设的其他领域的投资组织(曹萍，2007)。

西方研究多认为，项目业主方既具有项目管理责任，又具有融资责任(Samset，2003)。Anderson 认为，项目的业主是代表了其所在组织利益的人，并对项目负责(Anderson，2012)。Zwikael 认为，项目业主方是项目的客户，对项目结果成功具有最大的所有权和责任(Zwikael，2008)。Olsson 等认为，项目所有者是项目长期利益效果的第一个也是最重要的承担者(Olsson，2008)。Bourne 等认为，项目成功是项目业主视角下项目价值产生(Bourne & Walker，2008)。Neap 等认为，项目业主方无论公共还是私人，是一个拥有项目所有权和项目融资责任的利益集团，包括业主本身的资源和外部来源的融资。并认为业主方的项目管理责任包括：

a. 识别需求和工作对象；

b. 对其他参与的利益相关方清晰地表达他们的需求和工作对象；

c. 决定项目总体预算；

d. 选择参与项目的利益相关方，如咨询方、承包方等；

e. 根据咨询建议作出决策；

f. 为项目提供协调；

g. 根据工作对象监控项目进展并保持推进，使项目总体计划得以实现；

h. 做最终决策；

i. 规定总体预算的关键控制节点，规定支付的支付时间，对项目竣工时间和最终支付做出规定；

j. 对项目绩效和项目结果做出有效的评估；

k. 协调公司层面的涉及项目的其他工作(Neap & Aysal,2004)。

目前,我国的重大工程多是国有资金投资,因而业主方不同于一般项目业主方,多为政府相关部门或国有控股的企业组织的建设指挥部为主,例如,苏通大桥的业主方就是江苏省交通厅组织的建设指挥部,昆明市环滇池区域环湖东路一级土地开发的业主方就是云南城投组织的建设指挥部(游庆仲等,2009)。

由于重大工程涉及利益相关方广泛,不仅需要项目内部各利益相关方的配合,更需要项目外部诸如项目附近社区、附近企业、地方政府等各利益相关方的支持,因而重大工程的业主方多存在协调领导小组,成员来自政府上一级有关部门主要负责人,该小组是工程建设的最高决策机构,职责是全面领导和总体部署工程建设,决定政策措施和总体目标,检查督促工程实施、决策和协调解决重大问题和建议。运行机制上,对于需要决策的重大问题和建议,经由联系会议集体讨论研究,形成决策依据,供有关部门执行。在技术支持上,重大工程有技术顾问专家组,用以指导项目施工过程中的重大技术方案的制订,关键技术难题的解决,质量控制标准的制订和新技术、新工艺、新材料运用的可行性论证(游庆仲等,2009)。重大工程业主方的这些部门均是一般项目所不具备的。

而在具体的项目管理责任角度,重大工程业主方与一般项目业主方类似。

因而本书研究的重大工程项目业主方是指管理对象是10亿元以上对附近民生有着重大影响的基础设施在建项目;在组织模式上包括了建设指挥部、项目管理有限责任公司、协调领导小组、顾问专家组等;在组织职能上具备为项目融资职能和对其他项目参建方的选择、协调、监督、控制等管理职能;并能够最终获得建设产品所有权的政府部门、企事业单位或个人。

2. 为何选择重大工程业主方为研究对象

(1) 利益一致。重大工程涉及面广、影响大、周期长、利益相关众多、建设任务繁重,构成复杂的关联(Miller & Hobbs,2005)。各方对项目的理解不一致,完成工作的目的也不一致,其产生的行为亦有所差异,甚至各方出现冲突。本书只能基于众多利益相关方中的一方层面加以研究。该研究对象必须是项目建设主体中的领导者,能够管理项目,又必须贯穿项目前期、实施、竣工及后评价等全过程,才能全面反映整个项目建设过程中项目公民行为的作用(盛昭瀚等,2009)。因而本书选择重大工程业主方作为研究对象开展研究。

(2) 边界清晰。重大工程业主方有着固定的组织结构,能够从组织结构中直接挑选出来。相较于高层管理者等概念,能够更明确地找出适合的对象。

(3) 代表项目价值。项目公民行为的最终目标是为项目增值(Braun,

2013),这与项目业主方工作目标一致,所有利益相关方中也只有业主方能够在全过程中以项目价值为中心而工作,因而其项目公民行为更为显著。

3. 重大工程项目业主方为什么可以与项目管理绩效匹配

(1) 时间阶段的匹配性。重大工程项目业主方在建设过程中主要参与项目前期、实施、竣工及后评价三个阶段,而项目管理绩效针对的正是项目的前期、实施、竣工及后评价三个阶段(杜亚灵,2009),因而双方处于相同的时期阶段,具备用项目管理绩效评价业主方的条件。

(2) 工作任务的匹配性。Julie Liu 等针对项目管理者和专业从事项目管理人员的调研后的研究认为,项目中的任务管理能力能够对项目管理绩效产生积极影响(Julie Liu 等,2010)。前文 Neap 等提出的业主方项目管理责任与×××对项目管理绩效的定义是一致的。因而,二者具有工作任务匹配性。

(3) 身份的匹配性。项目管理绩效的调研对象是项目管理者,他们受雇于业主方企业,主要代表业主方企业从事项目管理工作(谈飞,刘博,2008)。因而用项目管理绩效评价业主方雇员工作效果是合理的。

(4) 过往研究支持。在企业管理的研究过程中,针对管理者行为对组织绩效的影响均存在相关研究(张新安等,2009;吴超鹏等,2008)。故认为项目业主方作为专业从事项目管理的人员,其行为亦会对项目管理绩效产生影响(Zhai 等,2009;Eweje 等,2012)。

4. 重大工程业主方项目公民行为与 Organ 提出的组织公民行为以及 Braun 提出的项目公民行为的区别

重大工程业主方项目公民行为与组织公民行为的区别主要体现在以下几个方面:① 研究层次不同:组织公民行为针对的是个体的公民行为,重大工程业主方项目公民行为是针对团队的公民行为;② 研究立足点不同:重大工程业主方项目公民行为立足于整个项目,关注的是组织间的帮助和沟通,组织公民行为立足于组织内部,讨论的是组织内部个体间的帮助和沟通(赵海霞等,2013);③ 行为网络化。重大工程业主方项目公民行为在项目内部具有连贯的网络化特征,而组织公民行为研究更为局部孤立(Braun 等,2012;Braun 等,2013)。

重大工程业主方项目公民行为与项目公民行为的区别主要体现在以下几个方面:① 研究对象不同:项目公民行为调研的是项目中直接从事项目生产工作的利益相关方雇员,如施工方(编程小组)、材料供应方等,而重大工程业主方项目公民行为调研的是重大工程中直接从事项目管理工作的业主方雇员;② 研究侧重点不同:项目公民行为主要侧重于讨论项目管理研究中一系列相互独立的主动性事件和帮助行为事件,而重大工程业主方项目公民行为主要侧重于项目成员对帮助行为共同的理解和期望而表现为持续性和定期的强化(Brief,2004),即研究侧重于业主方内部出现的项目公民行为和外部对业主方产生的项目公民行为的总和;③ 研究视角不同:项目公民行为主要考虑受调研者参与项目内工作而产生的项目公民行为;重大工程业主方项目公民行为除了考虑受调研者参与项目内工作产生的项目公民行为,还需要考虑受调研者参与项目的外部性而产生的项目公民行为。

第二,研究对象选定为项目管理绩效的原因。

由第 2 章研究可知,与项目绩效相比较:

1. 项目绩效的概念比较宽泛,可以有多种解释:从对象角度,项目绩效可以分为项目产品绩效和项目管理绩效,分别针对项目产品为对象和项目管理为对象,而项目管理绩效清晰地界定了绩效评价的对象为项目管理。从项目利益相关方角度,由于各利益相关方所处的地位不同,其完成任务的目标亦有差异,因而其绩效是不同的,而项目管理绩效源于项目管理成功,是对项目管理成功的定量化度量(柯洪,2007),因而能够更清晰地将项目管理绩效界定为对项目整体的管理的优劣。从时间阶段的角度,项目绩效评价包括项目概念提出、计划、实施、移交、使用、拆除各个阶段的过程和结果;项目管理绩效仅包括计划、实施和移交三个阶段的过程和结果(杜亚灵,2009)。

2. 项目绩效的构念更为客观,可用客观的进度、成本、质量、安全等客观数据加以表述。而项目管理绩效的构念更为主观,反映的是业主对当前项目管理情况的满意程度。因而难以通过客观数据加以评价,过往的研究如 Liu,Mir 等均采用了主观量表加以研究(Julie Liu 等,2010;Farzana Mir,Ashly Pinnington,2014),故本研究采用主观量表来评价项目管理绩效。过往的研究也表明,项目公民行为对主观绩效的影响要显著强于客观绩效(Podsakoff 等,2000)。

与项目管理成功相比较:

项目管理成功表达的是项目管理成功实现目标的状态,而非一个评价指标。而项目管理绩效正是用来评价是否项目管理成功的一个评价指标(柯洪,2007)。因而本研究采用项目管理绩效更符合要求。

第三,研究中介选定为关系资本的原因。

(1) 关系资本是组织间人际关系的体现,与本书研究的业主方项目公民行为和项目管理绩效属于同一层次的研究,不存在跨层研究,研究结果更准确,更有说服力(Nielsen 等,2009)。

(2) 由第 4 章内容可知,人际关系是中国重大工程业主方项目公民行为实施的重要介质。Farh 研究认为中国社会具有西方社会所不具备"家天下"和集体主义精神,因而人际关系和谐非常有利于绩效的实现(Farh 等,2004)。Braun 的研究也表明项目中人际关系对绩效的重要作用(Braun 等,2013)。业主方项目公民行为是团队公民行为,非常强调组织间的沟通和帮助(Nielsen 等,2009),因而关系资本非常有助于描述这一结果。

第四,业主方项目公民行为选用团队公民行为而不采用个体公民行为的原因。

① 目前针对项目公民行为的研究多为个体层面的研究,缺乏团队公民行为的相关研究,因而业主方项目公民行为研究采用团队公民行为有其创新性。② 业主方团队公民行为与项目管理绩效,业主方关系资本都属于同一层次的研究,不存在跨层研究,研究结果更准确,更有说服力(Nielsen 等,2009)。③ 项目公民行为非常适合于团队层面的研究。Podsakoff 在 2000 年对公民行为未来展望时认为未来有必要进一步开展团队层面的公民行为研究(Podsakoff 等,2000)。项目公民行为的社会交互也是显著不同于个体层面的项目公民行为的(Ehrhart 等,2006)。④ 团队公民行为对组织绩效的影响之前已被证明(Podsakoff 等,1997),因而对重大工程业主方项目公民行为对项目管理绩效影响的假设有理论依据。

3.2.3 本书的研究结构

本书研究主要针对重大工程业主方项目公民行为这一核心构念开展研究,第一,定义重大工程业主方项目公民行为并比较其与组织公民行为和项目公民行为的差异。

第二,在此基础上研究基于业主方成员的调研数据,进一步开发重大工程业主方项目公民行为量表。

第三,为论证重大工程业主方项目公民行为研究的意义,证明业主方项目公民行为对项目管理的价值,因而以项目管理绩效为结果变量,综合考虑重大工程的长期性和中国情境下人际关系的重要性,确定以关系资本为路径,具体以业主方雇员的关系资本为中介变量表征其关系。

第四,为论证重大工程业主方项目公民行为对其项目管理绩效的影响机理并分析其动态影响过程,本书构建一个仿真模型,用以解释业主方项目公民行为形成发展全过程,具体如图 3-2 所示。

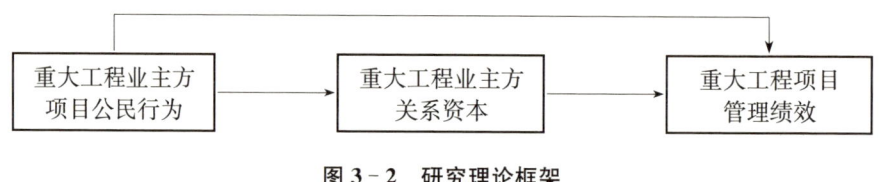

图 3-2 研究理论框架

3.3 理论模型构建与求解

3.3.1 关系资本的作用

基于社会互换理论,重大工程业主方项目公民行为的发生是项目业主方为提升项目管理绩效而产生的与自身和项目其他利益相关方互动的一种自发行为。为描述业主方项目公民行为对项目管理绩效的影响关系,基于所有的业主方项目公民行为都可以拆解成业主方和业主方或业主方和其他利益相关方的一一映射关系[①],为解释关系资本的作用,将公民行为的行为主体简化为甲、乙双方,其中甲方为业主方。

Katz 等提出"基于角色的业绩"(Dependable Role Performance),认为有效组织需要三类行为,包括吸引员工的行为,员工角色内行为和员工角色外行为。Organ 等提出组织公民行为时认为组织公民行为属于员工角色外行为。Raja 等把公民行为与角色内行为和创造力并列作为个体工作绩效的三个维度之一。故基于组织内的工作成员存在着的角色内行为和角色外行为,角色内行为指员工正常的工作行为,角色外行为包括项目公民行为,是指项目中的员工在工作外主动进行的有利于项目却难以被奖励系统识别的行为。在角色内完成工作之外,业主方甲雇员主动完成一些与角色内行为相关的角色外行为,例如自学习,加班工作等,促进绩效出现了提升,则认为类似于针对个体的业主方项目公民行为(PCB-I)。而业主方甲的成员主动完成的利他或者不给其他人完成任务增加障碍而完成一些与角色内行为相关的角色外行为,则认为其存在角色外利他,则认为类似于针对组织的业主方项目公民行为(PCB-O)。同理,对利益相关方乙而言,其行为包括 PCB-I 和 PCB-O。设业主方甲角色内行为的管理绩效为 b_0,PCB-I 行为而提升的管理绩效为 b_1,PCB-O 行为付出的成本为 c_1,而对方

---

① 一对多和多对多映射可以拆解成若干一对一映射的组合。

的 PCB-O 对本方管理绩效的提升为 b_2。设其他利益相关方乙角色内行为的绩效为 b_0，PCB-I 行为而提升的绩效为 b_1，PCB-O 行为付出的成本为 c_2，而对方 PCB-O 对本方管理绩效的提升为 b_2。因而双方是否选择公民行为的博弈矩阵如表 3-1 所示。

表 3-1 业主方项目公民行为博弈矩阵

	实 施	不实施
实 施	$(b_0+b_1+b_2-c_1, b_0+b_1+b_2-c_2)$	$(b_0+b_1-c_1, b_0+b_1+b_2)$
不实施	$(b_0+b_1+b_2, b_0+b_1-c_2)$	(b_0+b_1, b_0+b_1)

当 $b_2 < c_1$ 且 $b_2 < c_2$ 时，由于公民行为的成本过高，表 3-1 的右下角最优。而当 $b_2 \geqslant c_1$ 且 $b_2 \geqslant c_2$ 时，表 3-1 的左上角最优。当 $c_1 < c_2$ 时，乙方更易违约，出现表 3-1 右上角的情形。当 $c_1 > c_2$ 时，甲方更易违约，出现表 3-1 左下角的情形。

当双方关系资本较低，互不信任，互相不给予对方利他承诺时，或者双方行为成本不同时，均会使甲、乙双方陷入"囚徒困境"，最终结果只能是甲、乙双方均得到 b_0+b_1；而双方关系资本较高，双方的行为成本相近，甲、乙双方可以共同实现 $b_0+b_1+b_2-c_1(c_2)$，项目达到最佳收益。

结论 1 业主方项目公民行为有益于项目管理绩效，高的关系资本和相近的行为成本是业主方项目公民行为得以实现的基础。

3.3.2 行为模型的构建

上述研究将业主方看成一个整体，而业主方亦由多组织多成员构成，下列研究进一步展开业主方各成员继续研究。

SCP 模型（结构-行为-绩效模型）认为企业行为可以影响企业的经营绩效，同样地，重大工程项目管理绩效是由业主方行为而实现的。而系统论认为，系统行为是系统内个体行为涌现的结果（盛昭瀚等，2010），因而业主方项目公民行为是业主方个体的项目公民行为涌现的集合。勒温（Kurt Lewin）行为公式 $B = f(P, E)$ 认为行为的方向和强度 B，受到个人内部动力、内部特征 P 和个人所处的群体环境 E 的影响，其影响关系符合函数 f。因而本书在 3.3.1 节中模型的基础上构建基于多个业主方员工的理论模型，并在此基础上仿真，尝试解释上述问题。

本部分假设：① 不考虑业主方个体正式工作能力差异对项目管理绩效的影

响。不同工作能力导致的业主方个体项目管理绩效的差异可能使结果发生非项目公民行为而造成的偏差;② 由于不同业主方对项目公民行为的意愿和关系资本是不同的,业主方之间或业主方与其他利益相关方之间一对多的映射很难反映通过关系资本对项目管理绩效的影响。因而,假设重大工程业主方项目公民行为均为一对一的映射关系,而一对多映射可以拆成若干条一对一的映射关系;③ 设在重大工程业主方项目公民行为实施过程中,不存在业主方个体改变(不存在业主方个体离职,不存在新聘业主方个体)。

PCB-O部分的假设:设重大工程业主方项目公民行为的个人内部动力为业主方个体之间或者业主方个体与其他利益相关方个体之间的利他或不妨碍他人完成任务的意愿程度,设为 x;设群体环境为业主方个体之间或者业主方个体与其他利益相关方个体之间的关系资本,设为 y,$x \in [0, 1]$,$y \in [0, 1]$,目前尚无文献证明意愿与关系资本之间存在关系,故设二者之间相互独立。根据第2章Bolino相关文献描述,组织公民行为是影响关系资本并最终影响绩效的重要因素(Bolino,Turnley,2002)。根据勒温行为公式,设业主方组织成立时,业主方成员间或业主方与其他利益相关方之间一对一的单次的重大工程业主方项目公民行为改进的管理绩效是重大工程业主方项目公民行为的函数 $f(x, y)$。设重大工程业主方项目公民行为产生的项目管理绩效改进为 P。业主方成员人数为 n,其他利益相关方成员人数为 m。由于重大工程业主方项目公民行为的意愿越强,关系资本越高,其行为频率越高,因而设单个业主方成员来自业主方内部的业主方项目公民行为次数为 $d(x, y)$,单个业主方成员来自其他利益相关方的业主方项目公民行为次数为 $e(x, y)$,两个函数均为项目公民行为意愿和关系资本的非负增函数。设PCB-O部分来自业主方内部的单人单次重大工程业主方项目公民行为耗费的成本为 c_1;来自其他利益相关方的担任单次重大工程业主方项目公民行为耗费的成本为 c_2。

PCB-I部分的假设:设重大工程业主方项目公民行为的个体主动带来的管理绩效改进为 I。

重大工程项目公民行为产生的项目管理绩效改进应该是PCB-O和PCB-I两部分的总和,因而将SCP模型应用于重大工程中,将重大工程项目管理绩效改进构建模型:

$$P = n \times [d(x, y) \times f(x, y) + I - d(x, y) \times c_1] \\ + m \times [e(x, y) \times f(x, y) - e(x, y) \times c_2] \quad (3-1)$$

P 对 $f(x, y)$ 求偏导：

$$\frac{\partial P}{\partial f(x, y)} = n \times d(x, y) + m \times e(x, y) \qquad (3-2)$$

由于 $d(x, y) > 0$，$e(x, y) > 0$，故 $\dfrac{\partial P}{\partial f(x, y)} > 0$ 恒成立，故 P 随 $f(x, y)$ 同向变化。

3.3.3 意愿和关系资本对项目管理绩效的影响

为研究重大工程业主方项目公民行为意愿对项目管理绩效的影响，为求极值点，因而使 P 对 x 求偏导：

$$\frac{\partial P}{\partial x} = n \times [d'(x, y)f(x, y) + d(x, y)f'(x, y) + I - d'(x, y) \times c_1] + m \\ \times [e'(x, y)f(x, y) + e(x, y)f'(x, y) - e'(x, y) \times c_2] = 0$$

故

$$\begin{aligned} &[n \times d'(x, y) + m \times e'(x, y)] \times f(x, y) + \\ &[n \times d(x, y) + m \times e(x, y)] \times f'(x, y) \\ &= d'(x, y) \times c_1 + e'(x, y) \times c_2 - I \end{aligned} \qquad (3-3)$$

由于 x，y 相互独立，$d(x, y)$ 和 $e(x, y)$ 均为 x 的非负增函数，而 $f(x, y)$ 是性质不确定的函数。因而，可通过求出 $f(x, y)$ 进而判断 P 的单调性，并进一步判断其最大值。故原问题转化成为一个一阶非齐次微分方程求通解的问题，求出 $f(x, y)$ 以便判断重大工程项目公民行为意愿对项目管理绩效的影响。

求一阶齐次微分方程 $[n \times d'(x, y) + m \times e'(x, y)] \times f(x, y) + [n \times d(x, y) + m \times e(x, y)] \times f'(x, y) = 0$ 的解，令 $h(x, y) = n \times d(x, y) + m \times e(x)$，则

$$\frac{df(x, y)}{f(x, y)} = -\frac{h'(x, y)dx}{h(x, y)}$$

对等式两端积分：

$$\ln f(x, y) = -\ln h(x, y) = \ln Con$$

其中，Con 表示常数项，

故

$$f(x, y) = \frac{1}{Con \times h(x, y)} \quad (3-4)$$

为了解该一阶非齐次微分方程，采用常数变易法，用 $u(x, y)$ 替代 Con，将式(3-4)代入式(3-3)之中，得

$$h'(x, y) \times \frac{1}{u(x, y) \times h(x, y)} - h(x, y)$$
$$\times \frac{u'(x, y) \times h(x, y) + u(x, y) \times h'(x, y)}{u(x, y)^2 \times h(x, y)^2}$$
$$= d'(x, y) \times c_1 + e'(x, y) \times c_2 - I$$

整理后，得

$$\frac{u'(x, y)}{u(x, y)^2} = I - d'(x, y) \times c_1 - e'(x, y) \times c_2$$

$$u'(x, y) = u(x, y)^2 \times [I - d'(x, y) \times c_1 - e'(x, y) \times c_2]$$

对等式两端积分，由于 $u = 0$ 时 $f(x, y)$ 无解，故

$$u(x, y)^2 = \frac{3}{I - d'(x, y) \times c_1 - e'(x, y) \times c_2} \quad (3-5)$$

为保证 $u(x, y)$ 有实数解，故

当 $I = d'(x, y) \times c_1 + e'(x, y) \times c_2$ 时，$u(x, y)$ 无解。

当 $I > d'(x, y) \times c_1 + e'(x, y) \times c_2$ 时，

$$u(x, y) = \sqrt{\frac{3}{I - d'(x, y) \times c_1 - e'(x, y) \times c_2}} + Con \quad (3-6)$$

当 $I < d'(x, y) \times c_1 - e'(x, y) \times c_2$ 时，

$$u(x, y) = \sqrt{\frac{3}{d'(x, y) \times c_1 + e'(x, y) \times c_2 - I}} + Con \quad (3-7)$$

故 $f(x, y)$ 的通解为

$$f(x, y) = \begin{cases} \dfrac{1}{\left\{\sqrt{\dfrac{3}{I - d'(x, y) \times c_1 - e'(x, y) \times c_2}} + Con\right\} \times [n \times d(x, y) + m \times e(x, y)]} \\ \quad \text{当} I > d'(x, y) \times c_1 + e'(x, y) \times c_2 \text{时} \\ \dfrac{1}{\left\{\sqrt{\dfrac{3}{d'(x, y) \times c_1 + e'(x, y) \times c_2 - I}} + Con\right\} \times [n \times d(x, y) + m \times e(x, y)]} \\ \quad \text{当} I < d'(x, y) \times c_1 + e'(x, y) \times c_2 \text{时} \end{cases}$$

(3-8)

由于 $d(x, y)$、$e(x, y)$ 均为单调增函数,因而 $n \times d(x, y) + m \times e(x, y)$ 是单调增函数。在 $I > d'(x, y) \times c_1 + e'(x, y) \times c_2$ 时,当 $d'(x, y) + e'(x, y)$ 为单调增函数时,$f(x, y)$ 为单调减函数,P 为单调减函数。在 $I > d'(x, y) \times c_1 + e'(x, y) \times c_2$ 时,当 $d'(x, y) + e'(x, y)$ 为单调减函数时,$f(x, y)$ 为单调增函数,P 为单调增函数。在 $I < d'(x, y) \times c_1 + e'(x, y) \times c_2$ 时,当 $d'(x, y) + e'(x, y)$ 为单调减函数时,$f(x)$ 为单调减函数,P 为单调减函数。在 $I < d'(x, y) \times c_1 + e'(x, y) \times c_2$ 时,当 $d'(x, y) + e'(x, y)$ 为单调增函数时,$f(x)$ 为单调增函数,P 为单调增函数。

对 $f(x, y)$ 取极限:

$$\lim_{d'(x, y) \times c_1 + e'(x, y) \times c_2 \to I} f(x, y) = 0 \tag{3-9}$$

由于 y 与 x 在函数中具有对称性,因而对 x 求偏导的相关结论同样适用于对 y 求偏导。

针对个体的业主方项目公民行为(PCB-I)改进的管理绩效高于针对组织的业主方项目公民行为(PCB-O)的边际行为成本时,针对组织的项目公民行为边际行为越少越有利于项目管理绩效的改进;当角色外针对个体的项目公民行为产生的绩效高于针对组织的项目公民行为的边际行为成本时,针对组织的项目公民行为边际行为成本越多越有利于项目管理绩效的改进,如图 3-3 所示。

业主方项目管理绩效的改进随针对组织的项目公民行为边际行为成本呈现顶点为空心,开口向上的 V 形。由于 $I = d'(x, y) \times c_1 + e'(x, y) \times c_2$ 时 $u(x, y)$ 无解且 $\lim_{I = d'(x, y) \times c_1 + e'(x, y) \times c_2} f(x, y) = 0$,故项目管理绩效改进 P 恒大

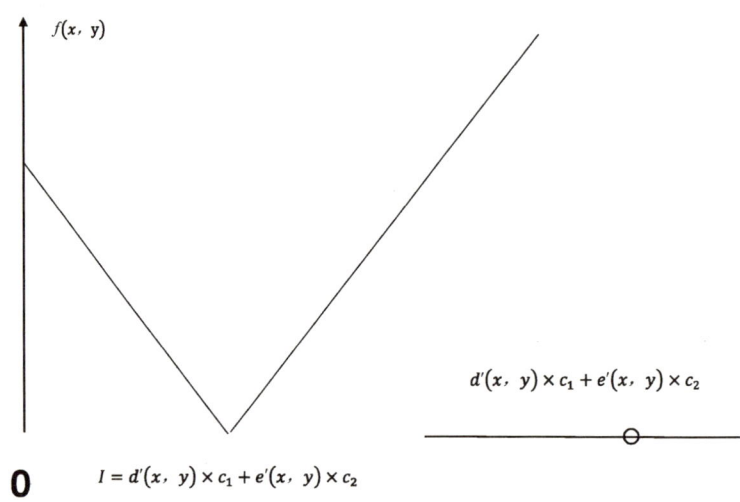

图 3-3 针对组织的业主方项目公民行为边际成本与项目管理绩效改进关系

于 0。$\lim_{c_1 \to 0, c_2 \to 0} d'(x, y) \times c_1 + e'(x, y) \times c_2 = 0$。当 $I = 0$ 时,$d'(x) \times c_1 + e'(x) \times c_2 > 0$ 恒成立,故 $f(x, y)$ 为单调增函数。

结论 2.1 随业主方项目公民行为的行为者意愿的增加,项目管理绩效始终存在正向改变,其改变呈现先减少后增加。当针对组织的业主方项目公民行为成本为 0 或者不考虑针对个人的业主方项目公民行为时,项目管理绩效改变随业主方项目公民行为的行为者意愿单调增加。

结论 2.2 随业主方项目公民行为的行为者关系资本的增加,项目管理绩效始终存在正向改变,其改变呈现先减少后增加。当针对组织的业主方项目公民行为成本为 0 或者不考虑针对个人的业主方项目公民行为时,项目管理绩效改变随业主方项目公民行为的行为者关系资本单调增加。

3.3.4 频率对项目管理绩效的影响

由于 m 和 n 均为固定的常数,根据式(3-2),业主方项目公民行为频率对项目管理绩效产生的影响可转化为单个业主方成员接收到的项目公民行为对项目管理绩效的影响。因而项目管理绩效对接收到的来自业主方内部的业主方项目公民行为次数求偏导:

$$\frac{\partial P}{\partial d(x, y)} = n \times [f(x, y) - c_1] \qquad (3-10)$$

项目管理绩效对接收到的来自其他利益相关方的业主方项目公民行为次数求偏导：

$$\frac{\partial P}{\partial e(x,y)} = m \times [f(x,y) - c_2] \quad (3-11)$$

因而，当 $f(x,y) = c_1$ 时，$P_{\min} = n \times I + m \times e(x,y) \times (c_1 - c_2)$；当 $f(x,y) = c_2$ 时，$P_{\min} = n \times I + n \times d(x,y) \times (c_2 - c_1)$。不考虑 c_2，当 $f(x,y) > c_1$ 时，P 随 $d(x,y)$ 和 $e(x,y)$ 的增加而增加，当 $f(x,y) < c_1$ 时，P 随 $d(x)$ 和 $e(x)$ 的减少而增加。不考虑 c_1，当 $f(x,y) > c_2$ 时，P 随 $d(x,y)$ 和 $e(x,y)$ 的增加而增加，当 $f(x,y) < c_2$ 时，P 随 $d(x)$ 和 $e(x)$ 的减少而增加。

由于两个顶点均为 P 的最小值，故分别令 $P > 0$，

$$n \times I + m \times e(x,y) \times (c_1 - c_2) > 0$$

$$e(x,y) < \frac{n \times I}{m \times (c_2 - c_1)}$$

$$n \times I + n \times d(x,y) \times (c_2 - c_1) > 0$$

$$d(x,y) < \frac{I}{c_1 - c_2}$$

故当 $c_1 > c_2$ 时，$d(x,y) < \frac{I}{c_1 - c_2}$；当 $c_1 < c_2$ 时，$e(x,y) < \frac{n \times I}{m \times (c_2 - c_1)}$；重大工程项目管理绩效存在改进。

结论 3 当面向组织的单人单次的业主方项目公民行为改进的项目管理绩效低于成本时，过多的项目公民行为会使项目管理绩效得不到改进，其行为次数临界条件为来自业主方内部的项目公民行为不超过 $\frac{I}{c_1 - c_2}$ 次，来自业主方外部的项目公民行为不超过 $\frac{n \times I}{m \times (c_2 - c_1)}$ 次。

3.4 本章小结

本章作为全书的研究主体部分，主要从理论层面研究重大工程项目公民行为对重大工程项目管理绩效的影响。又分为两个部分，其中前一部分提出可能

的研究论题、研究的理论基础，对研究对象进行界定，从而以提出本书的研究框架为结论。后一部分通过构建重大工程业主方项目公民行为对项目管理绩效影响模型，认为重大工程业主方项目公民行为对项目管理绩效的实现有积极作用，并受到关系资本的影响，为下文的实证和仿真提供理论假设支持。

第 4 章
重大工程业主方项目公民行为的量表开发

重大工程业主方项目公民行为的量表反映了现实中的重大工程业主方项目公民行为的具体行为,是研究重大工程业主方项目公民行为的基础。然而,正如2.2节所述,目前虽然有组织公民行为和项目公民行为的量表,但这些量表并不能反映重大工程项目实践,也不能反映业主方在项目组织结构中的角色,因而受访者在填写问卷过程中就可能因为无所适从而造成偏误。另外,重大工程的业主方项目公民行为与重大工程项目目标一致且是项目目标实现最重要的利益相关方(Anderson,2012),也更加需要围绕其开展研究。为了更好地研究重大工程业主方项目公民行为,本章基于已有的组织公民行为和项目公民行为指标,结合项目实践者经验,定性识别出影响重大工程实践的重大工程业主方项目公民行为关键因素,在此基础上通过定量验证,进一步纯化重大工程业主方项目公民行为指标,为后续章节的研究提供研究基础。

4.1 量表开发的总体设计

4.1.1 量表设计的原则

Fowler认为,导致受测者对题项做出非正确性回答的可能原因有以下几个:① 受测者不知道所提问问题答案的信息;② 受测者不能回忆所提问题答案的信息;③ 虽然知道这些问题的答案,但受测者并不想告诉测试者这些问题的答案信息;④ 受测者不能理解题项给予的信息(Fowler,2013)。因而,量表的设计应当尽可能简明,便于受测者做出符合其真实情境的回答。基于已有的研究,本研究为保证研究的信度和效度,主要遵循以下原则:① 量表题项须与研究主旨相关且答案方向应与研究主旨一致,避免不相关题项、冗余题项的出现;② 保证量表题项的真实性,保证题项描述的事情在实践中真实存在,且发生有一定的频率和影响;③ 量表须简单易懂,尽量做涉及现象的表述,避免过于学术化的表述;④ 量表题项数量和长度须加以控制,避免受访者产生厌烦心理;⑤ 量表题项应保持中性,避免出现暗示受测者勾选测试者需要的答案的现象;⑥ 量表不涉及个人隐私及不便回答的问题。

4.1.2 量表开发的步骤

正如 3.1 节内容所描述的,由于重大工程业主方项目公民行为是重大工程和组织公民行为的学科交叉,因而重大工程业主方项目公民行为应由三个部分有机构成:首先,重大工程业主方项目公民行为存在于重大工程组织的业主方团队中,因而其具有组织公民行为[①]特征;其次,重大工程项目是一种工程项目,因而其应当包括项目公民行为的特征;再次,重大工程又显著不同于一般工程,业主方的利益不同于其他利益相关方,其公民行为也与其他利益相关方存在显著差异,因而重大工程业主方项目公民行为又有其独有的特征。为了提取重大工程业主方项目公民行为的上述三层特征,因而本书采取文献整理和非结构化访谈两种方法结合获取,具体而言,通过文献整理获取过往研究中的组织公民行为和项目公民行为特征,而通过向业主方开展访谈,获取重大工程情境下业主方项目公民行为特有的特征,并进一步过滤重大工程情境下业主方存在的组织公民行为和项目公民行为特征。

为了实现目标,基于量表开发的原则,本研究安排步骤如图 4-1 所示,在参考已有的组织公民行为和项目公民行为的基础上,结合实践分别对重大工程业主方雇员和从事工程管理专业的相关大学教师进行半结构化访谈,进一步采用小样本测试净化题项,采用大样本测试最终确定量表结构(Churchill,1979; Dunn,Seaker,Waller,1994)。量表开发过程分为 2014 年 7 月到 2014 年 12 月以及 2016 年 3 月到 2016 年 5 月两个阶段,采用六阶段法设计本量表。

4.1.3 量表测量工具的选择

由于本量表用于测量受测者对一组与测量主体有关陈述语句所表达受测者自己的同意或者不同意的程度,而不仅仅是测量受测者是否同意测量主体有关

[①] 该组织公民行为特征包括团队公民行为特征,由于团队公民行为目前已有研究较少,其与个体层面组织公民行为不同点又在于视角和侧重点的差异(Nielsen,2009),因而合并于组织公民行为特征。下文同。

第4章 重大工程业主方项目公民行为的量表开发

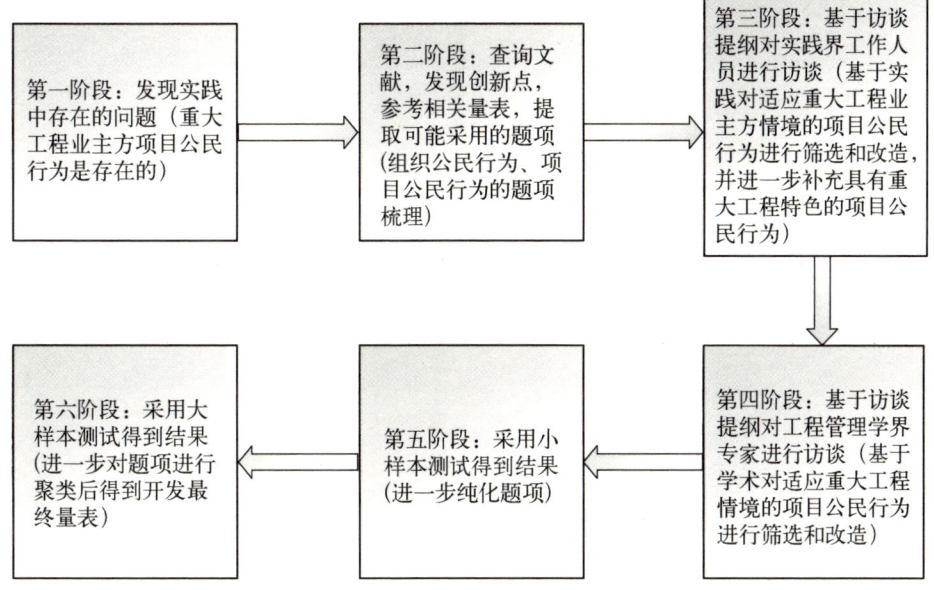

图 4-1 量表开发过程

陈述语句,因而采用李克特量表(Likert Scale)更能满足量表测试的需求(樊景立等,2012)。常用的李克特量表分为五点、七点、九点式等形式,吴明隆认为,采用五点以上的李克特量表会使未受过专业训练的受测者难以辨识,进而造成测量的误差(吴明隆,2010)。因而,为了取得更准确的效果,本研究采用李克特五点式量表,计分方式为一分到五分,分别代表"完全不同意"、"不同意"、"中立"、"同意"、"完全同意"五种程度,分数越低代表受测者对该题项的认同程度越低,反之则代表受测者对该题项的认同程度越高。

4.2 初始题项的确定

4.2.1 业主方项目公民行为题项的提取

在收集整理过往研究的组织公民行为和项目公民行为相关题项的基础上[①],提取共 77 个题项,基于直译的原则,由本人对题项进行了相关的翻译,并由一位在美国访学的博士对笔者翻译的内容进行了相应的回译,由笔者与该博士共

---

① 根据 2.2 节中对团队公民行为和项目公民行为的表述,从量表开发的角度而言,二者更趋向于侧重点的差异,合并后整理为 77 个题项。

同比较翻译前的题项英文表述和翻译后的题项英文表述,对中文翻译内容进一步调整和修改至两人均认为可以简明完整地表述题项内容为止。并在已有的题项中文翻译的基础上,以不改变题项原意为前提,基于适应重大工程项目特点,根据重大工程业主方需求对题项的提法和表述方式进行调整。为了进一步筛选题项,对所有的题项进行编码归类,结果如表 4-1 所示。

表 4-1 组织公民行为和项目公民行为相关题项汇总及编码

原隶属维度	题　　项	参　考　来　源
利他(A)	在项目同事工作量较大时我会帮助同事完成任务(A1)	Farh、Braun 等(Braun, T., Ferreira, A. I., Sydow, J., 2013; Farh, J., Earley, P. C., Lin, S., 1997)
	当有人工作落后时会帮助他们(A2)	Podsakoff、Aronson 等(Aronson, Z. H., Lechler, 2009; Podsakoff, P. M., MacKenzie, S. B., 1997)
	当同事在工作某些阶段缺乏经验时我会帮助其完成任务(A3)	Podsakoff、Aronson 等(Aronson, Z. H., Lechler, 2009; Podsakoff, P. M., MacKenzie, S. B., 1997)
	在项目团队同事发生争执时我会尝试调解(A4)	Podsakoff、Aronson、Braun 等(Braun, T., Ferreira, A. I., Sydow, J., 2013; Podsakoff, P. M., MacKenzie, S. B., 1997; Aronson, Z. H., Lechler, 2009)
	采取步骤尝试防止其他成员出现问题(A5)	Podsakoff、Aronson 等(Aronson, Z. H., Lechler, 2009; Podsakoff, P. M., MacKenzie, S. B., 1997)
	愿意花费时间帮助其他团队成员解决与工作相关的问题(A6)	Podsakoff、Farh、Aronson 等(Aronson, Z. H., Lechler, 2009; Podsakoff, P. M., MacKenzie, S. B., 1997; Farh, J., Earley, P. C., Lin, S., 1997; Farh, J., Zhong, C., Organ, D. W., 2004)
	在做事之前,把要完成的事与他们工作有关的情况告诉他们(A7)	Podsakoff、Aronson 等(Aronson, Z. H., Lechler, 2009; Podsakoff, P. M., MacKenzie, S. B., 1997)
	当有人出现挫折时鼓励他们(A8)	Podsakoff、Aronson 等(Aronson, Z. H., Lechler, 2009; Podsakoff, P. M., MacKenzie, S. B., 1997)

续 表

原隶属维度	题 项	参 考 来 源
利他(A)	愿意帮助新同事适应工作环境(A9)	Farh 等(Farh, J., Earley, P. C., Lin, S., 1997)
	愿意和同事协调和沟通(A10)	Farh 等(Farh, J., Earley, P. C., Lin, S., 1997)
	帮助合作工作者处理非工作事务(A11)	Farh 等(Farh, J., Zhong, C., Organ, D. W., 2004)
	连接"合同鸿沟",通过加强沟通共同处理合同中不能预见的情形(A12)	Braun 等(Braun, T., Müller-Seitz, G., Sydow, J., 2012)
	发出互惠信号,表明自己愿意在别人需要的时候帮助他们(A13)	Braun 等(Braun, T., Ferreira, A. I., Sydow, J., 2013; Braun, T., Müller-Seitz, G., Sydow, J., 2012)
	工作协作产生问题时,谨慎处理对各个利益相关方的关系,明确合同未明确规定的责任,杜绝扯皮等现象(A14)	Braun 等(Braun, T., Müller-Seitz, G., Sydow, J., 2012)
项目服从(B)	服从项目和各项会议中制订的各项规章制度并在项目实践中严格执行(B1)	Braun 等(Braun, T., Ferreira, A. I., Sydow, J., 2013; Braun, T., Müller-Seitz, G., Sydow, J., 2012)
	我按照合同及习惯约定履行合同义务(B2)	Braun 等(Braun, T., Ferreira, A. I., Sydow, J., 2013; Braun, T., Müller-Seitz, G., Sydow, J., 2012)
	若我不能按时完成任务,我会及时上报(B3)	Braun 等(Braun, T., Ferreira, A. I., Sydow, J., 2013)
	我的绩效考评低了,会及时想办法改进(B4)	Braun 等(Braun, T., Ferreira, A. I., Sydow, J., 2013)
	愿意共享个人获得的项目建设相关的信息和经验给其他团队成员(B5)	Farh 等(Farh, J., Zhong, C., Organ, D. W., 2004)
	服从社会规范(例如:诚实,不在背后说别人坏话)(B6)	Farh 等(Farh, J., Zhong, C., Organ, D. W., 2004)

续 表

原隶属维度	题 项	参 考 来 源
个体主动性(C)	自学习工作技能(C1)	Farh 等(Farh, J., Zhong, C., Organ, D. W., 2004)
	自愿加班工作(C2)	Farh 等(Farh, J., Zhong, C., Organ, D. W., 2004)
	愿意参与团队组织的活动(如郊游,唱 KTV 等)(C3)	Farh 等(Farh, J., Zhong, C., Organ, D. W., 2004)
	勇于承担任务,勇于承担责任(C4)	Farh 等(Farh, J., Zhong, C., Organ, D. W., 2004)
	共享与工作相关的有用的信息(C5)	Farh 等(Farh, J., Zhong, C., Organ, D. W., 2004)
	项目员工能积极提醒项目经理注意某些方面的改进以实现项目目标(C6)	Braun 等(Braun, T., Müller-Seitz, G., Sydow, J., 2012)
	若问题被尽早发现,仍然有机会寻找能够解决问题的方案(C7)	Braun 等(Braun, T., Müller-Seitz, G., Sydow, J., 2012)
	我创新性地提出建设性改进建议(C8)	Braun 等(Braun, T., Ferreira, A. I., Sydow, J., 2013)
	我列出项目的挑战和机遇(C9)	Braun 等(Braun, T., Ferreira, A. I., Sydow, J., 2013)
	即使不能精确表达,我仍然愿意提出项目实施过程中我的构想和建议(C10)	Braun 等(Braun, T., Ferreira, A. I., Sydow, J., 2013)
	尽管在我的职权范围以外,我仍然要获得项目实施情况的相关信息(C11)	Braun 等(Braun, T., Ferreira, A. I., Sydow, J., 2013)
项目忠诚(D)	愿意宣传项目良好形象,以参与项目为荣(D1)	Farh、Braun 等(Braun, T., Ferreira, A. I., Sydow, J., 2013; Farh, J., Zhong, C., Organ, D. W., 2004)
	在项目未完成前,我不会考虑离职(D2)	Braun 等(Braun, T., Müller-Seitz, G., Sydow, J., 2012)
	项目未完成前,把个人兴趣和项目目标结合到一起(D3)	Braun 等(Braun, T., Müller-Seitz, G., Sydow, J., 2012)

第 4 章　重大工程业主方项目公民行为的量表开发

续　表

原隶属维度	题　　项	参　考　来　源
项目忠诚（D）	自愿共享工作信息并使之成为项目上一种常见现象(D4)	Braun 等（Braun, T., Müller-Seitz, G., Sydow, J., 2012）
	各利益相关方的雇员形成共识，在一起完成项目组织内工作(D5)	Braun 等（Braun, T., Müller-Seitz, G., Sydow, J., 2012）
	我从项目感受到强烈的组织承诺（对组织的忠诚感）(D6)	Braun 等（Braun, T., Ferreira, A. I., Sydow, J., 2013）
	项目外的人问我的时候我对项目的描述是积极的(D7)	Braun 等（Braun, T., Ferreira, A. I., Sydow, J., 2013）
	我做了任何项目需要我做的事因而项目目标实现了(D8)	Braun 等（Braun, T., Ferreira, A. I., Sydow, J., 2013）
尽责（E）	当没有人监督或不留"开小差"证据时仍然服从项目的规章和流程(E1)	Farh 等（Farh, J., Earley, P. C., Lin, S., 1997）
	严肃对待工作并且很少出现错误(E2)	Farh 等（Farh, J., Earley, P. C., Lin, S., 1997）
	不介意接到新的或具有挑战性的任务(E3)	Farh 等（Farh, J., Earley, P. C., Lin, S., 1997）
	努力自学习来增加工作效果的质量(E4)	Farh 等（Farh, J., Earley, P. C., Lin, S., 1997）
	总是来单位很早并立即开始工作(E5)	Farh 等（Farh, J., Earley, P. C., Lin, S., 1997）
冒险精神（F）	总是关注于我们当前的处境下什么是对的，而不总是关注什么是错的(F1)	Organ、Podsakoff、Aronson 等（Aronson, Z. H., Lechler, 2009；Organ, D. W., 1988；Podsakoff, P. M., MacKenzie, S. B., 1997；Podsakoff, P. M., MacKenzie, S. B., Moorman, R. H., Fetter, R., 1990）
	不会花费一大堆时间来抱怨琐碎的事情(F2)	Organ、Podsakoff、Aronson 等（Aronson, Z. H., Lechler, 2009；Organ, D. W., 1988；Podsakoff, P. M., MacKenzie, S. B., 1997；Podsakoff, P. M., MacKenzie, S. B., Moorman, R. H., Fetter, R., 1990）

续 表

原隶属维度	题 项	参 考 来 源
冒险精神（F）	不总是寻找项目组织中其他成员工作中的错误(F3)	Organ、Podsakoff 等（Organ, D. W., 1988; Podsakoff, P. M., MacKenzie, S. B., 1997; Podsakoff, P. M., MacKenzie, S. B., Moorman, R. H., Fetter, R., 1990）
	尝试保持做有意义的工作而避免做无意义的工作(F4)	Organ、Podsakoff 等（Organ, D. W., 1988; Podsakoff, P. M., MacKenzie, S. B., Moorman, R. H., Fetter, R., 1990）
公民道德（G）	愿意对项目中遇到的问题提出建设性意见(G1)	Farh、Aronson 等（Aronson, Z. H., Lechler, 2009; Farh, J., Zhong, C., Organ, D. W., 2004）
	愿意代表项目做社会福利工作（如无偿献血、捐款、植树等）(G2)	Farh 等（Farh, J., Zhong, C., Organ, D. W., 2004）
	愿意动用自身的社会资源帮助项目（如个人的社会关系等）(G3)	Farh 等（Farh, J., Zhong, C., Organ, D. W., 2004）
	阻止有害于项目组织的行为发生(G4)	Farh 等（Farh, J., Zhong, C., Organ, D. W., 2004）
	服务社区（例如：帮助老人）(G5)	Farh 等（Farh, J., Zhong, C., Organ, D. W., 2004）
	参与项目部组织的群体活动(G6)	Farh 等（Farh, J., Zhong, C., Organ, D. W., 2004）
	防止项目出现问题(G7)	Farh 等（Farh, J., Zhong, C., Organ, D. W., 2004）
	认为好的项目团队的理念应当是风险厌恶的(G8)	Aronson 等（Aronson, Z. H., Lechler, 2009）
	出席和积极参与项目会议(G9)	Aronson 等（Aronson, Z. H., Lechler, 2009）
人际关系和谐（H）	不在项目同事背后评论别人(H1)	杨百寅等（杨百寅,梅哲群,2013）
	工作过程中不斤斤计较任务多少、条件优劣等(H2)	杨百寅等（杨百寅,梅哲群,2013）
	工作问题解决对事不对人,以理服人(H3)	杨百寅等（杨百寅,梅哲群,2013）

续表

原隶属维度	题 项	参 考 来 源
人际关系和谐(H)	不会采用不正当的手段扩大个人影响且破坏项目组织的人际和谐(H4)	Farh等(Farh, J., Earley, P. C., Lin, S., 1997)
	不会借助工作获取自私的个人利益(H5)	Farh等(Farh, J., Earley, P. C., Lin, S., 1997)
	不会抢功、推脱责任和激烈的斗争获取个人利益(H6)	Farh等(Farh, J., Earley, P. C., Lin, S., 1997)
	不会经常在监督者或同事的背后说他们有毛病(H7)	Farh等(Farh, J., Earley, P. C., Lin, S., 1997)
	维持人际关系和谐并且不扩大冲突(H8)	Farh等(Farh, J., Zhong, C., Organ, D. W., 2004)
关系维持(I)	我常常和一般项目员工(工人)在一起(I1)	Braun等(Braun, T., Ferreira, A. I., Sydow, J., 2013)
	尽管不在同一个子项目,我和特定的其他子项目的员工保持联系(I2)	Braun等(Braun, T., Ferreira, A. I., Sydow, J., 2013)
	我会选择跟之前合作过的员工继续合作本项目(I3)	Braun等(Braun, T., Ferreira, A. I., Sydow, J., 2013)
	尽管项目结束了,我还和共同工作过的特定的项目员工保持联系(I4)	Braun等(Braun, T., Ferreira, A. I., Sydow, J., 2013)
项目认同(J)	愿意保护项目的声誉(J1)	Farh等(Farh, J., Earley, P. C., Lin, S., 1997)
	愿意告诉他们项目好的消息并澄清他们的误解(J2)	Farh等(Farh, J., Earley, P. C., Lin, S., 1997)
	对项目运营过程中提建设性的意见(J3)	Farh等(Farh, J., Earley, P. C., Lin, S., 1997)
	积极参与项目会议(J4)	Farh等(Farh, J., Earley, P. C., Lin, S., 1997)
保护项目资源(K)	不在项目上班时间做个人事情(例如:做贸易、购物、去理发店等)(K1)	Farh等(Farh, J., Earley, P. C., Lin, S., 1997)

续 表

原隶属维度	题 项	参 考 来 源
保护项目资源（K）	不使用项目资源做个人的事（例如：项目上的电话、复印机、电脑和汽车等）（K2）	Farh 等（Farh, J., Zhong, C., Organ, D. W., 2004；Farh, J., Earley, P. C., Lin, S., 1997）
	不把病假看成是个人利益并不会为了休满病假经常装病（K3）	Farh 等（Farh, J., Earley, P. C., Lin, S., 1997）
	节约项目上的资源（如水电、办公用品等）（K4）	Farh 等（Farh, J., Zhong, C., Organ, D. W., 2004）

注：上述题项均根据项目情境对表述做适当的改造。

4.2.2 访谈方法的选择

常用的访谈方法包括结构化访谈、半结构化访谈、无结构访谈，具体特征如表4-2所示（艾尔·巴比（Earl Babbic），2003；风笑天，2013）。由于无结构访谈只是围绕某话题的随意讨论，不利于调研者对话题的控制，因而不便于针对性强的数据收集工作。而由于作者并无实际重大工程业主方的相关工作经验，因而作者不能主导该类访谈，因而采取结构化访谈并不利于作者获取更多符合重大工程实际情况的真实情境下业主方个体的行为。因而本书采取半结构化访谈的方式进行进一步定性研究。

表4-2 访谈方法比较

访谈类型	该类访谈优势	该类访谈不足
结构化访谈	1. 访谈结果方便量化，便于做统计分析 2. 获取信息比较明确，访谈效果好，便于受访者回答 3. 访谈应用范围广泛，可以问一些一般问卷无法提问的复杂的问题，便于把握受访者回答的感情色彩 4. 上手容易，对相关概念有一些了解即可采访调研	1. 访谈比较死板，不能根据受访者兴趣和经验发生改变 2. 对于涉及敏感性、尖锐性或涉及个人隐私的问题，其效度不如问卷
半结构化访谈	1. 虽然访谈有框架，但可以围绕主题做一些灵活变通，更便于采访人掌握真实情况 2. 访谈有基本框架，不至于访谈内容和访谈目的偏离太远	需要采访者围绕话题有一定的灵活性，也需要受访者能够围绕话题有所展开

续　表

访谈类型	该类访谈优势	该类访谈不足
无结构访谈	1. 能谈出受访者的真实意见和感受 2. 访谈能获取更多信息	1. 信息破碎化程度高，且需要的信息与冗余信息混杂，需要深度整理 2. 不同情境下，不同的受访者可能有完全不同的感受，甚至可能存在相互矛盾，需要进一步探索发生该类情况的原因 3. 需要采访者很熟悉访谈内容，能够与受访者产生互动

注：根据艾尔·巴比和风笑天等人的研究成果整理。

4.2.3　汇总访谈的实施

1. 受访人员的确定

选择上海 A 项目、B 项目为例，采用两轮德尔菲法访谈相关项目业主方成员。为使专家意见能够趋于一致，大部分德尔菲法研究调研对象不超过 20 人（Ludwig，1997）。故本研究结合可调研性和调研有效性双重需求，选取 11 名业主方成员，第一轮分别进行半结构化访谈，第二轮分别向 11 名业主方成员反馈大家共同的意见，由他们选出更为符合实践的情境。

具体受访人员选择过程为：各项目均寻找一名业主方领导小组成员为访谈对象。访谈结束后通过受访者分别介绍，获得六名来自业主方指挥部、三名来自业主方专家咨询小组的受访者信息。

所有的受访者条件包括：必须为业主方工作人员，其在业主方目前岗位的工作年限不小于五年且总工作年限不小于五年，经历过至少两个以上的项目。

所有 11 名受访者包括女性两人，男性九人，详细受访者信息如表 4-3 所示。每位受访者访谈时间从 50 分钟到 95 分钟不等。

表 4-3　汇总访谈受访者基本情况汇总表

序号	性别	年龄	受教育程度	岗　　位	访谈时长	工作年限	所属组织
A	男	58	本科	成员	95 分钟	36 年	领导小组
B	男	41	博士	项目指挥长	80 分钟	11 年	指挥部
C	男	33	硕士	技术指挥部工程师	60 分钟	8 年	指挥部

续　表

序号	性别	年龄	受教育程度	岗　位	访谈时长	工作年限	所属组织
D	女	27	硕士	采购造价部工程师	50 分钟	5 年	指挥部
E	男	45	硕士	成　员	65 分钟	21 年	领导小组
F	男	27	本科	施工管理部工程师	70 分钟	5 年	指挥部
G	女	30	硕士	合约部工程师	55 分钟	6 年	指挥部
H	男	33	硕士	采购造价部工程师	75 分钟	8 年	指挥部
I	男	42	硕士	上海×建筑公司运营部主任	75 分钟	20 年	专　家
J	男	44	博士	上海×大学教授	75 分钟	19 年	专　家
K	男	51	博士	上海×大学教授	65 分钟	26 年	专　家

2. 访谈问题的设计

半结构化访谈的问题是基于理论模型构建和研究需求假设而提出的,目的在于验证和修正理论模型及假设。研究编制的半结构化访谈问题基于基本情境设定、项目公民行为在重大工程中的特征、项目公民行为在重大工程中对人际关系和项目管理绩效的影响三个由浅入深的层次,分别设置相应的问题,在访谈提纲上的问题虽然采用高度精练的学术问题,但均通过学术概念铺垫,实际询问时结合受访者的偏好和实际工程实践调整问题的顺序、数量以及深度,保证受访者能够无偏地理解采访者的意思,并作出较为客观真实的回答。作为访谈提纲的重要组成部分,访谈的主要问题如表 4-4 所示。

表 4-4　研究论题及对应的汇总访谈问题

研究论题	访　谈　问　题	访谈目的
基本情境设定	S.1. 重大工程是指为了满足国家战略层面和社会公共需求而建设的,投资额在 10 亿元人民币以上的,持续时间长,任务、组织、技术等极其复杂,具有深度不确定性,融资模式多样,利益相关者众多,对居民生活、社会经济、自然环境产生深远影响的大型基础设施建设工程。您所在的项目是否满足重大工程要求? S.2. 重大工程业主方项目公民行为是指重大工程项目业主方组织中存在的一种自愿的个体行为,这种行为不能被传统的奖励系统所直接地或精确地识别,却能有效地提升项目整体的效果(做正确的事)。您是否已充分了解?	引入议题

第4章 重大工程业主方项目公民行为的量表开发

续　表

研究论题	访 谈 问 题	访 谈 目 的
项目公民行为在重大工程业主方工作中的特征	Q.1. 在您从事该重大工程项目业主方工作经历中,是否有发生过项目公民行为的情形?您觉得业主方的项目公民行为与其他利益相关方有何不同?请举例说明。 Q.2. 请您看您手上的那张表(表4-1),那是我们从组织和项目中获得的组织公民行为和项目公民行为测量题项,请选择您认为符合您所参与的重大工程业主方情境的题项。有没有其他表中未涉及的一般意义上项目公民行为?请举例说明。 Q.3. 您觉得根据您以往做业主方的经验,重大工程项目业主方的项目公民行为与一般建设项目业主方的项目公民行为有什么不同?是否存在一些具有重大工程特质的业主方项目公民行为存在(Flyvbjerg,2003)?请举例说明。	验证项目公民行为在重大工程业主方中的存在性和重大工程业主方项目公民行为的特性
项目公民行为在重大工程中对人际关系和项目管理的影响	Q.4. 当业主方主动实施项目公民行为后,各利益相关方与业主方的关系如何(Braun,2013)?请举例说明。 Q.5. 您觉得重大工程中业主方主动实施项目公民行为是否有助于业主方对项目的管理(Braun,2013)?请举例说明。	重大工程业主方项目公民行为有什么用?

对于研究的完整性。本次访谈的目的就是理论界已经有关于组织公民行为和项目公民行为的研究,但这部分研究并不一定符合重大工程的现实,重大工程中是否存在一些特有的业主方项目公民行为的现象也不清楚,调研的目的就是补充研究的完整性。因而在问题中设定了大量的开放式的问题,例如您认为贵项目中存在哪些符合重大工程业主方项目公民行为定义但未包括在上述题项中的现象等。

对于研究问题的唯一性。在前一部分中,本研究已说明三部分的解释和问题遵从递进的关系,三部分解释或询问的侧重点不同,因而不存在前后意思相同的情况。

3. 访谈过程

第一轮访谈具体方法为:作者与所有11名受访者分别进行一次访谈,每位受访者不被告知其他人访谈过程中得到的信息。

具体而言,通过访谈向上海A项目、B项目等业主方人员共11人询问上述访谈问题,其访谈程序包括:第一步,向被访者诠释重大工程和重大工程业主方项目公民行为的概念;第二步,再通过多个问题,过往量表题项提示与自我经验挖掘相结合,逐步发掘受访者在实践中可能碰到的业主方特有的项目公民行为以及重大工程业主方特有的项目公民行为;第三步,请被访者尝试根据实践经验对重大工程业主方项目公民行为在实践中的使用程度和使用价值做一个基本判断,为第7章提出策略建议提供实践基础,所有提出的题项经整理,如表4-6所示。对于第二步中,请九名参与重大工程项目业主方管理成员对表4-1中的77个题项是否符合重大工程情境下的项目公民行为的存在性判断,结果如表4-5所示。

表4-5 重大工程情境下题项被访者的认同结果表

题项\被访者	A	B	C	D	E	F	G	H	I	J	K	合计
A1	O	O	O	X	O	X	X	O	O	O	O	8
A2	O	O	O	O	X	O	O	X	O	O	O	9
A3	O	O	O	O	O	O	O	X	O	O	O	10
A4	O	O	O	O	O	X	X	O	X	O	O	8
A5	O	O	O	O	O	O	O	O	O	O	O	11
A6	O	O	O	O	O	O	O	O	O	O	O	11
A7	O	O	X	O	O	O	X	O	O	O	O	8
A8	O	X	X	X	O	X	X	X	O	X	O	5
A9	O	O	O	X	O	O	O	O	O	O	X	6
A10	O	O	O	O	O	O	O	O	O	O	O	10
A11	O	X	X	O	X	X	X	X	X	X	X	2
A12	O	O	O	O	O	O	O	O	O	O	O	11
A13	O	O	O	O	O	X	O	O	X	O	O	9
A14	O	O	O	O	O	O	O	O	O	O	O	11
B1	O	O	O	O	O	O	O	O	O	O	O	11
B2	O	O	O	O	O	O	O	O	O	O	O	11
B3	O	O	X	O	X	O	X	O	O	O	O	8
B4	X	O	O	O	O	O	O	O	O	O	O	10
B5	O	X	X	O	O	O	X	O	O	O	O	8
B6	X	X	X	X	X	X	X	X	O	X	X	1
C1	O	O	O	O	O	O	O	O	O	O	O	11

续　表

题项\被访者	A	B	C	D	E	F	G	H	I	J	K	合计
C2	O	O	O	O	O	O	O	O	O	O	O	11
C3	X	X	O	X	X	O	O	X	X	X	O	4
C4	O	O	O	O	X	O	X	O	X	O	O	8
C5	O	X	O	O	O	X	X	O	O	O	O	8
C6	O	O	O	O	O	X	O	X	X	O	O	8
C7	O	O	X	O	X	X	O	O	O	O	O	7
C8	O	O	O	O	X	O	O	O	O	O	O	10
C9	O	O	X	O	X	X	X	X	X	X	X	3
C10	O	X	X	O	X	X	X	X	X	X	X	2
C11	O	O	X	O	X	X	X	X	X	X	X	3
D1	O	O	O	O	X	O	O	O	X	O	O	9
D2	X	X	O	X	O	O	X	X	X	X	X	4
D3	X	O	X	O	O	O	O	X	O	X	X	6
D4	X	X	X	X	X	X	X	X	X	X	X	0
D5	O	X	X	O	X	X	O	X	X	X	X	3
D6	O	X	X	O	O	X	O	X	O	X	X	4
D7	O	O	O	O	X	O	O	O	O	O	O	10
D8	O	X	X	X	X	O	O	X	X	X	X	3
E1	X	O	O	X	X	X	O	O	X	O	O	4
E2	O	O	X	O	X	X	X	X	O	X	X	4
E3	O	O	O	O	O	X	X	O	X	O	O	8
E4	O	O	X	O	X	O	O	O	O	O	O	9
E5	O	O	O	O	O	O	O	O	O	O	O	11
F1	O	O	X	O	X	O	X	O	X	O	O	6
F2	O	X	X	O	X	X	O	O	O	O	O	6
F3	X	O	X	X	X	O	X	X	O	X	X	3
F4	X	O	X	O	X	O	X	X	X	X	X	3
G1	O	O	O	O	X	O	O	O	O	O	O	10

续　表

题项\被访者	A	B	C	D	E	F	G	H	I	J	K	合计
G2	O	O	O	O	O	O	O	O	O	O	O	11
G3	O	O	O	O	X	X	X	O	O	O	O	8
G4	O	O	O	O	O	O	X	X	O	O	O	9
G5	X	X	X	X	X	X	X	X	X	X	X	0
G6	X	X	O	X	O	O	O	O	O	O	O	8
G7	O	O	O	O	O	X	X	O	O	O	O	9
G8	O	O	O	O	O	X	X	X	O	O	O	8
G9	O	O	O	X	O	O	O	X	O	O	O	9
H1	X	X	X	X	X	X	X	X	X	X	X	0
H2	X	X	X	X	O	O	O	O	X	X	O	5
H3	O	O	O	X	X	O	O	O	O	O	O	7
H4	O	O	O	O	X	O	X	O	O	O	O	8
H5	X	X	X	X	X	X	O	O	X	O	O	4
H6	O	O	O	O	O	O	O	O	O	X	O	8
H7	X	X	X	X	X	X	X	X	X	X	X	0
H8	O	O	X	O	O	X	O	O	X	O	O	8
I1	X	X	O	X	O	O	O	X	X	X	X	4
I2	O	O	O	O	O	O	O	O	O	O	O	11
I3	O	O	O	O	O	O	O	O	O	O	O	11
I4	O	O	O	O	O	O	O	O	O	O	O	11
J1	O	O	O	O	X	O	O	X	O	O	O	9
J2	O	O	O	X	O	O	O	X	O	O	O	9
J3	O	O	O	X	O	O	O	O	O	O	O	10
J4	O	O	O	O	X	O	O	O	X	O	O	9
K1	O	O	X	O	O	X	O	X	O	O	O	8
K2	X	X	X	X	X	X	X	X	X	X	X	0
K3	O	X	O	O	O	O	O	X	X	X	X	5
K4	O	O	O	X	O	O	O	O	O	O	O	10

注：认为存在现实情境用"O"标注，认为不存在现实情境用"X"标注，合计统计认为符合现实情境的票数。

第4章 重大工程业主方项目公民行为的量表开发

第二轮访谈具体方法为：由作者本人将受访者表达的主要意思进行整理，将修正后的重大工程业主方所表现的项目公民行为因素反馈给所有11名专家，专家们被要求选择项目公民行为的关键要素，选择结果如表4-6所示。

表4-6 半结构化访谈问卷结果汇总

被访者（按访问顺序排列）	A	B	C	D	E	F	G	H	I	J	K	合计
S1												
满足重大工程条件	✓	✓	✓	✓	✓	✓	✓	✓	✓	✓	✓	11
不满足重大工程条件												0
S2												
了解重大工程项目公民行为是什么	✓	✓	✓	✓	✓	✓	✓	✓	✓	✓	✓	11
不了解重大工程项目公民行为是什么												0
Q1												
（1）在参与重大工程业主方工作时，是否发生过项目公民行为												
发生过	✓	✓	✓	✓	✓	✓	✓	✓	✓	✓	✓	11
未发生过												0
（2）作为重大工程的业主方，发生过怎样的项目公民行为												
业主方员工没完成项目任务主动加班		✓	✓	✓	✓	✓	✓	✓	✓	✓	✓	10
业主方员工愿意主动协助其他人完成任务并不给其他人制造工作麻烦		✓	✓		✓		✓	✓	✓	✓	✓	8
基于项目利益给其他利益相关方提供无偿的工作便利支持	✓	✓	✓	✓	✓	✓	✓	✓	✓	✓	✓	11
进一步沟通完善合同不可预见情形	✓	✓	✓	✓	✓	✓	✓	✓	✓	✓	✓	11
业主方员工认真负责完成本职工作	✓	✓	✓	✓	✓	✓	✓	✓	✓	✓	✓	11
（3）业主方项目公民行为与其他利益相关方有何不同												
业主方员工完成工作之前考虑该工作对项目全局的影响	✓	✓	✓	✓	✓	✓	✓	✓	✓	✓	✓	11
业主方员工完成管理工作之前会考虑增加哪些非正式行为会帮助管理工作更有效实现（诸如请别人加班后自费请别人吃夜宵等）	✓	✓	✓	✓	✓	✓	✓	✓	✓	✓	✓	11
业主方员工完成工作考虑目标多元、不明确情形下的多重状况	✓	✓	✓	✓	✓	✓	✓	✓	✓	✓	✓	11

续表

被访者(按访问顺序排列)	A	B	C	D	E	F	G	H	I	J	K	合计
Q2												
补充的其他可能的项目公民行为指标												
业主方员工尽力干好手头事务	√	√	√	√	√	√	√	√	√	√	√	11
其他利益相关方有新技术、新工艺时,作为业主方雇员愿意努力学习,增加经验		√	√	√	√	√	√	√	√	√	√	10
业主方员工在其他业主方员工发生错误时,愿意提醒他人	√	√	√		√		√	√	√	√	√	9
Q3												
(1) 重大工程与一般工程是否存在不同												
一样									√	√		2
存在不同	√	√	√	√	√	√	√	√			√	9
(2) 重大工程不同于一般工程特质的公民行为												
业主方在做项目决策和管理时,首先考虑政策性、社会性、公益性、可执行性,最后满足项目的经济性	√	√	√	√	√	√	√	√	√	√	√	11
业主方在合同范围外积极组织针对其他利益相关方的正式的激励性活动(如立功竞赛等),鼓励其他利益相关方尽快完成工作	√	√	√	√	√	√	√	√	√	√	√	11
业主方能适应环境不断变更,并提出满足环境的具体需求	√	√	√	√	√		√	√	√	√	√	10
Q4												
(1) 业主方雇员主动实施重大工程项目公民行为后,各利益相关方与业主方的关系												
改善	√	√	√	√	√	√	√	√	√	√	√	11
不变												0
恶化												0
(2) 业主方雇员主动实施重大工程项目公民行为后,业主方内部的关系												
改善	√	√		√	√	√	√	√	√	√	√	10
不变			√									1
恶化												0

续表

被访者(按访问顺序排列)	A	B	C	D	E	F	G	H	I	J	K	合计
Q5												
(1) 重大工程中业主方雇员主动实施的项目公民行为是否有助于业主方对项目的管理?												
改善	√	√	√	√	√	√	√	√	√	√	√	11
不变												0
恶化												0
(2) 其影响程度如何?												
高	√	√	√	√	√	√	√		√	√		10
中								√				1
低												0
(3) 其影响频率如何?												
频繁	√	√	√		√	√		√		√		8
一般				√			√		√			3
较低												0

注：被访者认为如此用"√"标注，合计统计认为符合现实情境的票数。

4. 同义合并或删除与题项净化过程

由于受访者所处环境不同,因而所表述的方式和内容有所差异,为了便于编制题项并进一步展开定量测试,在受访者表述完对一个问题的想法后,由采访者对受访者的前面表述内容加以总结并请受访者确认是否表达了该意思,得到受访者认可后按照统一的表述对受访者谈话内容归类,结果如表4-6所示。

表4-7 邀请参与大学研究人员信息

序号	性别	年龄	学位	职称	工作年限
A	男	51	博士	教授	27年
B	男	44	博士	教授	20年

邀请2名有丰富工程管理经验和管理量表开发经验的上海×大学研究人员(基本资料如表4-7所示)与笔者一起对十一名参与重大工程项目业主方管理成员提出的新题项和表4-1中通过筛选保留的题项进行同义删除和合并,对真实情境下的事件进行归纳和整理,对存在不清晰的描述再次向被访者咨询和澄清,力求题项清晰明了并且符合员工所要表达的行为,同义合并或删除须3名成员意

见一致后且查找相关文献证明二者确为不同作者表述不同方可合并或删除。

4.2.4 汇总访谈结果分析

1. 被访者问题结果答案汇总

对访谈新增题项进一步整理后认为，访谈中 Q1 的第二个问题的四个题项多为具体事件的表述；由于"没完成任务主动加班"与"自愿加班工作"两个题项含义相同，故将二者合并；由于"愿意主动协助其他人完成任务并不给其他人制造工作麻烦"属于"愿意花费时间帮助其他团队成员解决与工作相关的问题"意义相近，但调研结果更能反映业主方面临的现状，故采用"愿意主动协助其他人完成任务并不给其他人制造工作麻烦"题项；"基于项目利益给其他利益相关方提供无偿的工作便利支持"与其他题项无匹配，故单列题项；由于"进一步沟通完善合同不可预见情形"与"连接'合同鸿沟'，通过加强沟通共同处理合同中不能预见的情形"意思相近，故将二者合并。"认真负责干好本职工作"与"尽力干好手头事务"意思相近，在后续中继续讨论。

访谈中，Q1 的第三个问题的三个题项是针对业主方所特有的项目公民行为特征：① 业主方员工完成工作之前考虑该工作对项目全局的影响；② 业主方员工完成管理工作之前会考虑增加哪些非正式行为会帮助管理工作更有效实现；③ 业主方雇员完成工作考虑目标多元、不明确情形下的多重状况。这些特征在过往的组织公民行为或项目公民行为量表中均为体现。

访谈中，Q2 的四个题项多为具体事件的表述："尽力干好手头事务"出现在一般工程项目中，而在重大工程项目中业主方也会筹备诸如"立功竞赛"等形式的激励活动，因而其并入"业主方在合同范围外积极组织针对其他利益相关方的激励性活动，鼓励其他利益相关方尽快完成工作"题项；"其他利益相关方有新技术、新工艺时，作为业主方雇员愿意努力学习，增加经验"与"自学习工作技能"含义是相同的，因而将二者合并；"当他人发生错误时，愿意提醒他人"与"愿意花费时间帮助其他团队成员解决与工作相关的问题"意义是接近的，因而将"当他人发生错误时，愿意提醒他人"并入。

而访谈中 Q3 的第二个问题的三个题项是重大工程所特有的现象，并不同于一般建设项目，所得三个题项均获得通过，予以保留：① "业主方在做项目决策和管理时，首先考虑政策性、社会性、公益性、可执行性，最后满足项目的经济性"；② "业主方在合同范围外积极组织针对其他利益相关方的正式的激励性活动（如立功竞赛等），鼓励其他利益相关方尽快完成工作"；③ "业主方能适应环境不断变更,并提出满足环境的具体需求"。

2. 已有维度、题项的合并与净化

由于重大工程业主方项目公民行为必须双方均认可,一方主动行为,其虽然不被奖励系统所识别,但能被另一方接受,方可产生影响(Organ,1988),因而需保证重大工程业主方项目公民行为既符合定义又在重大工程中存在一定的普适性,才能算成重大工程项目公民行为。考虑访谈询问的被访者数量限制,因而认为 2/3 以上的通过更为符合重大工程项目公民行为的普适性(风笑天,2003),故对所有 11 票中不低于 8 票同意的选项予以保留。根据结果剔除 A8,A9,A11,B6,C3,C7,C9,C10,C11,D2,D3,D4,D5,D6,D8,E1,E2,F1,F2,F3,F4,G5,H1,H2,H3,H5,H7,I1,K2,K3 等 29 个题项。结果完全剔除了冒险精神(sportsmanship)这个维度,这与 Farh 等对中国情境的研究一致(Farh 等,2004)。

从维度角度而言,Farh 认为保护项目资源来源于个体主动性(Farh 等,2004),故将 K 维度并入 C 维度。Braun 的研究认为,其创建的项目公民行为中的"关系维持"维度来源于 Organ 提出的"公民道德"维度(Braun 等,2013),Farh 认为其人际关系和谐维度来源于 Organ 提出的"构建和谐关系"(peace-making)题项的另外一种形式,但 Farh 认为又不认可 Podsakoff 提的"公民道德"维度(Farh 等,2004),因而将 I 维度和 H 维度合并"人际关系和谐",独立于"公民道德"维度。Farh 认为其研究中的尽责与 Organ 提出的个体主动性维度是相似的,而项目认同维度与项目忠诚维度是相似的(Farh 等,1997),因而将 E 维度并入 C 维度,将 J 维度并入 D 维度。

从题项的角度而言,根据 Aronson 与 Braun 对于 A2 和 A1 题项的分别表述,含义是相近的,故将二者合并为"在项目同事工作量较大时我会帮助同事完成任务"(Braun 等,2013;Aronson,Lechler,2009)。根据 Farh 和 Braun 的表述(Farh 等,2004;Braun 等,2013),向重大工程实践者反馈,认为 Braun 的表述更贴近重大工程,因而将 A10,A12,A14 合并为"愿意和同事沟通,处理合同中不能预见的情况"。根据 Aronson 的表述,A6 表述可以概括 A1 和 A3 的内容,因而将 A1、A3 与 A6 合并,得到"愿意花费时间帮助其他团队成员解决与工作相关的问题"(Aronson,Lechler,2009)。Farh 在 1997 年的论文和 2004 年的论文分别把自学习放了尽责维度和个体主动性维度,但 Farh 自己也说尽责任维度来源于个体主动性维度,因而将 E4 与 C1 合并,得到"自学习工作技能"(Farh, J., Earley, P. C., Lin, S., 1997;Farh, J., Zhong, C., Organ, D. W., 2004)。对于创新性提出建设性意见,Farh 将其放入"组织认同"维度,Braun 将其放入"个体主动性"维度，Aronson 将其放入"公民道德"维度，本书认为，创新性提出建设性意见是"公民道德"的范畴，故将 C8、J3 与 G1 合并。Podsakoff 和 Aronson 均认为防止其他成员出现问题属于"利他"范围，Farh 认为防止其他成员出现问题属于"公民道德"范围，本书采用 Farh 的观点，将 A5、G7 与 G4 合并。Farh 对于保护组织声誉前后表述不同，本书采用 Braun 借鉴得到的表述"愿意宣传项目良好形象，以参与项目为荣"，将 J1 与 D1 合并。根据 Farh 两篇论文的相同观点，将 E3 和 C4 合并为"用于承担挑战性任务，勇于承担责任"。由于 Farh 认为加班包括早上班，因而将 E5 和 C2 合并为"自愿加班工作"。根据 Farh 和 Braun 不同表述，反馈询问重大工程项目实践者，认为 Braun 表述更符合重大工程项目要求，因而将 C5 和 C6 合并为"项目员工能积极提醒项目经理注意改进以实现项目目标"，将 J2 和 D8 合并为"项目外的人问我的时候我对项目的描述是积极的"。Aronzon 认为积极参加会议是"公民道德"，而 Farh 认为是"组织认同"，也就是"项目忠诚"，本书采用 Farh 观点将 G9 和 J4 合并。

已有题项合并共形成 31 个题项，与访谈获得的业主方不同于其他利益相关方的 3 个题项、重大工程不同于一般工程的 3 个题项以及作为重大工程业主方发生过得项目公民行为未合并的 1 个题项共同合并，形成 38 个题项。

表 4-7 表明，虽然未经大样本实证，但受访者涵盖多个重大工程项目业主方，具有多年从事相关工作的经验。受访者均认为重大工程项目公民行为以各种实践中的具体行为形式在重大工程利益相关方之间普遍存在，全部受访者认为重大工程业主方项目公民行为可以对业主方的项目管理产生积极影响，十一分之十的受访者认为重大工程业主方项目公民行为对项目管理绩效影响程度较高，十一分之八的受访者认为重大工程项目公民行为对项目管理绩效的影响频率较频繁。这与过往学者对项目公民行为的认识基本一致，重大工程业主方项目公民行为作为一类重要的辅助工作行为，它能够对项目管理产生积极影响(Klotz,Bolino,2013)。

4.3 数据收集

对于大样本实证情境下不同题项对应的适当的数据的收集量应当为多少，学术界尚未达成一致观点(Marsh 等,1998)。Boomsma 认为由于模型的拟合度、参数估计的准确性均是样本量越大越好，且当样本容量小于 100 时，产生的相关矩阵不够稳定，使结果的信度偏低，因而其建议样本量越多越好，不得低于

100,最好大于200(Boomsma,1982)。Marsh等人的意见与Boomsma一致,认为样本容量越大越好,每个因子的题项越多越好,因子负荷越高越好(Marsh等,1998)。Velicer和Fava则认为样本量与题项的比值越大越好并无根据(Velicer,Fava,1998)。Bollen认为每个被试题项应当有数个被试者提供问卷才是合理的(Bollen,1989)。Nunnally认为被试人数应当是题项的十倍(Nunnally等,1967)。Gorsuch认为样本量和题项之比不应低于5∶1(Gorsuch,1983)。Bentler认为与Gorsuch观点相同,认为样本量与题项之比应大于5∶1(Bentler,Mooijaart,1989)。基于上述研究,由于重大工程项目业主方管理团队数据获取的客观困难性,本书认为样本量大于5∶1即可。

本研究调研分为两个阶段,第一阶段从2014年12月到2015年6月,主要确定调研对象身份,调研目标和对部分项目进行调研;第二阶段从2016年3月到2016年5月,主要根据论文盲审专家提出的要求进一步开展部分项目补充调研。共选取20个投资额超过10亿元的重大工程项目的业主方成员采用调研人员现场发放问卷(表4-8),现场答疑,现场回收问卷的方式获取问卷,共发放问卷237份,最终回收问卷201份,问卷回收率为84.81%,其中有效问卷196份,有效回收率82.70%,有效问卷与量表题数之比大于5∶1,满足后续统计分析要求,回收问卷人员特征如表4-9所示。问卷无效被踢出的原因主要包括:① 问卷中是否存在漏选、多选等问题;② 受访者是否认真回答问卷问题,具体包括是否整份问卷均为一个选项或问卷选项有明确的规律性;③ 剔除同一个项目中不同的问卷对象雷同的问卷(陈晓萍,2008)。

表4-8 各重大工程项目业主方有效问卷数

编号	项 目 名 称	有效问卷数	所属项目类型
1	上海徐汇滨江西岸传媒港建设项目	7	公用设施项目
2	上海浦东中环线(高科西路—军工路隧道段)建设项目	5	公路项目
3	广西南宁高铁站前广场建设项目	12	城区改造及保障房项目
4	江苏南京江宁上坊保障房建设项目	9	城区改造及保障房项目
5	湖北武汉鹦鹉洲长江大桥建设项目	14	桥梁项目
6	云南昆明轿子雪山旅游专线公路建设项目	12	公路项目
7	云南昆明滇池环湖公路建设项目	14	公路项目

续　表

编号	项　目　名　称	有效问卷数	所属项目类型
8	浙江舟山329国道改建工程	7	公路项目
9	安徽马鞍山长江公路大桥建设项目	11	桥梁项目
10	黑龙江哈尔滨民生尚都棚改建设项目	11	城区改造及保障房项目
11	安徽池州九华山机场建设项目	6	机场项目
12	云南昆明呈澄高速建设项目	14	公路项目
13	云南昆明长水机场建设项目	9	机场项目
14	天津唐津高速扩建工程	12	公路项目
15	辽宁抚顺热电厂的2×300MW油页岩发电厂建设项目	12	公共设施项目
16	陕西西安108国道改建项目	7	公路项目
17	上海世博会世博园建设项目	5	会展项目
18	云南丽江大丽高速建设项目	11	公路项目
19	广东深圳大运会建设项目	12	会展项目
20	山东烟台青龙高速建设项目	6	公路项目

表4-9　样本基本特征描述(N=196)

员　工　特　征		样本数	所占比例	累计比例
员工性别	男	159	81.12%	81.12%
	女	37	18.88%	100%
员工年龄	30岁及以下	64	32.65%	32.65%
	31～40岁	87	44.39%	77.04%
	41～50岁	30	15.31%	92.35%
	51～60岁	12	6.12%	98.47%
	61岁及以上	3	1.53%	100%
业主方职位	领导小组成员	7	3.57%	3.57%
	领导小组办公室(指挥部)成员	82	41.84%	45.41%
	项目开发公司成员	96	48.98%	94.39%
	专家咨询委员会成员	11	5.61%	100%

续 表

员　工　特　征		样本数	所占比例	累计比例
学 历	专科及以下	10	5.10%	5.10%
	本　科	59	30.10%	35.20%
	硕　士	113	57.65%	92.85%
	博　士	14	7.14%	100%
工作年限	2年以下	23	11.73%	11.73%
	2～5年	64	32.65%	44.38%
	6～10年	71	36.22%	80.60%
	11～15年	13	6.63%	87.23%
	15年以上	25	12.76%	100%

从受访人口特征而言，虽然建筑工程的业主方条件好于施工方，但男性员工的比例仍然显著多于女性员工。而现场情境下受访男性样本量显著大于女性样本量，这与工程现场的情境基本一致。工程现场受访40岁以下的业主方人员人数数量占77.04%，现场受访者以中青年为主。受访人群的学历分布，受访者主要为硕士学历，占57.65%，硕士和本科学历者占据了受访业主方的主体。受访者岗位以项目指挥部（领导小组办公室）和项目开发公司员工居多，二者合计占87.75%。受访业主方人员项目工作年限人数最多的是具有6～10年工作经验的员工，其次是工作2～5年的员工。

由于重大工程业主方内部男女比例严重失调，为避免性别差异可能对研究产生的影响，将所有男性问卷划为一类，其中包含有效问卷159份，将所有女性问卷划为一类，其中包含有效问卷37份，采用t检验对两部分进行比较。由于题项的方差均为齐性，所有的t检验均不拒绝原假设，故评估回收问卷表明不同性别的问卷的结果在该项调研活动中无显著统计差异。

4.4　单维性和信度检验

4.4.1　探索性因子分析

本研究运用探索性因子分析进一步净化题项。首先对样本进行KMO检验和 Bartlett 球形检验。Bartlett 球形检验显著性水平为 0.000,说明相关矩阵不可能是单位矩阵;KMO=0.871,适合采用因子分析模型研究(马庆国,2005)。在探索性因子分析中,采用主成分分析法抽取因子,以最大方差法进行旋转,参照碎石图,选取特征根大于 1 的因子为截取因子,正交旋转 7 次后收敛,总方差解释率为 65.694%,满足要求,选取因子荷载大于 0.5 的因子作为有效因子(吴明隆,2010),各个项目在相应因子上的符合如表 4-10 所示。大样本环境下,一些题项由于其因子荷载不足而被放弃,共剩余 25 个题项,共有 5 个有效的因子。McDonald 等研究认为当潜在因素之间具有相关假设时,每一个潜在变量至少需要两个纯化指标;当潜在因素之间不具有相关的假设时,每一个潜在变量至少需要三个纯化指标才能保证潜在变量被识别(McDonald,Ho,2002)。上述 5 个有效因子均满足每个因子存在 3 个及以上题项的条件。

表 4-10 探索性因子分析结果(N=196)

指　　标	因子1	因子2	因子3	因子4	因子5
1. 业主方员工愿意主动协助其他人完成任务并不给其他人制造工作麻烦	**0.893**	0.166	0.122	0.169	0.074
2. 业主方员工在做事之前,把要完成的事与他们工作有关的情况告诉他们	**0.918**	0.130	0.096	0.116	0.049
3. 进一步沟通完善合同不可预见情形	0.159	0.022	**0.928**	0.089	0.189
4. 业主方在做项目决策和管理时,首先考虑政策性、社会性、公益性、可执行性,最后满足项目的经济性	**0.935**	0.190	0.133	0.154	-0.017
5. 在项目团队同事发生争执时业主员工会尝试调解	0.241	0.137	-0.043	0.230	**0.767**
6. 发出互惠信号,表明业主员工愿意在其他业主员工需要的时候帮助他们	0.291	0.173	-0.081	0.162	0.273
7. 业主方员工服从项目和各项会议中制订的规章制度并在项目实践中严格执行	-0.013	0.087	0.232	0.097	**0.848**
8. 业主方员工按照合同及习惯约定履行合同义务	0.042	0.093	0.202	0.071	**0.802**
9. 若业主方员工不能按时完成任务其会及时上报	0.079	0.258	0.042	0.131	0.067
10. 业主方员工的绩效考评低了会及时想办法改进	-0.033	0.384	0.087	0.318	0.041

续 表

指 标	因子1	因子2	因子3	因子4	因子5
11. 愿意共享个人获得的项目建设相关的信息和经验给其他团队成员	0.114	0.090	**0.873**	0.092	0.206
12. 其他利益相关方有新技术、新工艺时,作为业主方员工愿意努力学习,增加经验	0.216	**0.816**	0.030	0.131	0.146
13. 业主方员工没完成任务主动加班	0.108	**0.880**	0.143	0.064	−0.003
14. 项目业主方员工能积极提醒项目指挥长注意某些工作问题以实现项目目标	**0.890**	0.245	0.135	0.190	0.031
15. 业主方员工勇于承担任务,勇于承担责任	0.283	0.217	0.318	0.184	0.250
16. 业主方在合同范围外积极组织针对其他利益相关方的正式的激励性活动(如立功竞赛),鼓励其他利益相关方尽快完成工作	0.145	**0.723**	0.096	0.259	0.162
17. 业主方员工不在项目上班时间利用资源做个人事情(例如: 做贸易、购物、去理发店等)	0.323	0.286	0.167	0.245	0.135
18. 业主方员工基于项目利益节约项目上的资源(如水电、办公用品等)	0.016	0.183	0.199	0.044	0.177
19. 业主方员工愿意宣传项目良好形象,以参与项目为荣	0.074	0.191	0.141	**0.610**	−0.057
20. 项目外的人问业主方员工的时候其对项目的描述是积极的	0.235	0.241	0.278	**0.519**	0.097
21. 业主方员工积极参与项目会议	0.209	**0.549**	0.071	0.335	0.005
22. 业主方能适应环境不断变更,并提出满足环境的具体需求	0.036	0.099	0.312	0.094	**0.765**
23. 业主方认为好的项目团队的理念应当是风险厌恶的	0.327	0.368	0.256	0.338	0.287
24. 业主方员工参与项目组织的群体活动	0.052	0.160	0.126	0.114	−0.011
25. 业主方员工阻止有害于项目利益的事件(如偷盗等)发生	0.134	0.033	**0.865**	0.137	0.100
26. 业主方员工愿意对项目中的问题提出建设性意见	0.043	0.101	**0.881**	0.090	0.128

续 表

指　　标	因子1	因子2	因子3	因子4	因子5
27. 业主方员工愿意代表项目做社会福利工作(如无偿献血、捐款、植树等)	−0.021	0.253	0.258	0.142	0.203
28. 业主方员工愿意动用自身的社会资源帮助项目(如个人的社会关系等)	0.071	0.332	0.220	0.292	0.179
29. 业主方员工不会采用不正当的手段扩大个人影响而损坏项目组织的人际和谐	0.356	0.122	−0.085	0.317	0.263
30. 业主方员工不会抢功、推脱责任和猛烈的斗争获取个人利益	0.396	0.101	−0.100	0.290	0.216
31. 业主方员工维持人际关系和谐并且不扩大冲突	0.272	0.024	0.120	**0.705**	0.283
32. 项目进行时业主方员工和项目其他利益相关方的关键员工保持联系	0.285	0.300	0.069	**0.772**	0.142
33. 业主方员工会选择跟之前合作过的员工继续合作本项目	0.317	0.153	0.074	**0.575**	0.153
34. 尽管项目结束了,业主方员工还和共同工作过的其他业主方员工保持联系	0.258	0.295	0.097	**0.765**	0.202
35. 业主方员工完成工作之前考虑该工作对项目全局的影响	0.310	**0.705**	−0.003	0.274	0.112
36. 业主方员工完成管理工作之前会考虑增加哪些非正式行为会帮助管理工作更有效实现(诸如请别人加班后自费请别人吃夜宵等)	0.232	**0.809**	0.003	0.115	0.093
37. 业主方员工完成工作考虑目标多元、不明确情形下的多重状况	0.364	0.241	−0.120	0.312	0.283
38. 业主方基于项目利益给其他利益相关方提供无偿的工作便利支持	**0.870**	0.214	0.163	0.233	0.070

在因子分析归类的基础上,整理剩余指标,参考过往研究对上述指标分类(Braun 等,2013;Organ,1988;Braun 等,2012;Podsakoff,2000),得到五类因子的具体名称:因子1被命名为人际关系和谐,方差贡献率为37.030%;因子2被命名为个体主动性,方差贡献率为9.368%;因子3被命名为成员道德,方差贡献率为8.108%;因子4被命名为利他,方差贡献率为6.093%;因子5被命名为

项目服从，方差贡献率为5.095%。

4.4.2 验证性因子分析

为了验证重大工程项目公民行为的变量及其所属维度的适用性，故将人际关系和谐、个体主动性、成员道德、利他、项目忠诚五个潜变量分别作为五个维度，使用lisrel 8.8软件进行验证性因子分析，结果如表4-11所示，模型整体拟合指标如表4-12所示：除了题项"愿意宣传项目良好形象，以参与项目为荣"的因子载荷为0.49之外，其他因子载荷均达到0.5的均达到验证性因子分析载荷要求，拟合指标均满足判别准则，具有较好的适配度（邱皓政，林碧芳，2009）。本研究尝试删除题项"愿意宣传项目良好形象，以参与项目为荣"后发现RMR，RMESA均有所增加，且0.49与0.5差距不大，考虑模型整体拟合情况，决定保留该题项。

表4-11 验证性因子分析结果（N=196）

维度	指标	利他	个体主动性	成员美德	人际关系和谐	项目服从
利他	业主方员工愿意主动协助其他人完成任务并不给其他人制造工作麻烦	0.91**				
	业主方员工在做事之前，把要完成的事与他们工作有关的情况告诉他们	0.91**				
	业主方在做项目决策和管理时，首先考虑政策性、社会性、公益性、可执行性，最后满足项目的经济性	0.96**				
	项目业主方员工能积极提醒项目指挥长注意某些工作问题以实现项目目标	0.97**				
	业主方基于项目利益给其他利益相关方提供无偿的工作便利支持	0.94**				
个体主动性	其他利益相关方有新技术、新工艺时，作为业主方员工愿意努力学习，增加经验		0.86**			
	业主方员工没完成组织分配任务主动加班		0.87**			
	业主方在合同范围外积极组织针对其他利益相关方的正式的激励性活动（如立功竞赛），鼓励其他利益相关方尽快完成工作		0.78**			

续　表

维度	指　　标	利他	个体主动性	成员美德	人际关系和谐	项目服从
个体主动性	业主方员工积极参与项目会议		0.67**			
	业主方员工完成工作之前考虑该工作对项目全局的影响		0.77**			
	业主方员工完成管理工作之前会考虑增加哪些非正式行为会帮助管理工作更有效实现（诸如请别人加班后自费请别人吃夜宵等）		0.83**			
成员美德	进一步沟通完善合同不可预见情形			0.98**		
	业主方员工愿意共享其获得的项目建设相关的信息和经验给其他业主方成员			0.91**		
	业主方员工阻止有害于项目利益的事件（如偷盗等）发生			0.87**		
	业主方员工愿意对项目中的问题提出建设性意见			0.90**		
人际关系和谐	业主方员工愿意宣传项目良好形象，以参与项目为荣				0.49**	
	项目外的人问业主方员工的时候我对项目的描述是积极的				0.51**	
	业主方员工维持人际关系和谐并且不扩大冲突				0.66**	
	项目进行时业主方员工和项目其他利益相关方的关键员工保持联系				0.96**	
	业主方员工会选择跟之前合作过的员工继续合作本项目				0.65**	
	尽管项目结束了，业主方员工还和共同工作过的业主方员工保持联系				0.97**	
项目服从	在项目团队同事发生争执时，业主方员工会尝试调解					0.63**
	业主方员工服从项目和各项会议中制订的规章制度并在项目实践中严格执行					0.96**

续 表

维度	指 标	利他	个体主动性	成员美德	人际关系和谐	项目服从
项目服从	业主方按照合同及习惯约定履行合同义务					0.75**
	业主方能适应环境不断变更,并提出满足环境的具体需求					0.94**

注:** 表示 0.05 的显著性水平,* 表示 0.01 的显著性水平。

表 4-12 重大工程业主方项目公民行为模型数据的拟合指数(N=196)

检验参数	χ^2	χ^2/df	RMSEA	NFI	NNFI	CFI	IFI	GFI	RMR
验证性因子分析	716.57	2.704	0.083	0.91	0.93	0.94	0.94	0.9	0.044

4.4.3 量表信度分析

信度主要用于描述问卷是否精确、量表的一致性和稳定性。本书采用研究中被广泛使用的两种方法检验量表信度指标:Cronbach's α 系数(内部一致性信度)和 CR 值(组合信度),并认为 Cronbach's α 系数大于 0.7 时,CR 值大于 0.7 时,该维度具有内部一致性和可靠性(邱皓政,林碧芳,2009)。基于 SPSS 19.0,对重大工程业主方项目公民行为五个维度的信度进行检验,结果如表 4-10 所示,结果表明,重大工程项目组织公民行为及其五个维度的信度均被接受,故认为本研究测量项目之间的内部一致性较好,测量模型具有较好的信度。

4.5 效 度 分 析

4.5.1 内容效度

本研究按照概念可操作化界定、文献梳理、专家咨询及访谈的项目生成程序,坚持理论与实践结合的原则,从题项的初选,通过多次净化,从研究内容上和研究程序上保证量表开发过程中题项分布的合理性和有效性,故认为本研究的内容效度较好。

4.5.2 收敛效度

根据 Bagozzi 和 Yi(Bagozzi,Youjae,1988)、Steenkamp 和 Trijp(Steenkamp,Van

Trijp,1991)等共同研究成果,认为各个维度下的因子载荷值显著大于0.5时且各维度的AVE值大于0.5时,则达到收敛有效性标准。因子分析中因子载荷分析具体见本研究4.4.2的内容,可以认为,各项指标基本满足大于0.5且的标准。而各维度的AVE值均大于0.5的标准,故本研究所开发的量表的收敛效度可被接受。

4.5.3 区别效度

根据Fornell和David等(Fornell,David,1981)提出的区别效度判别原则,若每个维度的平均方差提取量AVE值的平方根大于该维度与其他维度之间的相关系数,则认为两个概念之间存在着较好的区别效度。由表4-13可知,重大工程项目组织公民行为各维度的AVE平方根均大于本维度与其他各维度的相关系数,因而本量表具有较好的区别效度。

表4-13 各维度及总量表的内部一致性信度及区别效度检验(N=196)

因子	Cronbach α系数	AVE	CR	利他	个体主动性	项目忠诚	成员美德	人际关系和谐
利他	0.977	0.880 5	0.973 5	0.938				
个体主动性	0.912	0.639 3	0.913 5	0.47**	0.800			
成员道德	0.954	0.838 9	0.954 1	0.27**	0.23**	0.916		
人际关系和谐	0.880	0.536 8	0.866 1	0.54**	0.57**	0.33**	0.733	
项目服从	0.881	0.691 2	0.897	0.24**	0.32**	0.40**	0.43**	0.831
项目组织公民行为	0.935	—	—					

注:对角线上的数值为AVE的平方根。*表示0.05的显著性水平,**表示0.01的显著性水平。

4.6 本研究与已有成果的对比分析

4.6.1 与现有项目公民行为研究的对比分析

Braun等于2012年提出项目公民行为量表,将项目公民行为分为帮助行为、项目忠诚和项目服从三个维度(Braun等,2012),2013年,在此基础上提出临时性组织公民行为量表,补充了个体主动性和关系维持两个维度。与Braun开发量表相比，本研究与Braun研究两者方差贡献率高的因子均为人际关系和谐和个体主动性，表明项目中人与人之间的关系和人自身内部的努力无论在重大工程业主方团队，还是在一般项目的整个项目管理团队中，均是决定项目公民行为最主要的因素。然而，重大工程业主方项目公民行为没有"项目忠诚"维度，而一般项目没有的"公民道德"维度；一般项目没有"公民道德"维度，而重大工程项目没有的"项目忠诚"维度(Braun等，2013)。由于"公民道德"代表的是宏观层面关注项目业主方利益并对项目业主方承诺，具体包括愿意积极参与项目业主方的治理，监控项目业主方面临环境的威胁和机遇并留心业主方的最佳利益，而项目忠诚主要用于对外部威胁的抵御，在不利状况下保证员工对项目的承诺(Podsakoff，2000)。身处重大工程业主方，由于其资源稀缺性，其外部威胁很少，因而项目忠诚并不显著。而业主方在项目管理中需要在监督其他利益相关方干活中发现问题，及时反馈，多部门协同共同决策处理问题，因而公民道德更加显著。

陈震等于2016年对中国大型基础设施项目公民行为量表进行了开发，研究对象针对大型基础设施建设项目团队成员，结果表明项目公民行为包括利他、个体主动性、项目忠诚、公民道德和人际关系和谐五个维度(陈震等，2016)。与本研究相似的是，人际关系和谐同样是最重要的因素，表明在中国重大工程中人际关系和谐是决定项目公民行为实现的最重要的因素。与其不同的是，本研究方差贡献第五的是项目服从，而对大型基础设施项目成员的项目公民行为研究方差贡献第五的是项目忠诚。由于"项目服从"反映的是项目业主方员工对已制订的制度和规则的内心认同，即使别人不遵守规则自身仍然能按照规则办事(Podsakoff，2000)。业主方"项目服从"维度能够显著的原因包括：第一，中国的重大工程业主方大多是政府或者有政府背景的各类国有公司，在工作过程中有着完善成熟的工作流程，因而业主方员工更愿意按照已制订的规则不犯错地完成任务。第二，业主方成员作为项目中的监控方，如果不能以身作则，则会对其他利益相关方造成不良的影响，因而良好的项目服从能够带动其他利益相关方对业主方成员要求的服从。第三，由于中国重大工程业主方本身具有垄断性，其外部威胁并不显著，因而其项目忠诚体现并不明显。但是对于中国重大工程除业主方以外的其他利益相关方而言，其投标项目和完成项目及其变更的过程始终存在变更参与方的不确定性，始终存在外部威胁，因而项目忠诚体现得更明显。

Flyvbjerg对重大工程项目的研究表明，重大工程项目不同于一般建设项目的显著区别就是重大工程项目管理更具有自适应性（Flyvbjerg，Bruzelius，Rothengatter，2003），而相应的自组织行为更强（Chang，2013）。中国重大工程项目业主方团队成员项目公民行为更倾向于规范，标准化完成任务，而除业主方之外的团队成员项目公民行为更倾向于对项目忠诚以获取业主方的信任以应对外部威胁的冲击，相较于业主方也能够更灵活地完成任务。

4.6.2　与现有中国情境组织公民行为研究的对比分析

Farh等于1997年提出中国社会下的组织公民行为，对公司的认同是方差贡献最大的因子，其次是对同事的利他主义，之后依次是责任心、人员内部和谐和保护公司资源（Farh等，1997）。表明在公司的忠诚被看成是组织公民行为的重要组成部分。但在项目（临时性战略联盟）中，对项目（临时性战略联盟）的忠诚并没有得到体现。然而，对于重大工程项目业主方（临时性战略联盟中的组织），项目忠诚却又得到了体现。

Farh等于2004年提出中国情境下的组织公民行为量表，包括了自我训练、社会慈善参与、保护和节约公司资源、保持工作场所整洁以及人际关系和谐五个中国情境特有的维度（Farh等，2004）。本研究中精炼后的指标所有五个中国情境的指标均得以保留，面向实践项目管理人员的问卷调研后这五个方面的指标中的自我训练和人际关系和谐两个指标得以保留。特别是人际关系和谐，已成为中国重大工程项目公民行为最重要的组成部分。

本研究涉及的上述五个中国情境特有的维度中一个处于"个体主动性"之下，另一个是"人际关系和谐"，"个体主动性"强调项目员工自身修为和素质产生项目公民行为，而"人际关系和谐"强调项目员工处理人与人之间关系时产生项目公民行为。同时，本研究与Farh研究类似，没有"冒险精神"相关指标被接受，中国情境下的重大工程项目公民行为更强调个体努力，并且需要其行为有较高的成功率。

4.7　本章小结

建设项目作为一个临时性的战略联盟，其本身及其各利益相关方的项目公民行为已越来越受到工程管理研究学者的广泛关注。然而，过往研究项目公民行为的学者多强调量表的普适性，力求一个量表解决R&D项目、信息管理项目、建设工程管理项目等多类项目管理问题,使得其量表题项(指标)的描述较为泛化,缺乏对建设项目情境以及重大工程项目情境的认识,不能概括重大工程项目公民行为的特性(何清华,陈震,2014)。同时,由于重大工程项目组织可以看成一个临时性形成的战略联盟,各利益相关方的利益诉求不同,因而其项目公民行为亦存在差异。本研究基于业主方视角,讨论业主方成员的项目公民行为构成。本研究内容采用定性与定量相结合的方法。首先,采用定性的方法,基于已有的组织公民行为和项目公民行为量表,梳理重大工程业主方项目公民行为与一般项目中的共性特征,并进一步通过访谈重大工程业主方团队成员,获得重大工程业主方项目公民行为的特性,对其进一步归并得到38个题项(指标)。为保证其在重大工程业主方中的普适性,进一步采用定量研究的方法,对收集的二十个重大工程的数据进行探索性因子分析、验证性因子分析筛选题项和维度,最终获得信度和效度均满足条件的25个题项的重大工程业主方项目公民行为量表。

第 5 章
基于关系资本中介的重大工程业主方项目公民行为对项目管理绩效影响的实证研究

根据第 3 章内容,基于已有条件,本书构建理论模型,从理论上证明了重大工程业主方项目公民行为对项目管理绩效产生积极影响。根据第 4 章内容,本书讨论重大工程业主方项目公民行为的构念,并通过访谈和问卷实证了重大工程业主方项目公民行为的内涵。然而,在重大工程实践中,重大工程业主方项目公民行为究竟对业主方的项目管理工作产生怎样的影响?又通过什么因素产生影响?影响程度如何?本章在前面研究的基础上,基于项目完成这一特定的时间点,以重大工程业主方成员为调研对象,采用静态截面数据进一步实证结果,为第 3 章理论证明提供实证证据。

5.1 研 究 假 设

5.1.1 重大工程业主方项目公民行为与关系资本假设

由于项目公民行为提出时间较短,目前暂无项目公民行为对关系资本的研究,更无重大工程业主方项目公民行为对关系资本的影响。Braun 在研究项目公民行为对项目效能影响时的策略建议里认为改进关系有助于项目公民行为对项目效能的实现,但并未提出相应假设并论证(Braun 等,2013)。但在永久性组织管理领域,学界基于组织公民行为与人际关系的关系开展过一系列研究。Randall,Settoon 等和 Wat 等提出关系质量(relationship quality)和关系情境(relationship context)是人际公民行为的两个前因(Wat,Margaret,2005;Settoon,Mossholder,2002)。Bolino 等提出概念模型,认为组织公民行为和社会资本是互为影响关系,认为组织公民行为可以提升组织的社会资本,而组织的社会资本又对组织绩效产生了积极的影响(Bolino,Turnley,2002)。之后的研究验证了社会网络通过关系,与人际公民关系的接收和绩效均存在积极影响关系(Bowler,Brass,2006a;Zhang 等,2009)。该类实证研究虽然验证了 Bolino 提出模型的反馈作用,即已有的关系资本对组织公民行为的影响,但未能验证组织公民行为对关系资本产生的作用。本书 2.3 节已有的关系资本形成路径研究表明,联盟成员间彼此熟悉前提下,其之间频繁的相互作用会产生关系资本(闫立罡,吴贵生,2006;常荔,李顺才,邹珊刚,2002;林莉,周鹏飞,2004;方兴,林元增,2006)。本研究中重大工程业主方项目公民行为正是重大工程多利益相关方联盟成员间频繁相互作用的一种具体形式,因而可以假设重大工程业主方之间频繁的项目公民行为可能产生关系资本。

现有研究认为组织公民行为与社会资本之间存在积极影响,且社会资本与关系资本存在一定的正向关系(Bolino,Turnley,2002)。但目前尚无针对组织公民行为与关系资本的因果关系的直接研究,目前只能以关系资本与重大工程业主方项目公民行为之间存在积极影响加以假设。

故本书提出开拓性假设:

假设 1　重大工程业主方项目公民行为对关系资本产生了积极影响。

5.1.2　重大工程业主方项目公民行为与项目管理绩效假设

目前尚无关于项目公民行为与项目管理绩效的直接研究,更无重大工程业主方项目公民行为对项目管理绩效的相关研究。Braun 等通过实证研究认为项目公民行为与项目效能之间存在积极影响关系(Braun 等,2013)。

但在永久性组织管理领域,对于组织公民行为对组织绩效的研究却是热点问题。Organ 在组织公民行为研究起源时解释组织公民行为主要用来描述雇员的工作满意度对组织绩效影响的行为(Organ,1997)。现有研究普遍认可,适度的发自雇员内心满意度而产生的组织公民行为能对组织绩效产生积极的影响。其影响路径主要包括:① 增加工作协作者的生产力;② 增加管理生产力;③ 进一步释放一部分用于生产的资源的束缚用以增加更多的生产力;④ 减少因缺乏资源而发生冲突的机会达到关系维持的作用;⑤ 作为一种有效的在团队成员之间和跨团队之间的协调行为;⑥ 增强组织吸引和挽留最佳人才在组织工作的能力;⑦ 增加组织绩效的稳定性;⑧ 增加组织适应环境变革的能力(Podsakoff,2000)。

然而,近年来的研究普遍认为组织公民行为并非单纯对组织绩效产生积极影响,一种"过犹不及"的思想被提出(严瑜,张倩,2014)。首先,过高的组织公民行为成本往往不能带来更好的绩效,这与本研究第三章中的结论4的内容是一致的。原因主要包括:① 资源分配理论者认为,雇员个人资源是有限的,如果把过多的精力投入组织公民行为之中,那么他投入本职工作的精力就会下降,影响其本职工作的绩效(Bergeron,2007;Bergeron等,2013)。② 个体主动性理论研究者认为个人主动性使个体的工作绩效提高的同时也加剧了个人——家庭冲突,而这种冲突又会消极影响工作绩效(Bolino,Turnley,2005;Halbesleben等,2009)。③ Van Dyne等提出"工作爬行"(job creep)的概念,认为组织公民行为会逐渐转变成员工分内的事情(Van Dyne,Ellis,2004)。在此基础上,Vigoda提出了强制性公民行为的概念,认为雇主强迫雇员实施的公民行为不利于组织绩效的实现(Vigoda-Gadot,2006;Vigoda-Gadot,2007)。而公民行为的氛围亦会对雇员产生压力,Bolino将其定义为"公民压力"(citizenship pressure),为了完成高层次组织公民行为,给雇员带来工作—家庭冲突和工作压力(Bolino等,2010)。

其次,基于雇员向雇主表现需求亦会对组织绩效产生消极影响。原因主要包括:① 印象管理的作用:雇员为了在雇主心中留下好印象而产生的组织公民行为,这种组织公民行为往往是低效的(Yun等,2007;Snell,Wong,2007;Grant,Mayer,2009;Bolino,1999;Bowler,Brass,2006b);② 反生产工作行为的结果:雇员之前工作中产生了反生产工作行为,为了弥补之前的过失而产生的组织公民行为(Spector,Fox,2010a;Spector,Fox,2010b;Fox,Spector,Miles,2001)。

组织公民行为有利于组织绩效的实现是目前学界的共识,近年来的研究组织公民行为的不利方面的研究是其对特定条件下组织公民行为异化的研究,是对前人研究理论的修补。而在中国情境下,这些情境也并非全部发生,比如中国组织的"家天下"的环境使得雇员既能发挥主人翁精神,又能够较好地整合家庭和工作的关系,使得中国情境下"工作—家庭冲突"没有西方研究那么严重(Yang,Zhequn,2014;Zhang,Li,Foley,2014)。Bolino的研究认为印象管理是对组织公民行为不利的,而中国国有企业的实证表明,这一结论并非完全成立(崔勋,瞿皎姣,2014)。

组织公民行为的"过犹不及"理论并未否认组织公民行为对组织绩效的积极作用,认为适当的组织公民行为对组织绩效产生了积极影响。参考第3章的内容,本研究认为正常情境下重大工程项目业主方均为理性人,其项目公民行为亦处于适当区间。虽然重大工程业主方项目公民行为对项目管理绩效的假设从未有学者提及,但考虑到临时性组织公民行为对项目效能的假设已被 Braun 通过实证加以证明(Braun 等,2013),故认为本书提出验证性假设:

假设 2 重大工程业主方项目公民行为对项目管理绩效产生积极影响。

5.1.3 重大工程中关系资本与项目管理绩效假设

虽然有项目管理实证研究表明项目中的人际关系对项目管理绩效有积极影响(Meng,2012;Sakka 等,2016),但是建设工程管理领域一直没有引入关系资本的构念,也没有直接证据证明关系资本对重大工程项目管理绩效产生影响。但重大工程利益相关方是一个战略联盟已被近年来的研究所证实(王长峰等,2013;谢洪涛,王孟钧,2010),也就是说,只要证明关系资本对联盟绩效产生影响,就可认为在重大工程项目情境下关系资本对重大工程项目管理绩效产生了影响。而根据本书2.3节相关内容,近年来关系资本相关热点研究不仅认为关系资本对重大工程项目管理绩效产生了影响,并且所有研究均认为关系资本对利益相关方联盟绩效产生了积极影响。其影响路径主要包括:① 由于王长峰等认为重大工程是一个知识的集合(王长峰等,2013),因而知识为基础的关系资本可使不同专业的双方相互传授知识,信息共享,各方均从跨界知识转移过程中得到竞争优势,同时加强了知识整合能力,从而增强了重大工程项目管理绩效(叶飞,薛运普,2011;Collins,Hitt,2006;Carmeli,Azeroual,2009;Gulati,1995;薛卫等,2010;宝贡敏,王庆喜,2004)。② 由于重大工程中存在大量的合同谈判,因而关系资本降低了谈判成本,进而降低了交易费用和生产费用,故对重大工程项目管理绩效产生了积极影响(Welbourne,Pardo-del-Val,2009;宝贡敏,王庆喜,2004;Zaheer 等,1998;徐亮等,2008)。③ 由于重大工程中,业主方需要跟内部和其他利益相关方频繁地沟通以保证项目的效率(efficient)和效果(effectiveness)(Bishop,Gembey,1985),因而关系资本可以协调重大工程业主方内部和业主方与其他利益相关方的关系,进一步整合资源,增强资源协调,提升重大工程项目管理绩效(Welbourne,Pardo-del-Val,2009;宝贡敏,王庆喜,2004;庞华,何庆明,2006)。

上述三条路径均可能在重大工程情境下,使关系资本对项目管理绩效产生影响,故本书提出开拓性假设:

假设 3 重大工程业主方的关系资本对项目管理绩效产生积极影响。

5.1.4 关系资本作为中介变量的假设

Blonska 用关系资本就是中介变量且是调节变量,而结果变量就是关系绩效(Blonska 等,2013),而关系绩效被认为是员工绩效四维结构的重要组成部分,而员工绩效的聚合形成项目管理绩效(韩翼等,2007)。因而过往研究表明,关系资本是可以作为中介变量被使用在结构方程之中的。

Bolino 在 2002 年提出过与本书相似的模型结构,文中以社会资本为中介变量,组织公民行为为自变量,组织绩效为因变量,并认为社会资本部分中介了组织公民行为到组织绩效的路径(Bolino,Turnley,2002)。Nahapiet 和 Ghoshal 在 1998 年提出社会资本分为"关系维"、"结构维"和"认知维",他们认为"关系维"是以一个给定的自我和一个给定的他人之间的双向关系为基础,探讨社会资本对个人的作用,其研究主要关注如何通过个人之间长期的交往与合作,形成相互间的信任和可信赖性,这些关系可能产生积极的合作性的行为(Nahapiet,Sumantra,1998)。这与关系资本的概念已经很相似,仅仅是关系资本更强调这种连接的质量而产生的资本。因而可认为关系资本亦可中介重大工程项目公民行为与项目管理绩效,故本书提出开拓性假设:

假设 4 重大工程业主方关系资本部分中介了项目公民行为对项目管理绩效的影响路径。

5.1.5 假设汇总

基于已有研究,在整理前文提出的 4 个假设的基础上,本研究提出 27 个假设,其中假设包括 4 个,子假设包括 23 个。4 个假设中 3 个为开创性假设,1 个为验证性假设。23 个子假设中 15 个待开创性假设,8 个待验证性假设。所有假设如表 5-1 所示。

表 5-1 研究假设汇总表

研　究　假　设	假设类型
假设 1. 重大工程业主方项目公民行为对关系资本产生了积极影响	开创性假设
假设 1.1 重大工程业主方利他能够对信任产生积极影响	开创性假设
假设 1.2 重大工程业主方利他能够对互惠产生积极影响	开创性假设
假设 1.3 重大工程业主方利他能够对承诺产生积极影响	开创性假设

第5章 基于关系资本中介的重大工程业主方项目公民行为对项目管理绩效影响的实证研究

续 表

研 究 假 设	假设类型
假设1.4 重大工程业主方个体主动性能够对信任产生积极影响	开创性假设
假设1.5 重大工程业主方个体主动性能够对互惠产生积极影响	开创性假设
假设1.6 重大工程业主方个体主动性能够对承诺产生积极影响	开创性假设
假设1.7 重大工程业主方成员道德能够对信任产生积极影响	开创性假设
假设1.8 重大工程业主方成员道德能够对互惠产生积极影响	开创性假设
假设1.9 重大工程业主方成员道德能够对承诺产生积极影响	开创性假设
假设1.10 重大工程业主方人际关系和谐能够对信任产生积极影响	开创性假设
假设1.11 重大工程业主方人际关系和谐能够对互惠产生积极影响	开创性假设
假设1.12 重大工程业主方人际关系和谐能够对承诺产生积极影响	开创性假设
假设1.13 重大工程业主方项目服从能够对信任产生积极影响	开创性假设
假设1.14 重大工程业主方项目服从能够对互惠产生积极影响	开创性假设
假设1.15 重大工程业主方项目服从能够对承诺产生积极影响	开创性假设
假设2. 重大工程业主方项目公民行为对项目管理绩效产生积极影响	验证性假设
假设2.1 重大工程业主方利他能够对项目管理绩效产生积极影响	验证性假设
假设2.2 重大工程业主方个体主动性能够对项目管理绩效产生积极影响	验证性假设
假设2.3 重大工程业主方成员道德能够对项目管理绩效产生积极影响	验证性假设
假设2.4 重大工程业主方人际关系和谐能够对项目管理绩效产生积极影响	验证性假设
假设2.5 重大工程业主方项目服从能够对项目管理绩效产生积极影响	验证性假设
假设3. 重大工程业主方关系资本对项目管理绩效产生积极影响	开创性假设
假设3.1 重大工程业主方信任能够对项目管理绩效产生积极影响	开创性假设
假设3.2 重大工程业主方互惠能够对项目管理绩效产生积极影响	开创性假设
假设3.3 重大工程业主方承诺能够对项目管理绩效产生积极影响	开创性假设
假设4. 重大工程业主方关系资本部分中介了项目公民行为对项目管理绩效的影响路径	开创性假设

根据本书假设,根据假设2构建模型一,模型一路径为业主方项目公民行为→项目管理绩效,主要用于证明业主方项目公民行为能够对项目管理绩效产生影响。根据假设1、2、3、4构建模型二,模型二路径为业主方项目公民行为→关系资本→项目管理绩效,主要用于证明三个构念之间存在的逻辑关系及相关

关系。根据假设 1.1～1.15 及假设 2.1～2.5 及假设 3.1～3.3 以及假设 4 构建模型三,模型三路径为业主方项目公民行为五个维度→关系资本三个维度→项目管理绩效,主要用于证明九个具体维度之间的逻辑关系及影响机理,为进一步判断影响成因提供依据。

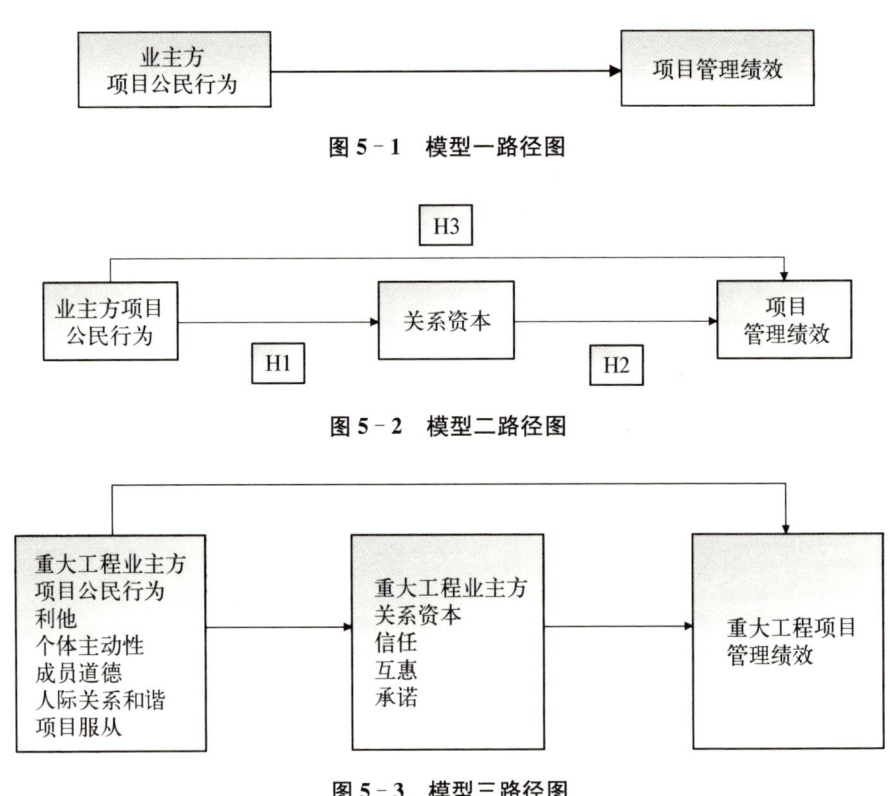

图 5-1　模型一路径图

图 5-2　模型二路径图

图 5-3　模型三路径图

5.2　问 卷 设 计

5.2.1　问卷设计的原则

问卷调研是管理学定量研究的主要方法,风笑天(2013)认为其须遵循两条原则:

1. 要明确问卷设计的出发点。问卷要有明确的目的,包含的材料必须恰好实现目标,既不能漏掉一些必需的材料,也不包含一些无关的材料。问卷需要便于受调研者处理,也需要便于作者最后的数据处理。需要考虑问卷调查中可能

第 5 章　基于关系资本中介的重大工程业主方项目公民行为对项目管理绩效影响的实证研究

碰到的主观上的困难和客观困难,其主观上的困难主要包括:受调研者不配合、有顾虑时如何处理?受调研者填制问卷不负责任时如何处理?受调研者对填问卷无兴趣如何处理?客观上的困难主要包括:问卷是否通俗易懂?问卷是否过于繁琐?问卷是否有大量的计算?

2. 明确与问卷设计紧密相关的各种因素。问卷的调研目的、调研内容和样本性质须清晰,问卷整体逻辑须清楚,逐层深入加以提问。问卷题项必须不含歧义,不具有倾向性,问卷的内容来源必须严谨。问卷必须贴近实践,不让受调研者产生陌生感。问卷数量不宜过多,以 20 分钟完成问卷为最好。

5.2.2　问卷设计的过程

1. 问卷各部分量表的来源选择

本研究问卷主体部分主要包括三部分内容:重大工程业主方项目公民行为、重大工程业主方关系资本、重大工程项目管理绩效。由于目前没有针对中国情境下的重大工程业主方的项目公民行为量表,本研究第 4 章已专门开发重大工程业主方项目公民行为量表,因而使用该量表作为本章研究业主方项目公民行为部分的初始量表。

关系资本的研究进展本书已在 2.3 节中做具体论述,由于关系资本的研究目前主要应用于战略管理领域,目前建设工程领域和项目管理领域均无明确提出的关系资本相关的研究,本研究将重大工程业主方看成一个战略联盟中的一个利益相关方而引入工程管理领域,因而现有量表的选择无法借鉴,因而本书采取对现有关系资本量表逐个排除的方法选择相对而言更为合适的量表。

重大工程业主方作为临时性战略联盟中某一单一组织,其量表的选择须符合所在情境。基于陈晓萍等提出的量表选择标准(陈晓萍,2008),本研究选择 Blonska 的研究量表作为本研究关系资本部分的量表(Blonska 等,2013),主要基于以下原因:第一,概念适用性。该量表是否准确地测量了关系资本的概念。所有量表均来源于 Kale 提出的概念,因而其关系资本的概念亦不存在偏差;第二,样本适用性。该量表是否能反映重大工程情境下利益相关方战略联盟中员工的关系资本,陈爽英等、杨震宁等的研究更偏于企业宏观层面研究,不能反映微观特征,因而排除;第三,使用量表的可行性,即所选量表需要能够有具体的题项可供使用。由于现有部分论文仅给出了其研究的研究维度,并没有给出相应的题项,例如 Samnasivan 等、冯宝军等、叶飞等、姜文杰等的研究没有给出具体的题项,因而排除;第四,所选量表的必须能够尽可能全面。Kale 等的量表由于是初次提出,因而使用频率最高,量表被改编次数也最多,但其量表含义可以被后续量表替代,且没有后来量表全面,因而排除 Kale 等、Cousins 等、Welbourne 等、Kohtamaki 等的量表;第五,量表比较。Carmeli 的量表团队内关系资本和团队间关系资本题项相似度高,易造成填制者对概念的混淆,经过试填后两个维度结果相似性高,若大样本填制,很可能造成两个维度需要合并。因而最终选用 Blonska 的量表作为本章研究重大工程业主方关系资本部分的初始量表。

对于重大工程项目管理绩效的量表在本书 2.4 节已有所阐述,而由于论文总是围绕其目标而展开写作的,其量表根据其需求不同亦有所差异。针对中国公共项目,杜亚灵等已开发了相应的项目管理绩效量表(杜亚灵,尹贻林,2011),但该量表过于强调项目管理的结果,对项目管理的过程反映不足。本研究既需要反映符合重大工程特征的项目管理绩效,又需要重大工程项目管理绩效中的指标既应当包括项目管理的过程,又应当包括项目管理的结果,并且应当与项目绩效有所差异的尽可能全面绩效指标的量表体系。基于此,本书补充了 Niebecker, Bryde 等学者的研究成果,构建项目管理绩效量表,量表构成如表 5-2 所示。11 个指标分别从满意度、制度、目标、范围、组织结构、管理经验、社会效益、全生命周期、沟通、变更、文化等方面衡量重大工程项目管理绩效。构建一个以项目管理过程为主,项目管理结果为辅的指标体系,区别于项目绩效只有项目结果,作为本章研究重大工程项目管理绩效部分的初始量表。

表 5-2 重大工程管理绩效量表的构成及来源

编号	重大工程项目管理绩效指标	来　源
1	项目业主方对其他利益相关方在项目中的表现感到满意	杜亚灵,尹贻林,2011
2	项目业主方管理具有完善的制度和流程	Cooke-Davies, Arzymanow, 2003
3	项目业主方有清晰的目标规划和目标控制	杜亚灵,尹贻林,2011 & Tam,2011
4	项目业主方对自身和各利益相关方有清晰的工作范围界定	Crawford,2007
5	项目业主方在实施过程中不断对项目组织结构进行动态优化	Niebecker,2008
6	项目业主方积累了与其他项目不同的管理经验,项目业主方员工获得了不同的管理经验或学历提升	杜亚灵,尹贻林,2011 & Niebecker,2008

第5章 基于关系资本中介的重大工程业主方项目公民行为对项目管理绩效影响的实证研究

续　表

编号	重大工程项目管理绩效指标	来　源
7	项目收到当地居民来自环境、生活、经济等方面给予的积极反馈	杜亚灵,尹贻林,2011
8	项目管理考虑全生命周期,项目建设过程中帮助运营解决了部分问题	杜亚灵,尹贻林,2011 & Bryde,2003
9	业主方和其他各利益相关方获得了有效沟通	Bryde,2003 & Niebecker,2008 & Tam,2011
10	业主方能有效管理项目变更	Bryde,2003 & Hu yi 等,2015
11	业主方能主动在项目中营造积极的项目文化	Cooke-Davies,Arzymanow,2003

2. 问卷语义逻辑的再审核

为避免出现语义逻辑不顺、题项含义重复、表述不精炼、题项目标指向性不强、题项语言过于学术化等造成的问卷,本书继续和第4章提及的两位老师合作,由笔者和两位老师分别提出每个题项的含义,讨论题项可能存在的歧义等问题,对整份问卷进行语言语义修正,直至笔者和两位老师对题项含义取得共识为止。

3. 小样本测试确定最终问卷

在经过前述过程编制和修订之后,笔者邀请了广东深圳大运会建设项目、湖北武汉鹦鹉洲长江大桥建设项目、云南昆明轿子雪山旅游专线高速公路建设项目、山东烟台青龙高速建设项目等重大工程项目上部分参与的业主方员工对问卷进行试填,具体结果如5.3节所示。根据试填反馈意见,对问卷条款进行了进一步修订,并在实质上对量表的信度进行了相应的检验。结果表明,量表信度符合要求,最终形成可供大样本测试的调研问卷(详见附录A)。

5.2.3　问卷内容及可靠性分析

本研究的问卷设计是为了验证重大工程业主方项目公民行为对项目管理绩效的在项目完成时间节点的静态影响,因而要求问卷内容能够有效获得研究各部分所需要的指标数据。围绕研究目的和研究内容,设计问卷,得到调研问卷共五页,主要包括卷首语、基本信息、重大工程业主方项目公民行为、重大工程项目关系资本、重大工程项目管理绩效等五个部分。其中:

1. 卷首语。该部分主要对自我身份加以介绍,进一步介绍问卷调研的主旨及填写对象,进一步解释说明问卷填写所须注意的要点,承诺保密受调研人员相关信息,留下调研人员的个人联系方式及对受调研人员的感谢。

2. 基本信息。该部分包括受调研人员的个人基本信息及所处项目的基本信息。

3. 重大工程业主方项目公民行为。该部分包括利他、个体主动性、成员道德、人际关系和谐、项目服从等五个维度的项目公民行为量表。

4. 重大工程项目关系资本。该部分包括信任、互惠、承诺等三个维度的关系资本量表。

5. 重大基础设施工程项目管理绩效。该部分包括项目管理绩效的量表。

问卷设计的可靠性主要包括两个部分,问卷的科学性和问卷的合理性。问卷的科学性是指问卷能够反映所需要研究的问题;问卷的合理性是指问卷的内容符合实践情况,问卷本身没有逻辑错误或暗示的存在。本研究在借鉴相关文献量表的基础上,通过对实践者的访谈,在第4章开发了针对业主方的重大工程业主方项目公民行为量表,题项能够被受访谈者所接受,并且在之后小样本测试和大样本测试时会由笔者负责对受调研者解释问卷的题项,避免问卷中可能产生的含糊或者歧义。为避免问卷对回答者产生结论的诱导或暗示,本研究在问卷设计时,不直接标注研究的逻辑,不出现各构念的标题名,只出现题项,以防止回答者根据构念名称得到暗示,影响最终的问卷结果。

5.3 小样本前测

5.3.1 小样本数据收集

为了验证初始问卷的题项的有效性和可靠性,发现和研究初始问卷可能的缺陷,从而最终为大样本数据收集时的问卷提供支持。作者邀请了广东深圳大运会建设项目、湖北武汉鹦鹉洲长江大桥建设项目、云南昆明轿子雪山旅游专线高速公路建设项目、山东烟台青龙高速建设项目等重大工程项目上部分参与项目的业主方员工对问卷进行试填,共发出问卷58份,回收51份,问卷回收率87.93%,采用4.3节涉及的有效问卷选择方法进行筛选,共剩余49份有效问卷,有效回收率为84.48%。由于小样本测试主要测试题项的信度,没有对数据是否是正态分布提出要求,因而不做相应的描述性统计,待大样本测试时验证。

5.3.2 初始量表 CITC 及内部一致性信度分析

项目公民行为的利他、个体主动性、成员道德、人际关系和谐、项目服从,关系资本的信任、互惠、承诺以及项目管理绩效初始量表 CITC 及内部一致性信度分析如表 5-3 所示。根据 Churchill(Churchill,1979)提出的信度验证方法,初始量表所有题项(指标)的 CITC 值均应大于 0.5 且克朗巴哈系数 α 应大于 0.7。并认为若 α 系数大于等于 0.9,则认为量表的内在信度很高;若 α 系数大于等于 0.8 且小于 0.9,则认为量表的内在信度可以接受;若 α 系数大于等于 0.7 且小于 0.8,则认为量表设计存在一定问题,但有一定的参考价值;若 α 系数小于 0.7 则认为量表设计存在较多问题,应重新设计量表。本书的 CITC 值均大于 0.5 且 α 系数均大于 0.8,表明所有量表的内在信度均是可接受的。

表 5-3 小样本测量变量的内部一致性信度分析结果(N=49)

测量变量	测量指标	CITC	条款删除后的 α	α 系数
项目公民行为利他	PCBA1	0.869	0.826	0.892
	PCBA2	0.714	0.667	
	PCBA3	0.771	0.685	
	PCBA4	0.740	0.677	
项目公民行为个体主动性	PCBPI1	0.841	0.789	0.907
	PCBPI2	0.891	0.871	
	PCBPI3	0.685	0.638	
	PCBPI4	0.882	0.807	
项目公民行为成员道德	PCBPL1	0.702	0.644	0.814
	PCBPL2	0.637	0.573	
	PCBPL3	0.614	0.556	
	PCBPL4	0.787	0.722	
项目公民行为人际关系和谐	PCBCV1	0.757	0.655	0.836
	PCBCV2	0.670	0.655	
	PCBCV3	0.740	0.639	
	PCBCV4	0.710	0.644	
	PCBCV5	0.758	0.633	

续　表

测量变量	测量指标	CITC	条款删除后的 α	α 系数
项目公民行为项目服从	PCBRH1	0.666	0.602	0.831
	PCBRH2	0.617	0.573	
	PCBRH3	0.672	0.614	
关系资本信任	RCT1	0.769	0.716	0.904
	RCT2	0.849	0.773	
	RCT3	0.874	0.826	
关系资本互惠	RCR1	0.735	0.662	0.892
	RCR2	0.847	0.776	
	RCR3	0.734	0.682	
	RCR4	0.703	0.675	
关系资本承诺	RCC1	0.719	0.675	0.883
	RCC2	0.741	0.656	
	RCC3	0.854	0.758	
项目管理绩效	PP1	0.690	0.637	0.925
	PP2	0.679	0.612	
	PP3	0.766	0.692	
	PP4	0.713	0.643	
	PP5	0.634	0.578	
	PP6	0.682	0.592	
	PP7	0.812	0.721	
	PP8	0.663	0.583	
	PP9	0.705	0.624	
	PP10	0.737	0.626	
	PP11	0.813	0.707	

因而所有量表设计较为合理,经小样本测试,未发现不适应因素,因而该问卷的所有量表均不需要修改,可进一步用于大样本测试之中。

第5章 基于关系资本中介的重大工程业主方项目公民行为对项目管理绩效影响的实证研究

5.4 数据的收集及描述

5.4.1 调研对象的确定

本书的研究对象为重大工程,基于2.1已有的文献,本书选择的调研对象至少须满足以下条件:① 项目必须为建设工程项目;② 项目总投资须超过10亿元;③ 项目总工期须超过12个月;④ 使用功能必须为公共利益服务;⑤ 对国家层面或当地层面产生一定社会影响;⑥ 项目本身具有一定复杂性。因而本书涉及的重大工程包括:① 列入国家重点投资计划而且投资额巨大,建设周期特别长,由中央政府全部投资或者参与投资的工程;② 虽然未列入国家重点投资计划,投资额不算特别巨大,但社会影响很大的工程项目;③ 属于地方政府投资,但项目本身投资巨大,对本地社会生活产生重大影响的工程项目。

对于适合的被调研者的选择,本书有三个筛选标准:首先,必须保证问卷填答的准确性。具体而言,需要被调研者满足:① 知道问题答案的信息;② 能够回忆问题答案;③ 愿意回答相关问题;④ 能够理解问题内容(樊景立等,2012)。其次,必须保证问卷受调研者参加过一项重大工程并完成了该项目。再次,必须保证问卷受调研者是重大工程项目的业主方管理者,理由见本书3.1.2节所述。

由于要采用结构方程模型分析变量之间的关系,因而对于调研问卷发放数量有所要求,本书仍然选择样本量不小于5:1为标准,理由见本书4.3节所述。

5.4.2 问卷的发放及回收

本研究正式调研分为两个阶段,前一阶段从2014年12月开始,到2015年5月结束,第二阶段从2016年3月开始,到2016年4月结束,主要根据专家提供的意见,在第一阶段的基础上增加了项目的类型,也将研究对象更聚焦于项目业主方员工,本研究正式调研选取共25个项目[①],项目名如表5-4所示。由于项目分布在全国各地,直接进行大规模现场调研不现实。故对于上海本地的项目,由作者现场收集为主;对于非上海的项目,作者在导师所在团队的帮助下,主要通过多年来学习中的同学和朋友以及导师的同事、朋友等,尽可能扩大问卷范围,并请相关人员再次转发问卷给他们的朋友、同事等。笔者自己回收相关问

---

① 同一项目不同标段已合并。

卷,以提高其回答问卷的真实性和严谨性。

本研究共发放调研问卷共 308 份,其中回收问卷 273 份,回收率为 88.64%。为保证统计的准确性,对回收问卷进行筛选,问卷剔除原因同本书 4.3 节所描述的情境。最终得到有效问卷 267 份,有效回收率为 86.69%,有效问卷在各项目的分布如表 5-4 所示,有效问卷数与问卷题数之比大于 5∶1,满足研究后续统计分析的需求。

表5-4 各重大工程项目有效问卷数(N=267)

编号	项　目　名	有效问卷数	所属项目类型
1	上海浦东中环线(高科西路—军工路隧道段)建设项目	7	公路项目
2	上海徐汇滨江西岸传媒港建设项目	7	公用设施项目
3	广西南宁东站站前广场建设项目	12	城区改造及保障房项目
4	云南昆明轿子雪山旅游专线建设项目	13	公路项目
5	云南丽江大丽高速建设项目	13	公路项目
6	山东烟台青龙高速建设项目	8	公路项目
7	安徽合肥环巢湖旅游大道建设项目	11	公路项目
8	陕西西安 108 国道改建工程	10	公路项目
9	上海世博会世博园建设项目	5	会展项目
10	辽宁抚顺热电厂的 2×300 MW 油页岩发电厂建设项目	16	公用设施项目
11	吉林长春伊通河治理项目	6	公用设施项目
12	浙江舟山 329 国道改建工程	11	公路项目
13	湖北武汉鹦鹉洲长江大桥工程建设项目	14	桥梁项目
14	浙江杭州杭浦高速建设项目	11	公路项目
15	江苏苏州中环快速路建设项目	6	公路项目
16	山西太原南内环快速化改造工程	12	公路项目
17	天津唐津高速扩建工程	12	公路项目
18	江苏南京上坊保障房建设项目	9	城区改造及保障房项目
19	黑龙江哈尔滨民生尚都棚改项目	11	城区改造及保障房项目
20	云南昆明滇池环湖公路建设项目	14	公路项目

续 表

编号	项 目 名	有效问卷数	所属项目类型
21	安徽马鞍山长江公路大桥建设项目	11	桥梁项目
22	安徽池州九华山机场建设项目	6	机场项目
23	云南昆明呈澄高速建设项目	17	公路项目
24	云南昆明长水机场建设项目	11	机场项目
25	广东深圳大运会建设项目	14	会展项目

5.4.3 样本的描述性统计

1. 受调研者属性特征分析

对受调研者性别进行统计，从受调研者性别分布状况而言，男性和女性分别占总数的71.54%和28.46%，与建筑工程业男多女少的特征符合。对受调研者年龄进行统计，从受调研者年龄分布状况而言，小于25岁、26～30岁、31～40岁、41～50岁和大于50岁的员工比例分别为19.85%、33.33%、31.46%、13.48%和1.87%，其中40岁以下的比例占到了84.64%，业主方团队成员也以40岁以下的年轻人为主。从受调研者学历而言，专科及以下、本科、硕士、博士的比例分别为4.87%、39.33%、55.06%、0.75%，绝大部分受调研者是本科或硕士学历，硕士比例最高，业主方管理人员整体学历水平较高。从受调研者工作经验而言，小于等于5年、6～10年、11～15年、16～20年和大于20年的比例分别达到32.96%、46.82%、16.85%、1.87%和1.50%，其中15年以下工作经验的工作人员占96.63%。从受调研者的在项目业主方中的岗位而言，领导小组成员、领导小组办公室(指挥部)成员、专家咨询委员会成员、项目开发公司成员的比例分别为1.87%、38.95%、2.62%和56.55%，受调研者中领导小组办公室和项目开发公司成员占95.5%。由于领导小组成员、专家咨询委员会成员多以兼职为主，对项目的主观认知可能存在偏差，但重大工程业主方成员又包括领导小组成员和专家咨询委员会成员，因而本次调研主要面向业主方的实务操作者，兼顾业主方的兼职者。

2. 受调研者所处项目特征分析

从受调研者所在项目的规模而言，10亿～50亿元、51亿～100亿元、100亿元以上的项目分别占52%、24%、24%，其受调研者的比例分别占56.18%、19.10%、24.72%，主要受调研者所做项目为投资50亿元以下的项目。从受调研者所在项目的工期而言,13~24个月、25~36个月、37~48个月、48个月以上的比例分别为52%、24%、12%、12%,其受调研者的比例分别为50.56%、24.34%、13.48%和11.61%,主要受调研者所做项目工期在1~2年。从受调研者所处项目类型而言,公路项目、公用设施项目、城区改造及保障房项目、桥梁项目、会展项目、机场项目的比例分别为52%、12%、12%、8%、8%、8%,其有效受调研者比例为54.31%、10.86%、11.99%、9.36%、7.12%、6.37%,主要的受调研项目为公路项目。

3. 测试指标描述性统计分析

所有受测试题项均值均超过3,表明重大工程业主方项目公民行为、重大工程业主方关系资本均是存在的,而重大工程项目管理绩效为积极的。根据结构方程数据分析的要求,收集数据应满足正态分布的基本条件,因而其偏度/偏度标准误的绝对值应当小于1.96[①],其峰度/峰度标准误的绝对值应当小于1.96。本研究中题项PCBCV2、RCC3的峰度绝对值分别为0.583、−0.584,略大于$0.297 \times 1.96 = 0.582$,认为近似满足正态分布要求,其他题项的峰度均完全满足正态要求;所有题项的偏度均完全满足正态要求。因而认为本书的数据近似满足正态分布要求,符合结构方程分析的条件。

表5-5 受访者统计特征描述(N=267)

测量内容	测量指标	样本数量	所占比例	累计比例
性别	男	191	71.54%	71.54%
	女	76	28.46%	100.00%
年龄	≤25岁	53	19.85%	19.85%
	26~30岁	89	33.33%	53.18%
	31~40岁	84	31.46%	84.64%
	41~50岁	36	13.48%	98.12%
	>50岁	5	1.87%	100.00%
学历	专科及以下	13	4.87%	4.87%
	本科	105	39.33%	44.20%
	硕士	147	55.06%	99.26%
	博士	2	0.75%	100.00%

---

① 双侧t检验的临界值为1.96。

续 表

测量内容	测量指标	样本数量	所占比例	累计比例
您的工作经验	≤5 年	88	32.96%	32.96%
	6～10 年	125	46.82%	79.78%
	11～15 年	45	16.85%	96.63%
	16～20 年	5	1.87%	98.50%
	>20 年	4	1.50%	100.00%
您在该项目业主方中职位	领导小组成员	5	1.87%	1.87%
	领导小组办公室(指挥部)成员	104	38.95%	40.82%
	专家咨询委员会成员	7	2.62%	43.44%
	项目开发公司成员	151	56.55%	100.00%
您所在项目的规模(投资额)(币种：人民币)	10 亿～50 亿元	150	56.18%	56.18%
	51 亿～100 亿元	51	19.10%	75.28%
	100 亿元以上	66	24.72%	100.00%
您所在项目的实际工期	13～24 个月	135	50.56%	50.56%
	25～36 个月	65	24.34%	74.90%
	37～48 个月	36	13.48%	88.38%
	48 个月以上	31	11.61%	100.00%
您所在项目的项目类型	公路项目	145	54.31%	54.31%
	公用设施项目	29	10.86%	65.17%
	城区改造及保障房项目	32	11.99%	77.16%
	桥梁项目	25	9.36%	86.52%
	会展项目	19	7.12%	93.64%
	机场项目	17	6.37%	100.00%

表 5-6 大样本测试指标描述性统计(N=267)

测量变量	测量指标	均值	标准差	偏度	偏度标准误差	峰度	峰度标准误差
项目公民行为利他	PCBA1	3.92	0.744	−0.234	0.149	0.340	0.297
	PCBA2	3.84	0.558	−0.265	0.149	0.227	0.297

续 表

测量变量	测量指标	均值	标准差	偏度	偏度标准误差	峰度	峰度标准误差
项目公民行为利他	PCBA3	3.60	0.595	−0.120	0.149	−0.309	0.297
	PCBA4	3.21	0.595	0.004	0.149	−0.204	0.297
	PCBA5	3.51	0.609	0.280	0.149	−0.347	0.297
项目公民行为个体主动性	PCBPI1	3.60	0.827	−0.281	0.149	−0.283	0.297
	PCBPI2	3.78	0.801	−0.258	0.149	−0.078	0.297
	PCBPI3	3.52	0.522	0.141	0.149	−0.438	0.297
	PCBPI4	3.70	0.574	−0.126	0.149	−0.218	0.297
	PCBPI5	3.75	0.665	0.017	0.149	−0.301	0.297
	PCBPI6	3.60	0.595	−0.244	0.149	−0.089	0.297
项目公民行为项目忠诚	PCBPL1	3.72	0.673	−0.286	0.149	0.370	0.297
	PCBPL2	3.51	0.603	−0.217	0.149	−0.324	0.297
	PCBPL3	3.44	0.541	0.233	0.149	−0.508	0.297
	PCBPL4	3.50	0.633	0.261	0.149	−0.251	0.297
项目公民行为成员道德	PCBCV1	3.90	0.589	−0.221	0.149	0.560	0.297
	PCBCV2	4.13	0.568	−0.234	0.149	0.583	0.297
	PCBCV3	4.13	0.698	−0.213	0.149	−0.451	0.297
	PCBCV4	4.24	0.493	0.237	0.149	−0.199	0.297
	PCBCV5	4.51	0.564	−0.206	0.149	−0.557	0.297
	PCBCV6	3.62	0.691	−0.206	0.149	0.254	0.297
项目公民行为人际关系和谐	PCBRH1	3.81	0.493	−0.277	0.149	0.296	0.297
	PCBRH2	4.10	0.547	−0.059	0.149	0.260	0.297
	PCBRH3	4.01	0.625	−0.010	0.149	−0.418	0.297
	PCBRH4	3.57	0.532	−0.221	0.149	−0.561	0.297
关系资本信任	RCT1	3.37	0.656	−0.273	0.149	−0.563	0.297
	RCT2	3.97	0.590	−0.214	0.149	0.581	0.297
	RCT3	2.96	0.457	−0.179	0.149	0.578	0.297

续　表

测量变量	测量指标	均值	标准差	偏度	偏度标准误差	峰度	峰度标准误差
关系资本互惠	RCR1	3.60	0.644	−0.234	0.149	−0.085	0.297
	RCR2	3.30	0.561	−0.046	0.149	−0.561	0.297
	RCR3	3.73	0.616	−0.140	0.149	−0.030	0.297
	RCR4	3.55	0.731	−0.105	0.149	−0.250	0.297
关系资本承诺	RCC1	3.36	0.675	0.020	0.149	0.577	0.297
	RCC2	4.12	0.655	−0.290	0.149	−0.061	0.297
	RCC3	3.41	0.662	−0.289	0.149	−0.584	0.297
项目管理绩效	PP1	3.55	0.569	−0.248	0.149	0.477	0.297
	PP2	3.18	0.764	−0.217	0.149	−0.226	0.297
	PP3	3.83	0.611	−0.286	0.149	0.550	0.297
	PP4	3.17	0.705	−0.256	0.149	−0.567	0.297
	PP5	4.25	0.689	−0.213	0.149	−0.255	0.297
	PP6	4.05	0.629	−0.252	0.149	0.574	0.297
	PP7	3.87	0.529	−0.275	0.149	0.555	0.297
	PP8	3.56	0.709	−0.267	0.149	−0.005	0.297
	PP9	4.19	0.568	−0.251	0.149	0.007	0.297
	PP10	3.96	0.676	−0.277	0.149	0.023	0.297
	PP11	3.58	0.702	−0.202	0.149	0.077	0.297

5.5　数据的差异特征分析

同样是重大工程项目，业主方的不同特征和所在项目的特征共同影响下，其结果亦有所差异。而实践中收取的数据若分类回归会存在样本量不足，验证结果不足以显著等问题，从而影响对不同特征下工程现象的解释以及对工程现象解决策略的提出，因而本书通过数据差异特征分析找出不同类型受访者和项目的差异点，为提出建议提供依据。

5.5.1 业主方成员差异比较分析

1. 不同性别的受访者差异比较

本研究将不同性别的受访者按性别分为男、女两组,分析不同性别的受访者在重大工程业主项目公民行为和关系资本的差异。

基于独立样本 t 检验进一步从统计角度验证上述结果,如表 5-7 所示。从表 5-7 可知,基于统计学角度,t 值显著性只有利他维度为 0.029,小于 0.05 的显著性标准,故只支持女性受访者在项目公民行为的利他维度显著高于男性,其他维度认为二者无显著差别。故认为重大工程中女性业主方成员相较于男性更愿意在角色外帮助其他人。Andreoni 等(Andreoni,Vesterlund,2001)研究认为利他行为付出的成本较高时,女性相较于男性更愿意做出利他行为,同等条件下重大工程的利他行为耗费更大,这与以往研究是一致的。

表 5-7 不同性别受访者特征差异比较

检验变量	性别	样本量	均值	标准差	t 值	显著性
利他	男性	191	3.47	0.473	4.792	0.029
	女性	76	3.72	0.612		
主动性	男性	191	3.63	0.673	0.263	0.609
	女性	76	3.67	0.635		
道德	男性	191	3.52	0.547	0.190	0.663
	女性	76	3.57	0.633		
和谐	男性	191	4.04	0.646	0.895	0.345
	女性	76	4.11	0.683		
服从	男性	191	3.85	0.543	0.173	0.678
	女性	76	3.92	0.529		
信任	男性	191	3.43	0.637	1.495	0.155
	女性	76	3.48	0.608		
互惠	男性	191	3.54	0.714	1.638	0.201
	女性	76	3.55	0.662		
承诺	男性	191	3.65	0.628	1.316	0.252
	女性	76	3.59	0.693		

第5章 基于关系资本中介的重大工程业主方项目公民行为对项目管理绩效影响的实证研究

2. 不同年龄的受访者差异比较

本研究将不同年龄的受访者分为五组,分别为25岁及以下、26～30岁、31～40岁、41～50岁以及51岁及其以上,分析不同年龄的受访者在重大工程中的项目公民行为及关系资本差异。

单因素方差分析中的事后比较常采用LSD法、Turkey's HSD法、scheffe法等三种方法,方法比较迄今为止没有绝对的标准。一般认为,当需要做验证性分析时采用LSD法,当需要做探索性分析时采用Turkey's HSD法,其他情形时采用scheffe法。由于本节内容主要探索不同特征变量在重大工程项目公民行为和关系资本中是否产生显著差异,因而本节内容主要以Turkey's HSD法结果为准,参考LSD法和scheffe结果(吴明隆,2010c)。

进一步采用单因素方差分析研究不同年龄段下的项目公民行为和关系资本特征,结果如表5-8、表5-9所示。结果表明:对于项目公民行为,利他维度的F值显著性为0.065,和谐维度的F值显著性为0.160,接近于0.05的显著性水平,LSD法检验结果表明,25岁以下的受访者利他维度要显著低于26～30岁的受访者,25岁以下的受访者人际关系和谐维度要显著低于26～30岁的受访者。说明不同年龄段在利他维度和人际关系和谐存在显著差异,25岁以下的业主方成员处于人际关系建立阶段,故利他程度和人际关系和谐程度要小于26～30岁的业主方成员(Chasteen等,2002)。但HSD法和scheffe法并不显著支持该结论。

对于关系资本,各维度的F值均不拒绝原假设,HSD法、scheffe法、LSD法分析结论均一致,认为不同年龄受访者在关系资本中不存在显著差别。

表5-8 不同年龄受访者特征差异比较(N=267)

检验变量	年龄	样本量	均值	标准差
利他	25岁及以下	53	3.56	0.619
	26～30岁	89	3.69	0.668
	31～40岁	84	3.61	0.553
	41～50岁	36	3.64	0.473
	51岁及以上	5	3.61	0.567
主动性	25岁及以下	53	3.67	0.588
	26～30岁	89	3.63	0.534
	31～40岁	84	3.59	0.612
	41～50岁	36	3.64	0.597
	51岁及以上	5	3.58	0.541

续　表

检验变量	年　　龄	样本量	均　值	标准差
道　德	25 岁及以下	53	3.50	0.494
	26～30 岁	89	3.53	0.538
	31～40 岁	84	3.55	0.529
	41～50 岁	36	3.58	0.607
	51 岁及以上	5	3.57	0.558
和　谐	25 岁及以下	53	3.98	0.565
	26～30 岁	89	4.12	0.601
	31～40 岁	84	4.01	0.581
	41～50 岁	36	4.07	0.507
	51 岁及以上	5	4.04	0.493
服　从	25 岁及以下	53	3.88	0.605
	26～30 岁	89	3.82	0.574
	31～40 岁	84	3.85	0.623
	41～50 岁	36	3.91	0.618
	51 岁及以上	5	3.83	0.631
信　任	25 岁及以下	53	3.39	0.602
	26～30 岁	89	3.45	0.513
	31～40 岁	84	3.38	0.546
	41～50 岁	36	3.38	0.568
	51 岁及以上	5	3.37	0.474
互　惠	25 岁及以下	53	3.52	0.612
	26～30 岁	89	3.56	0.458
	31～40 岁	84	3.49	0.620
	41～50 岁	36	3.59	0.599
	51 岁及以上	5	3.51	0.616
承　诺	25 岁及以下	53	3.69	0.584
	26～30 岁	89	3.59	0.502
	31～40 岁	84	3.66	0.571
	41～50 岁	36	3.64	0.506
	51 岁及以上	5	3.66	0.489

第5章 基于关系资本中介的重大工程业主方项目公民行为对项目管理绩效影响的实证研究

表5-9 不同年龄受访者维度差异比较

检验变量	变异来源	平方和	df	均方	F值	显著性	事后比较 LSD法	Scheffe法	HSD法
利他	组间	3.164	4	0.791	2.227	0.065	A<B*	—	—
	组内	107.304	263	0.408					
	总数	110.468	267						
主动性	组间	1.383	4	0.346	0.340	0.797	—	—	—
	组内	109.145	263	0.415					
	总数	110.528	267						
道德	组间	1.816	4	0.454	0.267	0.899	—	—	—
	组内	89.157	263	0.339					
	总数	90.973	267						
和谐	组间	1.140	4	0.285	1.733	0.160	A<B*	—	—
	组内	133.341	263	0.507					
	总数	134.481	267						
服从	组间	1.744	4	0.327	0.540	0.707	—	—	—
	组内	95.995	263	0.365					
	总数	97.739	267						
信任	组间	1.744	4	0.436	0.378	0.769	—	—	—
	组内	130.974	263	0.498					
	总数	132.718	267						
互惠	组间	1.736	4	0.434	0.469	0.704	—	—	—
	组内	119.139	263	0.453					
	总数	120.875	267						
承诺	组间	1.736	4	0.434	0.657	0.579	—	—	—
	组内	133.341	263	0.507					
	总数	135.077	267						

注:* 表示0.05的显著性水平下显著,** 表示0.01的显著性水平下显著,*** 表示0.001的显著性水平下显著,本章下同。

3. 不同教育程度的受访者差异比较

本研究将不同教育程度的受访者分为四组,大专及以下、本科、硕士、博士,分析不同教育程度受访者在重大工程项目公民行为和关系资本中的差异。

采用单因素方差分析分析研究不同教育程度的项目公民行为和关系资本特征,结果如表5-10、表5-11所示。结果表明:对于项目公民行为,利他维度的F值显著性为0.000,说明不同教育程度的受访者在利他维度产生了差异。HSD法、Scheffe法、LSD法分析结论均一致,认为教育程度是大专及以下的受访者利他程度显著低于教育程度是本科的受访者,教育程度是大专及以下的受访者利他程度显著低于教育程度是硕士的受访者。这种现象可能的原因是:本科受访者和硕士受访者相较于大专及以下受访者有更多的知识,因而更有能力产生利他。

对于关系资本,各维度的F值显著性均不拒绝原假设,HSD法、Scheffe法、LSD法分析结论均一致,认为不同教育程度在关系资本中不存在显著差别。

表5-10 不同教育程度受访者特征差异比较(N=267)

检验变量	教育程度	样本量	均值	标准差
利他	大专及以下	13	3.27	0.653
	本科	105	3.52	0.600
	硕士	147	3.70	0.730
	博士	2	4.00	0.000
主动性	大专及以下	13	3.67	0.473
	本科	105	3.59	0.659
	硕士	147	3.71	0.692
	博士	2	4.00	0.000
道德	大专及以下	13	3.54	0.572
	本科	105	3.52	0.553
	硕士	147	3.58	0.591
	博士	2	3.50	0.707
和谐	大专及以下	13	4.03	0.553
	本科	105	4.14	0.521
	硕士	147	4.05	0.596
	博士	2	4.00	0.000

第5章 基于关系资本中介的重大工程业主方项目公民行为对项目管理绩效影响的实证研究

续　表

检验变量	教育程度	样本量	均　值	标准差
服　从	大专及以下	13	3.83	0.592
	本　科	105	3.83	0.603
	硕　士	147	3.89	0.631
	博　士	2	3.50	0.707
信　任	大专及以下	13	3.42	0.672
	本　科	105	3.45	0.667
	硕　士	147	3.41	0.726
	博　士	2	3.50	0.707
互　惠	大专及以下	13	3.57	0.651
	本　科	105	3.54	0.628
	硕　士	147	3.55	0.581
	博　士	2	3.50	0.707
承　诺	大专及以下	13	3.61	0.617
	本　科	105	3.63	0.638
	硕　士	147	3.63	0.667
	博　士	2	3.50	0.707

表 5-11　不同教育程度受访者维度差异比较

检验变量	变异来源	平方和	df	均方	F值	显著性	事后比较		
							LSD法	Scheffe法	HSD法
利他	组间	10.452	3	3.484	8.830	0.000	A<B*** A<C***	A<B*** A<C***	A<B*** A<C***
	组内	92.928	264	0.352					
	总数	103.38	267						
主动性	组间	1.014	3	0.338	0.562	0.690	—	—	—
	组内	136.488	264	0.517					
	总数	137.502	267						
道德	组间	0.684	3	0.228	0.267	0.899	—	—	—
	组内	130.416	264	0.494					
	总数	131.1	267						

续　表

检验变量	变异来源	平方和	df	均方	F值	显著性	事　后　比　较		
							LSD法	Scheffe法	HSD法
和谐	组间	0.618	3	0.206	0.657	0.579	—	—	—
	组内	98.208	264	0.372					
	总数	98.826	267						
服从	组间	0.429	3	0.143	0.446	0.720	—	—	—
	组内	76.296	264	0.289					
	总数	76.725	267						
信任	组间	1.149	3	0.383	0.249	0.910	—	—	—
	组内	175.032	264	0.663					
	总数	176.181	267						
互惠	组间	1.059	3	0.353	0.776	0.508	—	—	—
	组内	138.336	264	0.524					
	总数	139.395	267						
承诺	组间	0.819	3	0.273	0.267	0.899	—	—	—
	组内	120.648	264	0.457					
	总数	121.467	267						

4. 不同工作年限的受访者差异比较

本研究将不同工作年限分成五组，分别为：工作年限不超过5年、工作年限6～10年、工作年限11～15年、工作年限16～20年、工作年限超过20年，分析不同工作年限受访者在重大工程项目公民行为和关系资本中的差异。

采用单因素方差分析研究不同工作年限的项目公民行为和关系资本特征，结果如表5-12、表5-13所示。结果表明：对于业主方项目公民行为，没有维度的F值显著性达到0.05的显著性水平，均不拒绝原假设。所有三种检验均未发现不同工作年限的业主方成员的业主方项目公民行为的差异，因而认为五者之间不存在差异。

对于关系资本，所有维度F值显著性均未达到0.05的显著性水平，均未拒绝原假设。所有三种检验均未发现不同工作年限的业主方成员的业主方关系资本的差异，因而认为五者之间不存在差异。

第5章 基于关系资本中介的重大工程业主方项目公民行为对项目管理绩效影响的实证研究

表5-12 不同工作年限受访者特征差异比较(N=267)

检验变量	工作年限	样本量	均值	标准差
利他	5年及以下	88	3.64	0.564
	6～10年	125	3.61	0.582
	11～15年	45	3.59	0.547
	16～20年	5	3.60	0.514
	21年及以上	4	3.50	0.625
主动性	5年及以下	88	3.67	0.618
	6～10年	125	3.62	0.567
	11～15年	45	3.66	0.618
	16～20年	5	3.60	0.682
	21年及以上	4	3.50	0.618
道德	5年及以下	88	3.51	0.535
	6～10年	125	3.58	0.567
	11～15年	45	3.55	0.418
	16～20年	5	3.60	0.537
	21年及以上	4	3.50	0.558
和谐	5年及以下	88	4.02	0.571
	6～10年	125	4.12	0.492
	11～15年	45	4.10	0.482
	16～20年	5	4.20	0.446
	21年及以上	4	4.00	0.493
服从	5年及以下	88	3.86	0.482
	6～10年	125	3.91	0.591
	11～15年	45	3.8	0.529
	16～20年	5	3.80	0.663
	21年及以上	4	4.00	0.621
信任	5年及以下	88	3.47	0.547
	6～10年	125	3.40	0.651
	11～15年	45	3.45	0.636
	16～20年	5	3.40	0.624
	21年及以上	4	3.50	0.550

续　表

检验变量	工作年限	样本量	均　值	标准差
互　惠	5年及以下	88	3.51	0.572
互　惠	6～10年	125	3.58	0.663
互　惠	11～15年	45	3.54	0.635
互　惠	16～20年	5	3.60	0.648
互　惠	21年及以上	4	3.50	0.528
承　诺	5年及以下	88	3.67	0.667
承　诺	6～10年	125	3.60	0.648
承　诺	11～15年	45	3.60	0.653
承　诺	16～20年	5	3.60	0.628
承　诺	21年及以上	4	3.50	0.753

表5-13　不同工作年限受访者维度差异比较

检验变量	变异来源	平方和	df	均方	F值	显著性	事后比较 LSD法	事后比较 Scheffe法	事后比较 HSD法
利他	组间	1.452	3	0.484	0.469	0.704	—	—	—
利他	组内	104.28	264	0.395					
利他	总数	105.732	267						
主动性	组间	1.056	3	0.352	0.564	0.690	—	—	—
主动性	组内	159.984	264	0.606					
主动性	总数	161.040	267						
道德	组间	0.441	3	0.147	0.523	0.666	—	—	—
道德	组内	68.904	264	0.261					
道德	总数	69.345	267						
和谐	组间	0.669	3	0.223	0.471	0.703	—	—	—
和谐	组内	115.104	264	0.436					
和谐	总数	115.773	267						
服从	组间	0.621	3	0.207	0.446	0.720	—	—	—
服从	组内	99.000	264	0.376					
服从	总数	99.621	267						

第5章 基于关系资本中介的重大工程业主方项目公民行为对项目管理绩效影响的实证研究

续 表

检验变量	变异来源	平方和	df	均方	F值	显著性	事 后 比 较		
							LSD法	Scheffe法	HSD法
信任	组间	0.561	3	0.187	0.271	0.897	—	—	—
	组内	72.072	264	0.273					
	总数	72.633	267						
互惠	组间	1.059	3	0.353	0.776	0.508	—	—	—
	组内	127.776	264	0.484					
	总数	128.835	267						
承诺	组间	0.693	3	0.231	0.469	0.704	—	—	—
	组内	129.624	264	0.491					
	总数	130.317	267						

5. 不同项目职位的受访者差异比较

本研究将不同项目职位的受访者分为四类,分别是:领导小组成员、领导小组办公室(指挥部)成员、专家咨询委员会成员和项目开发公司成员,分析业主方不同项目职位的受访者在重大工程业主方项目公民行为和关系资本中的差异。

采用单因素方差分析研究不同项目职位的项目公民行为和关系资本特征,结果如表5-14、表5-15所示。结果表明:对于业主方项目公民行为,没有维度的F值显著性达到0.05的显著性水平,均不拒绝原假设。所有三种检验均未发现不同项目职位的业主方成员的业主方项目公民行为的差异,因而认为四者之间不存在差异。

对于关系资本,所有维度F值显著性均未达到0.05的显著性水平,均未拒绝原假设。所有三种检验均未发现不同项目职位的业主方成员的业主方关系资本的差异,因而认为四者之间不存在差异。

表5-14 不同项目职位受访者特征差异比较(N=267)

检验变量	项 目 职 位	样本量	均 值	标准差
利他	领导小组成员	5	3.60	0.387
	领导小组办公室(指挥部)成员	104	3.66	0.592
	专家咨询委员会成员	7	3.57	0.436
	项目开发公司成员	151	3.56	0.535

续 表

检验变量	项 目 职 位	样本量	均 值	标准差
主动性	领导小组成员	5	3.60	0.634
	领导小组办公室(指挥部)成员	104	3.70	0.642
	专家咨询委员会成员	7	3.57	0.726
	项目开发公司成员	151	3.62	0.473
道 德	领导小组成员	5	3.60	0.624
	领导小组办公室(指挥部)成员	104	3.52	0.365
	专家咨询委员会成员	7	3.57	0.468
	项目开发公司成员	151	3.55	0.263
和 谐	领导小组成员	5	4.00	0.632
	领导小组办公室(指挥部)成员	104	4.11	0.484
	专家咨询委员会成员	7	4.14	0.576
	项目开发公司成员	151	4.07	0.244
服 从	领导小组成员	5	4.00	0.749
	领导小组办公室(指挥部)成员	104	3.91	0.458
	专家咨询委员会成员	7	3.86	0.248
	项目开发公司成员	151	3.85	0.347
信 任	领导小组成员	5	3.40	0.326
	领导小组办公室(指挥部)成员	104	3.39	0.376
	专家咨询委员会成员	7	3.43	0.092
	项目开发公司成员	151	3.46	0.385
互 惠	领导小组成员	5	3.40	0.761
	领导小组办公室(指挥部)成员	104	3.54	0.087
	专家咨询委员会成员	7	3.57	0.342
	项目开发公司成员	151	3.55	0.091
承 诺	领导小组成员	5	3.60	0.346
	领导小组办公室(指挥部)成员	104	3.61	0.273
	专家咨询委员会成员	7	3.57	0.531
	项目开发公司成员	151	3.66	0.552

第5章 基于关系资本中介的重大工程业主方项目公民行为对项目管理绩效影响的实证研究

表5-15 不同项目职位受访者维度差异比较

检验变量	变异来源	平方和	df	均方	F值	显著性	事后比较		
							LSD法	Scheffe法	HSD法
利他	组间	2.802	3	0.934	0.657	0.579	—	—	—
	组内	128.304	264	0.486					
	总数	131.106	267						
主动性	组间	2.004	3	0.668	0.562	0.690	—	—	—
	组内	170.28	264	0.645					
	总数	172.284	267						
道德	组间	2.670	3	0.890	1.728	0.161	—	—	—
	组内	90.552	264	0.343					
	总数	93.222	267						
和谐	组间	0.558	3	0.186	0.607	0.611	—	—	—
	组内	80.256	264	0.304					
	总数	80.814	267						
服从	组间	0.804	3	0.268	0.619	0.603	—	—	—
	组内	124.608	264	0.472					
	总数	125.412	267						
信任	组间	0.426	3	0.142	0.261	0.902	—	—	—
	组内	49.896	264	0.189					
	总数	50.322	267						
互惠	组间	0.864	3	0.288	0.469	0.704	—	—	—
	组内	100.056	264	0.379					
	总数	100.920	267						
承诺	组间	1.134	3	0.378	0.657	0.579	—	—	—
	组内	141.768	264	0.537					
	总数	142.902	267						

5.5.2 项目特征差异比较分析

1. 受访者所处项目不同投资额差异比较

本研究按所处项目不同投资额将受访者分成三类,分别为:参与10亿~50亿元项目的受访者、参与51亿~100亿元项目的受访者以及参与100亿元以上项目的受访者,分析不同项目投资额的受访者在重大工程项目公民行为和关系资本中的差异。

采用单因素方差分析研究所属项目不同投资额的项目公民行为和关系资本特征,结果如表5-16、表5-17所示。结果表明:对于业主方项目公民行为,没有维度的F值显著性达到0.05的显著性水平,均不拒绝原假设。所有三种检验均未发现不同投资额项目下业主方项目公民行为的差异,因而认为三者之间不存在差异。

对于关系资本,所有维度F值显著性均未达到0.05的显著性水平,均未拒绝原假设。所有三种检验均未发现不同投资额项目下业主方关系资本的差异,因而认为三者之间不存在差异。

表5-16 不同项目投资额受访者特征差异比较(N=267)

检验变量	项目投资额	样本量	均值	标准差
利他	10亿~50亿元	150	3.61	0.068
	51亿~100亿元	51	3.63	0.148
	100亿元以上	66	3.63	0.151
主动性	10亿~50亿元	150	3.67	0.167
	51亿~100亿元	51	3.62	0.276
	100亿元以上	66	3.63	0.184
道德	10亿~50亿元	150	3.51	0.326
	51亿~100亿元	51	3.57	0.295
	100亿元以上	66	3.59	0.424
和谐	10亿~50亿元	150	4.11	0.306
	51亿~100亿元	51	4.07	0.176
	100亿元以上	66	4.05	0.383

第 5 章 基于关系资本中介的重大工程业主方项目公民行为对项目管理绩效影响的实证研究

续 表

检验变量	项目投资额	样本量	均值	标准差
服 从	10亿~50亿元	150	3.82	0.587
	51亿~100亿元	51	3.91	0.438
	100亿元以上	66	3.93	0.608
信 任	10亿~50亿元	150	3.46	0.361
	51亿~100亿元	51	3.40	0.345
	100亿元以上	66	3.39	0.405
互 惠	10亿~50亿元	150	3.53	0.216
	51亿~100亿元	51	3.55	0.083
	100亿元以上	66	3.56	0.174
承 诺	10亿~50亿元	150	3.63	0.061
	51亿~100亿元	51	3.62	0.154
	100亿元以上	66	3.64	0.163

表 5-17 不同项目投资额受访者维度差异比较

检验变量	变异来源	平方和	df	均方	F值	显著性	事 后 比 较		
							LSD法	Scheffe法	HSD法
利他	组间	1.274	2	0.637	0.788	0.501	—	—	—
	组内	104.145	265	0.393					
	总数	105.419	267						
主动性	组间	0.352	2	0.176	0.098	0.906	—	—	—
	组内	56.975	265	0.215					
	总数	57.327	267						
道德	组间	1.090	2	0.545	1.011	0.388	—	—	—
	组内	118.455	265	0.447					
	总数	119.545	267						

续 表

检验变量	变异来源	平方和	df	均方	F值	显著性	事后比较 LSD法	Scheffe法	HSD法
和谐	组间	0.724	2	0.362	0.788	0.501	—	—	—
和谐	组内	115.540	265	0.436					
和谐	总数	132.876	267						
服从	组间	0.988	2	0.494	1.199	0.302	—	—	—
服从	组内	99.640	265	0.376					
服从	总数	100.628	267						
信任	组间	1.506	2	0.753	1.458	0.234	—	—	—
信任	组内	121.105	265	0.457					
信任	总数	122.611	267						
互惠	组间	2.384	2	1.192	0.459	0.707	—	—	—
互惠	组内	183.38	265	0.692					
互惠	总数	185.764	267						
承诺	组间	1.924	2	0.962	0.528	0.664	—	—	—
承诺	组内	140.715	265	0.531					
承诺	总数	142.639	267						

2. 受访者所处项目不同工期差异比较

本研究按所处项目不同工期将受访者分成四类，分别为：参与13～24个月项目的受访者、参与25～36个月项目的受访者、参与37～48个月项目的受访者以及参与48个月以上项目的受访者，分析不同项目工期的受访者在重大工程业主方项目公民行为和关系资本中的差异。

采用单因素方差分析研究所属项目不同投资额的业主方项目公民行为和关系资本特征，结果如表5-18、表5-19所示。结果表明：对于业主方项目公民行为，没有维度的F值显著性达到0.05的显著性水平，均不拒绝原假设。所有三种检验均未发现不同工期项目下业主方项目公民行为的差异，因而认为四者之间不存在差异。

第5章 基于关系资本中介的重大工程业主方项目公民行为对项目管理绩效影响的实证研究

对于关系资本,所有维度 F 值显著性均未达到 0.05 的显著性水平,均未拒绝原假设。所有三种检验均未发现不同工期项目下业主方关系资本的差异,因而认为四者之间不存在差异。

表 5-18　不同项目工期受访者特征差异比较(N=267)

检验变量	项目工期	样本量	均　值	标准差
利 他	13～24 个月	135	3.62	0.634
	25～36 个月	65	3.65	0.504
	37～48 个月	36	3.59	0.489
	48 个月以上	31	3.60	0.612
主动性	13～24 个月	135	3.67	0.618
	25～36 个月	65	3.64	0.435
	37～48 个月	36	3.63	0.642
	48 个月以上	31	3.62	0.365
道 德	13～24 个月	135	3.58	0.507
	25～36 个月	65	3.49	0.481
	37～48 个月	36	3.51	0.556
	48 个月以上	31	3.50	0.492
和 谐	13～24 个月	135	4.12	0.478
	25～36 个月	65	4.04	0.491
	37～48 个月	36	4.01	0.514
	48 个月以上	31	4.06	0.365
服 从	13～24 个月	135	3.82	0.604
	25～36 个月	65	3.93	0.514
	37～48 个月	36	3.92	0.638
	48 个月以上	31	3.94	0.467
信 任	13～24 个月	135	3.45	0.661
	25～36 个月	65	3.42	0.548
	37～48 个月	36	3.41	0.651
	48 个月以上	31	3.41	0.478

续 表

检验变量	项目工期	样本量	均值	标准差
互惠	13～24个月	135	3.55	0.562
	25～36个月	65	3.53	0.613
	37～48个月	36	3.54	0.648
	48个月以上	31	3.54	0.619
承诺	13～24个月	135	3.62	0.486
	25～36个月	65	3.64	0.592
	37～48个月	36	3.65	0.614
	48个月以上	31	3.64	0.378

表 5-19　不同项目工期受访者维度差异比较

检验变量	变异来源	平方和	df	均方	F值	显著性	事后比较 LSD法	事后比较 Scheffe法	事后比较 HSD法
利他	组间	2.625	3	0.875	1.811	0.164	—	—	—
	组内	116.424	264	0.441					
	总数	119.049	267						
主动性	组间	1.278	3	0.426	0.034	0.992	—	—	—
	组内	177.408	264	0.672					
	总数	178.686	267						
道德	组间	0.678	3	0.226	0.508	0.683	—	—	—
	组内	104.808	264	0.397					
	总数	105.486	267						
和谐	组间	0.339	3	0.113	0.276	0.843	—	—	—
	组内	69.168	264	0.262					
	总数	69.507	267						
服从	组间	0.738	3	0.246	0.788	0.501	—	—	—
	组内	114.048	264	0.432					
	总数	114.786	267						

续 表

检验变量	变异来源	平方和	df	均方	F值	显著性	事后比较 LSD法	Scheffe法	HSD法
信任	组间	2.049	3	0.683	1.199	0.302	—	—	—
	组内	124.608	264	0.472					
	总数	126.657	267						
互惠	组间	0.801	3	0.267	0.506	0.678	—	—	—
	组内	118.536	264	0.449					
	总数	119.337	267						
承诺	组间	1.719	3	0.573	0.481	0.697	—	—	—
	组内	112.992	264	0.428					
	总数	114.711	267						

3. 受访者所处项目不同类型差异比较

本研究按所处项目不同类型将受访者分成六类，分别为：参与公路项目的受访者、参与公用设施项目的受访者、参与城区改造及保障房项目的受访者、参与桥梁项目的受访者、参与会展项目的受访者以及参与机场项目的受访者，分析不同项目类型的受访者在重大工程项目公民行为和关系资本中的差异，其中本书公用设施项目具体是指发电厂、水厂、天然气及煤气厂等建设项目。

采用单因素方差分析研究所属项目不同项目类型的业主方项目公民行为和关系资本特征，结果如表5-20、表5-21所示。结果表明：对于项目公民行为，没有维度的F值显著性达到0.05的显著性水平，均不拒绝原假设。所有三种检验均未发现不同项目类型参与者业主方项目公民行为的差异，因而认为六者之间不存在差异。

对于关系资本，所有维度F值显著性均未达到0.05的显著性水平，均未拒绝原假设。所有三种检验均未发现不同项目类型业主方关系资本的差异，因而认为六者之间不存在差异。

表 5-20 不同项目类型受访者特征差异比较（N=267）

检验变量	项目类型	样本量	均值	标准差
利他	公路项目	145	3.60	0.661
	公用设施项目	29	3.61	0.602
	城区改造及保障房项目	32	3.65	0.714
	桥梁项目	25	3.55	0.585
	会展项目	19	3.62	0.571
	机场项目	17	3.57	0.267
主动性	公路项目	145	3.60	0.342
	公用设施项目	29	3.68	0.483
	城区改造及保障房项目	32	3.69	0.561
	桥梁项目	25	3.68	0.553
	会展项目	19	3.71	0.462
	机场项目	17	3.69	0.642
道德	公路项目	145	3.58	0.214
	公用设施项目	29	3.54	0.178
	城区改造及保障房项目	32	3.48	0.492
	桥梁项目	25	3.50	0.564
	会展项目	19	3.48	0.587
	机场项目	17	3.51	0.646
和谐	公路项目	145	4.04	0.585
	公用设施项目	29	4.10	0.537
	城区改造及保障房项目	32	4.12	0.516
	桥梁项目	25	4.11	0.441
	会展项目	19	4.12	0.532
	机场项目	17	4.13	0.508
服从	公路项目	145	3.85	0.632
	公用设施项目	29	3.84	0.627
	城区改造及保障房项目	32	3.90	0.634

续表

检验变量	项目类型	样本量	均值	标准差
服 从	桥梁项目	25	3.94	0.577
	会展项目	19	3.92	0.519
	机场项目	17	3.94	0.492
信 任	公路项目	145	3.46	0.638
	公用设施项目	29	3.41	0.621
	城区改造及保障房项目	32	3.38	0.624
	桥梁项目	25	3.38	0.573
	会展项目	19	3.37	0.554
	机场项目	17	3.37	0.631
互 惠	公路项目	145	3.53	0.288
	公用设施项目	29	3.56	0.372
	城区改造及保障房项目	32	3.57	0.514
	桥梁项目	25	3.57	0.536
	会展项目	19	3.52	0.461
	机场项目	17	3.59	0.567
承 诺	公路项目	145	3.61	0.331
	公用设施项目	29	3.63	0.627
	城区改造及保障房项目	32	3.65	0.528
	桥梁项目	25	3.69	0.192
	会展项目	19	3.70	0.474
	机场项目	17	3.68	0.516

表 5-21 不同项目类型受访者维度差异比较

检验变量	变异来源	平方和	df	均方	F值	显著性	事 后 比 较		
							LSD法	Scheffe法	HSD法
利他	组间	3.585	5	0.717	1.444	0.230	—	—	—
	组内	101.132	262	0.386					
	总数	104.717	267						

续　表

检验变量	变异来源	平方和	df	均方	F值	显著性	事　后　比　较		
							LSD法	Scheffe法	HSD法
主动性	组间	1.430	5	0.286	0.440	0.780	—	—	—
	组内	99.822	262	0.381					
	总数	101.252	267						
道德	组间	0.985	5	0.197	0.383	0.821	—	—	—
	组内	60.522	262	0.231					
	总数	61.507	267						
和谐	组间	0.945	5	0.189	0.524	0.666	—	—	—
	组内	79.386	262	0.303					
	总数	80.331	267						
服从	组间	1.370	5	0.274	0.265	0.899	—	—	—
	组内	101.656	262	0.388					
	总数	103.026	267						
信任	组间	1.865	5	0.373	0.787	0.501	—	—	—
	组内	135.716	262	0.518					
	总数	137.581	267						
互惠	组间	3.245	5	0.649	1.177	0.320	—	—	—
	组内	90.652	262	0.346					
	总数	93.897	267						
承诺	组间	1.915	5	0.383	0.802	0.525	—	—	—
	组内	149.602	262	0.571					
	总数	151.517	267						

5.5.3　分析结论

对性别特征进行独立样本t检验,对其他特征进行单因素方差分析进行分析,检验问卷受访者的重大工程业主方项目公民行为和重大工程业主方关系资本各个维度是否存在显著性差异,总结结果如表5-22、表5-23所示。

表 5-22 特征变量对重大工程项目公民行为的影响差异分析总结

变量	利他	主动性	道德	和谐	服从
性别	√	×	×	×	×
年龄	×	×	×	×	×
教育程度	√	×	×	×	×
工作年限	×	×	×	×	×
项目职位	×	×	×	×	×
项目投资额	×	×	×	×	×
项目工期	×	×	×	×	×
项目类型	×	×	×	×	×

表 5-23 特征变量对重大工程项目员工关系资本的影响差异分析总结

变量	信任	互惠	承诺
性别	×	×	×
年龄	×	×	×
教育程度	×	×	×
工作年限	×	×	×
项目职位	×	×	×
单位角色	×	×	×
项目投资额	×	×	×
项目工期	×	×	×
项目类型	×	×	×

除了不同性别、不同教育程度在重大工程业主方项目公民行为的利他维度产生了显著差异之外，不同年龄、工作年限、项目职位、项目投资额、项目工期和项目类型均未显示出显著差异。数据表明，女性的利他程度要显著高于男性，学历为硕士的利他程度要显著高于学历为大专的，学历为本科的利他程度要显著高于学历为大专的。

重大工程项目业主方的关系资本在不同性别、年龄、教育程度、工作年限、项目职位、项目投资额、项目工期、项目类型中均无显著差异。

基于样本数据，不同性别、教育程度在重大工程业主方项目公民行为中均存在显著差异。过往研究对于上述探索性数据基本能够支持上述结论。因而其中一些项目基本特征和个体基本特征的研究是未来研究的重要方向,也有助于在后续研究中针对性提出项目公民行为和关系资本的改进策略。

5.6 问卷的验证性因子分析

探索性因子分析主要用来检验各量表的建构效度,表示使用者在因素分析过程中通过多次探索,求出量表的最佳因素结构(吴明隆,2010c)。探索性分析主要用于在研究者因子分析之前,并未对于数据的因子结构有任何预期与立场,而借由统计量来分析因子的结构。而验证性分析主要用于已提出某种特定的结构关系假设,因子分析被用来确认数据的模式是否为研究者所预期(邱皓政,林碧芳,2009)。由于重大工程业主方项目公民行为量表已在第四章完成其探索性因子分析,本章内容主要应用该量表进行实证研究,因而只需做验证性因子分析即可。关系资本、重大工程项目管理绩效的量表均为前人开发的量表,其量表维度结构未遭破坏,因而不需要通过探索性因子分析加以论证,只需要通过验证性因子分析证实其可实证性。

重大工程业主方项目公民行为、关系资本、项目管理绩效三部分共 46 个题项进行验证性因子分析分析,结果如表 5-24 所示。$\chi^2/df=2.269<3$,GFI=$0.94>0.90$,NFI=$0.90=0.90$,NNFI=$0.94>0.90$,IFI=$0.95>0.90$,CFI=$0.95>0.90$,RMR=$0.070<0.080$,RMESA=$0.069<0.080$,均优于建议值,因而该测量模型是有效的。标准化因子载荷均不低于 0.5,因而其能够较好地反映业主方项目公民行为、关系资本和项目管理绩效。所有临界比检验也均满足要求。所有 AVE 值近似满足要求。

表 5-24 重大工程业主方项目公民行为、关系资本、
项目管理绩效验证性因子分析(N=267)

潜 变 量	测量题项	标准化因子负载	临界比(C.R.)	平均变异抽取量(AVE)
项目公民行为利他	PCBA1	0.71***	20.079***	0.3926
	PCBA2	0.51***	15.184***	
	PCBA3	0.54***	23.689***	
	PCBA4	0.53***	23.525***	
	PCBA5	0.69***	23.340***	

续　表

潜　变　量	测量题项	标准化因子负载	临界比(C.R.)	平均变异抽取量(AVE)
项目公民行为个体主动性	PCBI1	0.77***	22.506***	0.3978
	PCBI2	0.64***	23.396***	
	PCBI3	0.51***	43.883***	
	PCBI4	0.56***	23.952***	
	PCBI5	0.53***	22.652***	
	PCBI6	0.64***	23.556***	
项目公民行为成员道德	PCBPL1	0.79***	20.857***	0.4090
	PCBPL2	0.62***	24.135***	
	PCBPL3	0.55***	32.293***	
	PCBPL4	0.57***	22.140***	
项目公民行为人际关系和谐	PCBCV1	0.77***	14.272***	0.4737
	PCBCV2	0.73***	15.216***	
	PCBCV3	0.67***	27.100***	
	PCBCV4	0.64***	27.632***	
	PCBCV5	0.66***	28.734***	
	PCBCV6	0.65***	20.932***	
项目公民行为项目服从	PCBRH1	0.74***	17.566***	0.3949
	PCBRH2	0.51***	14.559***	
	PCBRH3	0.58***	19.211**	
	PCBRH4	0.66***	35.059***	
关系资本信任	RCT1	0.69***	24.060***	0.5802
	RCT2	0.70***	14.491***	
	RCT3	0.88***	9.697***	
关系资本互惠	RCR1	0.72***	21.505***	0.5295
	RCR2	0.73***	25.529***	
	RCR3	0.71***	22.235***	
	RCR4	0.75***	20.660***	

续　表

潜　变　量	测量题项	标准化因子负载	临界比(C.R.)	平均变异抽取量(AVE)
关系资本承诺	RCC1	0.76***	19.471***	0.4530
	RCC2	0.63***	24.422***	
	RCC3	0.62***	24.060***	
项目管理绩效	PP1	0.64***	23.877***	0.4257
	PP2	0.51***	39.859***	
	PP3	0.54***	13.778***	
	PP4	0.50***	29.809***	
	PP5	0.55***	23.104***	
	PP6	0.78***	11.650***	
	PP7	0.86***	7.863***	
	PP8	0.51***	21.297***	
	PP9	0.75***	20.606***	
	PP10	0.75***	12.133***	
	PP11	0.66***	21.240***	

拟合优度：$\chi^2/df=2.269$，GFI$=0.94$，NFI$=0.90$，NNFI$=0.94$，IFI$=0.95$，CFI$=0.95$，RMR$=0.070$，RMESA$=0.069$

注：* 表示 0.05 的显著性水平，** 表示 0.01 的显著性水平，*** 表示 0.001 的显著性水平。下同。

5.7　问卷的信度检验

问卷信度主要用于描述问卷是否精确、问卷同维度题项(指标)的一致性和稳定性。本书采用过往研究中常用的两种问卷信度检验指标检验问卷的信度：Cronbach's α 系数(内部一致性信度)和 CR 值(组合信度)，同样地，认为 Cronbach's α 系数大于 0.7 时，CR 值大于 0.7 时，该维度具有内部一致性和可靠性(Bagozzi，Youjae，1988)。采用 SPSS 19.0，分别对 267 个全样本的重大工程业主方的项目公民行为、关系资本和项目管理绩效进行内部一致性信度验证，结果如表 5-25 所示。结合 5.6 节中验证性因子分析中得到的标准化因子负载,采用吴明隆提出的 CR 值计算方法计算问卷的组合信度,结果如表 5-26 所示。

表 5-25 测量变量的内部一致性信度分析结果(N=267)

测量变量	测量指标	CITC	条款删除后的 α	α 系数
项目公民行为利他	PCBA1	0.628	0.588	0.712
	PCBA2	0.676	0.628	
	PCBA3	0.559	0.606	
	PCBA4	0.556	0.607	
	PCBA5	0.649	0.589	
项目公民行为个体主动性	PCBPI1	0.778	0.778	0.809
	PCBPI2	0.694	0.694	
	PCBPI3	0.504	0.784	
	PCBPI4	0.538	0.788	
	PCBPI5	0.545	0.785	
	PCBPI6	0.546	0.785	
项目公民行为成员道德	PCBPL1	0.662	0.607	0.744
	PCBPL2	0.556	0.674	
	PCBPL3	0.514	0.704	
	PCBPL4	0.526	0.526	
项目公民行为人际关系和谐	PCBCV1	0.665	0.841	0.865
	PCBCV2	0.774	0.823	
	PCBCV3	0.676	0.841	
	PCBCV4	0.638	0.848	
	PCBCV5	0.618	0.849	
	PCBCV6	0.630	0.850	
项目公民行为项目服从	PCBRH1	0.530	0.656	0.723
	PCBRH2	0.513	0.661	
	PCBRH3	0.505	0.679	
	PCBRH4	0.524	0.655	

续 表

测量变量	测量指标	CITC	条款删除后的 α	α系数
关系资本信任	RCT1	0.676	0.762	0.818
	RCT2	0.675	0.745	
	RCT3	0.710	0.744	
关系资本互惠	RCR1	0.777	0.797	0.863
	RCR2	0.743	0.817	
	RCR3	0.660	0.845	
	RCR4	0.689	0.841	
关系资本承诺	RCC1	0.605	0.636	0.751
	RCC2	0.576	0.670	
	RCC3	0.554	0.695	
项目管理绩效	PP1	0.532	0.874	0.881
	PP2	0.501	0.878	
	PP3	0.573	0.871	
	PP4	0.497	0.893	
	PP5	0.508	0.882	
	PP6	0.849	0.853	
	PP7	0.833	0.858	
	PP8	0.526	0.875	
	PP9	0.758	0.861	
	PP10	0.791	0.856	
	PP11	0.685	0.864	

表 5-26 测量变量的平均变异数抽取量(AVE)、组合信度(CR)分析结果(N=267)

测试变量	平均变异抽取量(AVE)	组合信度(CR)
项目公民行为利他	0.3926	0.7359
项目公民行为个体主动性	0.3978	0.7811
项目公民行为成员道德	0.4090	0.7303

第5章 基于关系资本中介的重大工程业主方项目公民行为对项目管理绩效影响的实证研究

续 表

测 试 变 量	平均变异抽取量(AVE)	组合信度(CR)
项目公民行为人际关系和谐	0.473 7	0.843 2
项目公民行为项目服从	0.394 9	0.719 2
关系资本信任	0.580 2	0.803 6
关系资本互惠	0.529 5	0.818 2
关系资本承诺	0.453 0	0.711 1
项目管理绩效	0.425 7	0.887 2

Cronbach 的研究认为,CITC 小于 0.5 时即可考虑删除相关(Cronbach,1951)。本书中所有题项的 CITC 值均大于 0.5(PP4 题项为 0.497,可认为近似满足要求),因而大样本情境下仍然信度较好,不需要剔除任何变量。各维度的 Cronbach's α 系数均大于 0.7,均满足要求。因而本研究的测量变量的内部一致性信度均较好。各维度的 CR 值(组合信度)均大于 0.7,能够较好地满足信度需求。

5.8 问卷的效度检验

5.8.1 内容效度

本书的问卷量表包括三部分内容:重大工程业主方项目公民行为、关系资本、重大工程项目管理绩效。其中,重大工程业主方项目公民行为的内涵研究是本书第 4 章论述的重点,本研究按照概念可操作化界定、文献梳理、专家咨询及访谈的项目生成程序,坚持理论与实践结合的原则,从题项的初选,通过多次净化,从内容上和程序上保证量表开发过程中题项分布的合理性和有效性,故认为本研究的内容效度较好。关系资本和重大工程项目管理绩效测量量表基本上是借鉴现有量表编制,参考前人的实证检验和发展后被多位专家学者一致认可。本研究针对重大工程业主方成员面临的现实情境,在原始量表基础上做了符合情境的修改,并与建设领域相关专家和重大工程业主方成员进行了多次讨论,因而可认为本问卷的三部分均满足内容效度要求。

5.8.2 收敛效度

根据 Bagozzi 和 Yi(Bagozzi,Youjae,1988)、Steenkamp 和 Trijp(Steenkamp, Van Trijp,1991)等共同研究成果,认为各个维度下的因子载荷值显著大于 0.5 时且各维度的 AVE 值大于 0.5 时,则达到收敛有效性标准,AVE 值大于 0.4 时,属于可接受的范围之内。本研究给维度题项的标准化因子负荷如表 5-24 所示,其所有因子负荷均大于 0.5,因而具有较好的收敛效度。各维度平均变异抽取量(AVE)值如表 5-26 所示。除业主方项目公民行为的利他、个体主动性、项目服从的 AVE 值分别为 0.392 6,0.397 8,0.394 9,可近似为 0.4 之外,其他均满足要求,而这两个值也近似可接受,因而可近似认为本研究的各个维度均满足收敛效度要求。

5.8.3 区别效度

根据 Fornell 和 David 等(Fornell,David,1981)提出的区别效度判别原则,若每个维度的平均方差提取量(AVE)值的平方根大于该维度与其他维度之间的相关系数,则认为两个概念之间存在着较好的区别效度。基于重大工程业主方项目公民行为和关系资本分别进行区别效度的检验,如表 5-27 和表 5-28 所示。重大工程业主方项目公民行为各维度的相关系数均小于 AVE 的平方根。重大工程业主方关系资本各维度的相关系数均小于 AVE 的平方根。因而基于各构念本身层面各维度具有较好的区别效度。模型整体区别效度如表 5-35 (见 167 页)所示。各维度的相关系数均小于 AVE 的平方根,满足要求。

表 5-27　重大工程业主方项目公民行为的内部
一致性信度及区别效度检验(N=267)

维 度	Cronbach α 系数	AVE	CR	利他	个体主动性	项目忠诚	成员美德	人际关系和谐
利他	0.712	0.392 6	0.735 9	0.626 6				
个体主动性	0.809	0.397 8	0.781 1	0.47***	0.630 7			
成员道德	0.744	0.409 0	0.730 3	0.48***	0.43***	0.639 5		
人际关系和谐	0.865	0.473 7	0.843 2	0.55***	0.49***	0.47***	0.688 3	
项目服从	0.723	0.394 9	0.719 2	0.56***	0.51***	0.53***	0.53***	0.628 4

注:* 表示 0.05 的显著性水平,** 表示 0.01 的显著性水平,*** 表示 0.001 显著性水平。相关矩阵对角线数值为 AVE 的平方根。下同。

表 5-28 重大工程业主方关系资本的内部一致性信度及区别效度检验(N=267)

维度	Cronbach α 系数	AVE	CR	信任	互惠	承诺
信任	0.818	0.580 2	0.803 6	0.761 7		
互惠	0.863	0.529 5	0.818 2	0.59***	0.727 7	
承诺	0.751	0.453 0	0.711 1	0.63***	0.61***	0.673 1

5.9 理论模型的拟合及路径分析

5.9.1 结构模型拟合

根据 5.1 节中提出的结构模型内容进行模型的构建,并在此基础上完成初始拟合,采用 lisrel 8.8 进行运算,得到本研究三组结构方程模型的各项拟合指标,结果如表 5-29 所示。得到各路径系数如表 5-30 所示。

表 5-29 重大工程业主方管理者项目公民行为对项目管理绩效影响模型数据的拟合指数(N=267)

指标	χ^2	df	χ^2/df	NFI	NNFI	IFI	CFI	RMR	RMSEA	GFI
模型一	2 673.57	953	2.805	0.87	0.88	0.90	0.85	0.089	0.107	0.85
模型二	2 037.76	953	2.138	0.89	0.91	0.91	0.88	0.082	0.084	0.89
模型三	1 797.64	923	1.948	0.90	0.91	0.91	0.90	0.073	0.070	0.91

表 5-30 路径分析中的各变量标准化后系数值(N=267)

模型	变量	关系资本	信任	互惠	承诺	项目管理绩效
模型一	项目公民行为					0.63*
模型二	项目公民行为	0.77***				0.49*
	关系资本					0.52*
模型三	利 他		0.44*	0.14	0.16	0.47*
	个体主动性		0.24	0.23	0.19	0.74**
	成员道德		0.58*	0.14	0.08	0.34

续 表

模型	变量	关系资本	信任	互惠	承诺	项目管理绩效
模型三	人际关系和谐		0.63**	0.61**	0.58*	0.33
	项目服从		0.24	0.22	0.67***	0.31
	信任					0.52*
	互惠					0.27
	承诺					0.59*

注：* 表示 5% 的显著性水平，** 表示 1% 的显著性水平，*** 表示 0.1% 的显著性水平。下同。

从表 5-29 可知，模型一的 NFI、NNFI、CFI、RMR、RMESA、GFI 均未满足要求，模型整体拟合效果不好，因而需要添加中介变量更好解释该路径。模型二的 NFI、CFI、RMR、RMSEA、GFI 均未满足要求，但可近似认为满足要求，而模型三的拟合优度 $\chi^2/df<3$，GFI>0.90，NFI≥0.90，NNFI>0.90，IFI>0.90，CFI≥0.90，RMR<0.080，RMSEA<0.080，均能够满足研究的要求。因而可认为实证数据更适合采用模型三的模型加以拟合，参考模型一、二得到的相关结论。

5.9.2 结构模型的路径分析

表 5-30 中所有影响均为积极影响。模型一证明重大工程业主方项目公民行为对项目管理绩效的影响系数为 0.63，重大工程业主方项目公民行为能积极影响项目管理绩效。模型二证明重大工程业主方项目公民行为对项目管理绩效的影响系数为 0.49，对关系资本的影响系数为 0.77，关系资本对项目管理绩效的影响系数为 0.52，重大工程业主方关系资本能够中介业主方项目公民行为和项目管理绩效，并对其产生积极影响。但上述模型对于具体如何影响项目管理绩效尚无具体讨论，其拟合效果也不完全显著。模型三认为业主方项目公民行为中利他、个体主动性对项目管理绩效产生了直接影响，其影响程度分别为 0.47 和 0.74，利他、成员道德通过关系资本中的信任中介间接影响项目管理绩效，项目服从通过关系资本中的承诺中介间接影响项目管理绩效，人际关系和谐通过关系资本的信任和承诺两个维度中介间接影响项目管理绩效，关系资本的互惠维度对项目管理绩效的影响不显著。这与相关理论研究（Bolino，Turnley，2002）并不完全相符，故须对模型三加以修正。

第5章 基于关系资本中介的重大工程业主方项目公民行为对项目管理绩效影响的实证研究

5.10 理论模型的修正

5.10.1 结构模型的路径修正

虽然模型三的各项拟合指数均通过了拟合指标的检验,但仍然存在一些问题,如关系资本中的信任和承诺维度虽然影响了项目管理绩效,但互惠维度并没有对项目管理绩效产生影响,这与过往研究(Bolino,Turnley,2002)和实践情况不符,因而需要对模型三加以修正以便于更清晰地描述真实情境。

结构模型的路径修正需要通过两步验证:首先,路径构建需要满足模型修正相关的要求,不得违背 SEM 的基本假定;其次,路径构建需要理论基础。目前对于关系资本的维度尚存在争论,基于 Kale 的单维度研究仍然是目前研究的主流(Kale 等,2000)。信任被认为是伙伴间期望互相之间不自私而是遵守他们各自的诺言(Kaufman 等,2006)。互惠被认为是在与其他伙伴未来的商业关系中的权利和义务(Palmatier,2008)。情感承诺被认为是伙伴间保留关系的倾向(Kumar 等,1995)。三者之间同样存在"互惠→承诺"的逻辑连接关系(Ostrom,Walker,2003;Cullen 等,2000;Morgan,Hunt,1994)。根据 Modification indices(MI),在现有理论的支持下,对 MI 值从大到小开始修正,互惠到承诺的值为 26.77,为模型可修正的 MI 值最大的路径(吴明隆,2010a)。因而根据上述研究内容增加互惠到承诺的路径。基于此,进一步补充提出假设:

假设 3.4 重大工程中业主方员工的互惠能够对承诺产生积极影响。

5.10.2 结构模型的再检验与讨论

模型修正后,模型拟合指数如表 5-31 所示。$\chi^2/df<3$,GFI>0.90,NFI>0.90,NNFI>0.90,IFI>0.90,CFI>0.90,RMR<0.080,RMSEA<0.080,均能够较好地满足模型检验推荐性要求。相较于模型三的拟合指数,又有所改进,因而可认为模型三修正模型优于模型三。

表 5-31 模型路径修正后的拟合指数(N=267)

指标	χ^2	df	χ^2/df	NFI	NNFI	IFI	CFI	RMR	RMSEA	GFI
模型三修正模型	1 747.52	923	1.893	0.91	0.93	0.94	0.92	0.058	0.069	0.94

模型修正后,得到修正后的路径系数如表 5-32 所示。所有的影响都是积极影响,因而实证结果并不支持第 3 章中消极情境的假设,这说明重大工程领域的业主方均能够按照理性做出合理的决策。重大工程业主方项目公民行为的五个维度中的利他、个体主动性对项目管理绩效直接产生了积极影响。利他、成员道德通过信任对项目管理绩效产生了积极影响。项目服从通过承诺对项目管理绩效也产生了积极影响。人际关系和谐通过信任、互惠和承诺三个维度中介对项目管理绩效产生了积极影响。

表 5-32 修正后路径分析中的各变量标准化后系数值(N=267)

模型	变量	信任	互惠	承诺	项目管理绩效
模型三修正模型	利他	0.45*	0.16	0.18	0.49*
	个体主动性	0.25	0.24	0.21	0.75***
	成员道德	0.58*	0.14	0.09	0.34
	人际关系和谐	0.65**	0.58*	0.55*	0.33
	项目服从	0.23	0.22	0.67***	0.31
	信任				0.52*
	互惠			0.63*	0.27
	承诺				0.59*

然而由于变量间存在嵌套关系,为了厘清重大工程业主方项目公民行为对重大工程项目管理绩效的直接效应和间接效应,进一步整理,得到结果如表 5-33 所示。利他直接影响项目管理绩效效应为 0.49,通过信任中介间接影响项目管理绩效效应为 0.234,其总效应为 0.724;个体主动性直接影响项目管理绩效效应为 0.75;成员道德通过信任中介间接影响项目管理绩效效应为 0.301 6;人际关系和谐通过信任、互惠和承诺间接影响项目管理绩效效应分别为 0.338,0.215 6 和 0.324 5,总间接效应为 0.878 1;项目服从间接影响项目管理绩效效应为 0.395 3。重大工程业主方项目公民行为中的人际关系和谐和个体主动性是影响重大工程项目管理绩效最重要的两个因素。

表 5-33 修正后路径分析中的各变量对项目管理绩效的影响(N=267)

路径	直接效应	间接效应	总效应
利他→信任	0.45	0	0.45
利他→互惠	不显著	0	0

第5章 基于关系资本中介的重大工程业主方项目公民行为对项目管理绩效影响的实证研究

续　表

路　　径	直接效应	间接效应	总效应
利他→承诺	不显著	0	0
利他→项目管理绩效	0.49	0.234	0.724
个体主动性→信任	不显著	0	0
个体主动性→互惠	不显著	0	0
个体主动性→承诺	不显著	0	0
个体主动性→项目管理绩效	0.75	0	0.75
成员道德→信任	0.58	0	0.58
成员道德→互惠	不显著	0	0
成员道德→承诺	不显著	0	0
成员道德→项目管理绩效	不显著	0.301 6	0.301 6
人际关系和谐→信任	0.65	0	0.65
人际关系和谐→互惠	0.58	0	0.58
人际关系和谐→承诺	0.55	0	0.55
人际关系和谐→项目管理绩效	不显著	0.878 1	0.878 1
项目服从→信任	不显著	0	0
项目服从→互惠	不显著	0	0
项目服从→承诺	0.67	0	0.67
项目服从→项目管理绩效	不显著	0.395 3	0.395 3
信任→互惠	不显著	0	0
信任→承诺	不显著	0	0
信任→项目管理绩效	0.52	0	0.52
互惠→承诺	0.63	0	0.63
互惠→项目管理绩效	不显著	0.371 7	0.371 7
承诺→项目管理绩效	0.59	0	0.59

5.11　中介效应的检验

根据邱皓政提供中介效应检验方法(邱皓政,林碧芳,2009),采用温忠麟提出的方法加以整合(温忠麟等,2004),以 Baron 与 Kenny 提出的方法(Baron 等,

1986)为基础,在此基础上进一步用 sobel 检验(Sobel,1982)加以验证,具体流程如图 5-4 所示,所得结果如表 5-34 所示。

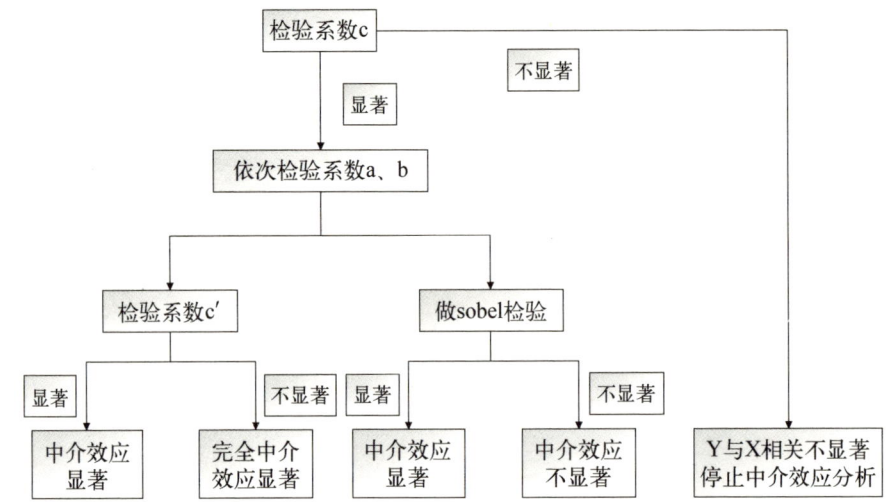

图 5-4　中介效应检验的流程图(温忠麟,张雷,侯杰泰,刘红云,2004)

表 5-34　假设检验结果汇总表

研　究　假　设	假设类型	假设是否被直接支持
假设1. 重大工程业主方项目公民行为对关系资本产生了积极影响	开创性假设	部分支持
假设1.1 重大工程业主方利他能够对信任产生积极影响	开创性假设	是
假设1.2 重大工程业主方利他能够对互惠产生积极影响	开创性假设	否
假设1.3 重大工程业主方利他能够对承诺产生积极影响	开创性假设	否
假设1.4 重大工程业主方个体主动性能够对信任产生积极影响	开创性假设	否
假设1.5 重大工程业主方个体主动性能够对互惠产生积极影响	开创性假设	否
假设1.6 重大工程业主方个体主动性能够对承诺产生积极影响	开创性假设	否
假设1.7 重大工程业主方成员道德能够对信任产生积极影响	开创性假设	是
假设1.8 重大工程业主方成员道德能够对互惠产生积极影响	开创性假设	否
假设1.9 重大工程业主方成员道德能够对承诺产生积极影响	开创性假设	否
假设1.10 重大工程业主方人际关系和谐能够对信任产生积极影响	开创性假设	是
假设1.11 重大工程业主方人际关系和谐能够对互惠产生积极影响	开创性假设	是

第5章 基于关系资本中介的重大工程业主方项目公民行为对项目管理绩效影响的实证研究

续　表

研　究　假　设	假设类型	假设是否被直接支持
假设1.12 重大工程业主方人际关系和谐能够对承诺产生积极影响	开创性假设	是
假设1.13 重大工程业主方项目服从能够对信任产生积极影响	开创性假设	否
假设1.14 重大工程业主方项目服从能够对互惠产生积极影响	开创性假设	否
假设1.15 重大工程业主方项目服从能够对承诺产生积极影响	开创性假设	是
假设2. 重大工程业主方项目公民行为对项目管理绩效产生积极影响	验证性假设	部分支持
假设2.1 重大工程业主方利他能够对项目管理绩效产生积极影响	验证性假设	是
假设2.2 重大工程业主方个体主动性能够对项目管理绩效产生积极影响	验证性假设	是
假设2.3 重大工程业主方成员道德能够对项目管理绩效产生积极影响	验证性假设	否
假设2.4 重大工程业主方人际关系和谐能够对项目管理绩效产生积极影响	验证性假设	否
假设2.5 重大工程业主方项目服从能够对项目管理绩效产生积极影响	验证性假设	否
假设3. 重大工程业主方关系资本对项目管理绩效产生积极影响	开创性假设	部分支持
假设3.1 重大工程业主方信任能够对项目管理绩效产生积极影响	开创性假设	是
假设3.2 重大工程业主方互惠能够对项目管理绩效产生积极影响	开创性假设	否
假设3.3 重大工程业主方承诺能够对项目管理绩效产生积极影响	开创性假设	是
假设3.4 重大工程业主方的互惠能够对承诺产生积极影响*	验证性假设	是
假设4. 重大工程业主方的关系资本中介了项目公民行为对项目管理绩效的影响路径	开创性假设	支持

注：加*假设为模型修正后增加的假设。

所有路径的sobel中介效应检验的c、a、b值均显著，c'值均不显著，所有五条路径均存在完全中介效应，且这五条路径的完全中介效应均显著。表明关系资本是业主方项目公民行为对项目管理绩效影响的一条重要路径。该检验验证了关系资本在业主方项目公民行为对项目管理绩效影响的中介作用,验证了假设4的内容,并进一步验证了表5-33得到的相关影响路径。

5.12 研究结果及讨论

5.12.1 假设检验结果汇总

总结第5章前述内容,结合5.1提出的假设,总结各假设的被验证情况如表5-34所示。可见,假设1、假设2、假设3验证结果均部分支持原假设,假设4验证结果完全支持原假设。对于24项子假设,共支持11项子假设,不支持13项子假设。

5.12.2 假设检验结果分析及讨论

1. 实证结果的讨论

本研究认为,重大工程业主方项目公民行为对项目管理绩效产生了一定的影响,其中个体主动性对项目管理绩效无中介作用,关系资本中的信任中介了利他、成员道德对项目管理绩效产生影响,关系资本的信任、互惠和承诺均中介了人际关系和谐对项目管理绩效产生影响,关系资本的承诺中介了重大工程业主方项目公民行为对项目管理绩效产生影响。上述四个假设均受到实证研究部分或者全部的支持(路径系数t值均满足要求),所有显著的路径系数均超过0.5,影响程度较高。

这种现象表明:第一,重大工程业主方项目公民行为是业主方的一种重要的角色外行为而存在,虽然业主方项目公民行为只是业主方项目管理的一种"润滑剂",用以弥补协作的"真空地带"(Podsakoff, P. M., 2000),对业主方的项目管理工作产生了重要的辅助作用。第二,重大工程业主方项目公民行为五个维度对项目管理绩效均产生了影响,但影响路径存在差异,如成员道德、人际关系和谐、项目服从在关系资本的中介下对项目管理绩效产生影响,利他既存在直接影响又存在间接影响,人际关系和谐同时受到了三个维度同时中介。第三,基于表5-33,重大工程业主方项目公民行为的五个维度对项目管理绩效影响最大的是人际关系和谐,人际关系和谐、个体主动性、利他对项目管理绩效影响程度较大。第四,由于重大工程相较于一般工程项目具有客观复杂性,其业主方项目管理过程相较于一般项目更为复杂(Van Marrewijk 等,2008)。重大工程业

第5章 基于关系资本中介的重大工程业主方项目公民行为对项目管理绩效影响的实证研究

主方项目公民行为显著影响项目管理绩效虽然不能证明重大工程中业主方存在项目公民行为显著优于一般项目,但可以证明重大工程中业主方项目公民行为有助于业主方的项目管理的实现,能够增强的是项目业主方在项目管理过程中对复杂环境的适应性(林澜,莫长炜,2008),其行为结果可以被项目管理绩效所识别,因而路径系数较大且显著。

利他既依赖于关系资本,又不完全依赖于关系资本。利他属于动机层面的构念,其不依赖于从别的组织中获得而出现,而部分依赖于对对方完成任务的信任而给予的帮助(Chang,Chuang,2011)。近年研究认为利他可以通过改变其在组织中的地位和组织网络结构的中心度改变其项目管理绩效,从一定程度上分流了关系资本的影响(Flynn,2003;Zhang等,2009)。

成员道德被认为是业主方成员把项目看成一个整体,关注其宏观利益和承诺,它通过参与治理行为的意愿、监控环境的机遇与威胁、寻找项目最佳利益甚至个人的最小成本来表现。项目服从是业主方成员即使没有其他人员的监督,仍然服从项目规则和流程,一丝不苟地执行。人际关系和谐和成员道德对关系资本的信任产生积极影响,业主方成员对上级指令的项目服从度使其愿意按照其自身承诺的目标完成任务,促进业主方内部以及业主方与其他利益相关方之间相互认可对方的承诺(廖列法,王刊良,2011)。业主方成员内部好的成员道德让业主方成员在不确定性导致冲突之前就显化项目实施过程中的不确定性,降低项目管理控制中的复杂性(Yu等,2015)。人际关系和谐对关系资本的互惠产生积极影响,融洽的人际关系会增进业主方之间以及业主方与其他利益相关方的熟悉程度,接受目前付出义务换取的权利程度,提升未来业主方之间合作的可能,进而增加业主方与其他利益相关方管理者间为未来更为深度或更为长期的合作(庄贵军等,2008;邹鹏等,2014)。项目服从、人际关系和谐均对关系资本的承诺维度产生影响,自觉执行力和融洽的人际关系能让其他利益相关方感受到该业主方对项目的重视程度和责任心,且在沟通过程中又不发生大的冲突,这些因素均可提升利益相关方保留合作关系的倾向(庄贵军等,2008;刘密等,2007;黄莉芸,2014)。重大工程业主方项目公民行为的五个维度分别从不同的角度影响关系资本,从而最终提升重大工程项目管理绩效。

由表5-33,项目公民行为的人际关系和谐是项目公民行为各维度对项目管理绩效影响最大的一个维度,表明了中国情境下的重大工程项目中,人际关系和谐是业主方项目公民行为最能影响项目管理绩效的因素。Farh的研究首次提出人际关系和谐是中国情境下特有的组织公民行为维度(Farh等,1997),并认为中国人用组织公民行为的人际关系和谐维度阻止组织内冲突的发生（Farh 等，2004）。中国情境下建设领域冲突频繁，也被认为是影响建设项目成功的重要影响因素（Chua等，1999）。这一研究结果基本趋势与吴志明等在中国情境下对知识工作团队的项目公民行为实证研究结果相似，其研究结果认为只有人际层面的项目公民行为显著影响了团队绩效和工作满意感，其影响程度也是最大的。而本书发现重大工程中的项目公民行为五个维度均显著影响了项目管理绩效，人际关系和谐也是影响程度最大的因素（吴志明，武欣，2005）。同时，业主方在项目管理中的主要工作也是协调、沟通和控制，保持项目进度持续推进（曹萍，2007）。因而业主方保持其内部以及其与其他利益相关方的人际关系和谐是指令得以执行的基础。故人际关系和谐是中国情境下重大工程业主方项目公民行为最重要的影响因素。

本书共有4个假设，其中共有3个开拓性假设，1个验证性假设，验证性假设被部分支持，3个开拓性假设中1个被支持，2个被部分支持。未被完全支持的验证性假设主要是本研究分维度展开与其他研究不同，另外其他研究验证的是对项目绩效的影响，而本书验证的是对项目管理绩效的影响，因而本书与过往理论研究不存在矛盾。

2. 关系资本的中介作用及其讨论

部分中介是对中介模型中A变量部分通过中介变量B影响C变量，另外A变量还可以直接影响C变量的一种表述。完全中介是对中介模型中A变量完全通过中介变量B影响C变量，另外A变量不直接影响C变量的一种表述。完全中介和部分中介均普遍存在于众多实证研究中（温忠麟等，2005）。

本研究中重大工程业主方项目公民行为的成员道德、项目服从、人际关系和谐对项目管理绩效的影响路径均为完全中介，利他对项目管理绩效的影响路径为部分中介。重大工程业主方项目公民行为对项目管理绩效的影响路径为部分中介。由于重大工程业主方项目公民行为是复杂的多种行为的集合，因而其对项目路径的影响亦为多元化的，既可以影响长期稳定的合作关系影响，又可以影响短期交换关系（例如，LMX），既有组织间的合作和沟通，又有组织内的主动性，这些均会对项目管理绩效产生影响，具体将在本节第3部分具体展开。

从项目公民行为所有五个维度的中介占全部中介的比例横向比较：个体主动性维度不存在关系资本的中介，因而中介比例最低。利他经过关系资本中介后对项目管理绩效的间接影响为0.234，也较低。成员道德和项目服从经过关系资本中介后对项目管理绩效的影响分别为 0.301 6 和 0.395 3,人际关系和谐经过关系资本中介后对项目管理绩效的影响为 0.878 1。这主要是由于关系资本是存在于相互联系的联盟成员层面,基于成员相互的信任、尊重和友谊,而获得的关系网络中的外显的或内涵的可带来增值的资源,主要用于描述项目利益相关方之间长期合作关系的变量(Kale,2000)。

关系资本主要应用于双利益相关者或多利益相关者合作,但各方交易过程中存在信用缺失现象的情境。通过建立长期稳固的关系有助于解决信用问题,避免一次交易可能带来的损失,降低交易成本,从而获得管理绩效(瞿艳平,陆杉,2013)。

利他、成员道德、项目服从、人际关系和谐四个维度需要通过行为实施者和对方或者外部环境的互动决定行为,因而关系资本对其的影响胜于个体主动性。

3. 重大工程业主方项目公民行为对项目管理绩效影响的其他可能路径

除了关系资本的中介作用,一些其他可能的因素也同样作为重大工程业主方项目公民行为对项目管理绩效影响的中介因素。由于业主项目公民行为不仅仅是利他,亦是严格要求自己的行为,因而项目公民行为可通过个体(团队)主动性影响项目管理绩效。王国猛等人对企业团队的实证研究认为团队公民行为(业主方项目公民行为)可以通过团队主动性影响组织管理绩效,且团队公民行为(业主方项目公民行为)对团队主动性和组织管理绩效均为积极影响(王国猛等,2011;王国猛等,2010)。

在领导和员工间的 LMX 的影响下,项目公民行为同样可以通过短期的交易关系,从而影响项目管理绩效。Hui Wang 等的研究认为 LMX 与项目公民行为、个体的任务绩效均存在积极影响(Wang 等,2005),而组织中多个体任务绩效叠加的结果是项目管理绩效(王辉等,2003),因而可认为上述观点在项目组织中同样可能存在。

虽然上述路径均未在项目管理领域得到实证证实,从组织研究进展而言,上述路径是可能存在的,而这些路径的存在恰恰补充了除关系资本之外的中介作用变量。

4. 对于加班是否对项目管理绩效产生影响的问题

一些专家认为,诸如加班之类的项目公民行为并不一定能对项目管理绩效产生影响,同时义务加班也不一定对项目管理绩效产生影响。持这种观点是存在其合理性的,微观经济学认为个体的劳动力供给曲线是向后弯曲的,即过多的工作时间并不一定能带来良好的效果(范里安,费方域,2009)。义务加班与非义务加班的边界界定也存在一定的困难。

对于义务加班和非义务加班的区别,本质是对"角色"和"工作"的理解。Morrison在其研究中就认为Organ提出的20个OCB题项中有18个可以被描述成为角色内(其中就包括了义务加班),Morrison得到的结论认为Organ提出的组织公民行为的概念是一个存在问题的概念(OCB is ill-defined)(Morrison,1994)。Van Dyne等也认为角色外行为与角色内行为存在着明显地差异(Van Dyne等,1995)。

Organ在1997年进一步诠释了组织公民行为的概念,认为这个问题的核心是对"角色"(role)和"工作"(job)的理解。Organ引用《财富》杂志中"工作的终结"(the End of the Job)一文中对"工作"的定义,认为工作是一种人类社会的产品,没有更好的方式去组织人们进行工作。在此基础上Organ提出了他对"工作"的理解,认为工作是一个人在工作地点连续地完成必须通过训练才能满足的需求。他认为领导者对"角色"的定义存在一个演进的过程,可能今天是角色外行为但是由于下属做得多了而转化成了角色内行为。在1988年,Organ认为OCB必须不是强迫性的工作描述的需求,但在1997年,他认为可能存在强迫性工作需求包含的疯狂增长的野心,换言之,他觉得根据"角色"的演进,他不再强调"角色外"的概念(Organ,1997)。

由于Organ从1997年开始已经对OCB不再强调"角色外"的概念,因而我们对重大工程业主方项目公民行为的定义也不再强调"角色外"的概念。因而,对"义务加班"或是"非义务加班"的讨论本身也不存在意义。

对于加班是否会对项目管理绩效产生影响的问题。第一,项目管理绩效是一个主观构念(杜亚灵,尹贻林,2011),也就是说加班能增加业主方对项目管理的满意度,那么加班就能够对项目管理绩效产生影响。第二,主动性能够影响中国情境下的组织效能已经在2004年被Farh等所证实(Farh等,2004),因而本书尝试证明中国重大工程业主方自愿加班行为可能对项目管理绩效的影响存在一定的理论依据。第三,从管理研究方法的角度而言,对照研究可以有效地反映单因素影响的作用,这是一种科学严谨的研究方法。但实证研究难以做到对照试验,但是仿真研究可以(详见本研究6.7、6.8两节),故本研究在第6章仿真研究中比较了当不存在重大工程业主方项目公民行为时和存在重大工程业主方项目公民行为时二者的项目管理绩效差异,也可以进一步验证重大工程业主方项目公民行为对项目管理绩效的积极影响。

第5章 基于关系资本中介的重大工程业主方项目公民行为对项目管理绩效影响的实证研究

表 5-35 整体模型的区别效度分析（N=267）

维度	Cronbach α系数	AVE	CR	利他	个体主动性	项目忠诚	成员美德	人际关系和谐	信任	互惠	承诺	项目管理绩效
利他	0.712	0.3926	0.7359	0.6266								
个体主动性	0.809	0.3978	0.7811	0.47***	0.6307							
成员道德	0.744	0.4090	0.7303	0.48***	0.43***	0.6395						
人际关系和谐	0.865	0.4737	0.8432	0.55***	0.49***	0.47***	0.6883					
项目服从	0.723	0.3949	0.7192	0.56***	0.51***	0.53***	0.53***	0.6284				
信任	0.818	0.5802	0.8036	0.48**	0.46***	0.40**	0.46***	0.41**	0.7617			
互惠	0.863	0.5295	0.8182	0.38**	0.48**	0.41***	0.46***	0.42***	0.59***	0.7277		
承诺	0.751	0.4530	0.7111	0.52***	0.43*	0.33***	0.35***	0.42***	0.63***	0.61***	0.6731	
项目管理绩效	0.881	0.4257	0.8872	0.50***	0.49***	0.55***	0.59***	0.55***	0.54***	0.51***	0.52***	0.6525

表 5-36 中介效应检验结果（N=267）

路径关系	c	t值	a	t值	SE$_a$	c'	t值	b	t值	SE$_b$	Sobel检验值	双尾概率	结论
利他→信任→项目管理绩效	0.392*	2.613	0.441***	4.112	0.048	0.462***	3.836	0.433***	4.422	0.033	—	—	中介效应显著
成员道德→信任→项目管理绩效	0.352***	3.613	0.562*	2.515	0.046	0.533	0.337	0.512**	2.713	0.035	—	—	中介效应显著
人际关系和谐→信任→项目管理绩效	0.362***	4.471	0.433***	9.373	0.047	0.572	1.792	0.477***	5.945	0.032	—	—	中介效应显著
人际关系和谐→互惠→项目管理绩效	0.362***	4.471	0.374***	5.318	0.050	0.531	0.934	0.363**	2.678	0.036	—	—	中介效应显著
人际关系和谐→承诺→项目管理绩效	0.362***	4.471	0.510***	8.893	0.053	0.564	1.346	0.522***	7.683	0.034	—	—	中介效应显著
项目服从→承诺→项目管理绩效	0.292***	5.523	0.594***	5.133	0.049	0.623	1.632	0.554**	2.873	0.032	—	—	中介效应显著

注：**** 表示 0.001 的显著性水平，*** 表示 0.01 的显著性水平，* 表示 0.05 的显著性水平，下同。

第5章 基于关系资本中介的重大工程业主方项目公民行为对项目管理绩效影响的实证研究

5.13 本章小结

本章对第三章理论提出的概念模型进一步深化,对过往研究文献加以梳理,进一步提出可具有操作性的研究假设。为验证提出的假设,基于第4章已开发的重大工程业主方项目公民行为量表以及多量表相比遴选的更符重大工程业主方需求的关系资本和重大工程项目管理绩效量表为相关构念的度量体系。并进一步收集相关数据后通过结构方程模型验证假设,在此基础上修正模型,从而得到最终模型。结论认为:

1. 重大工程业主方项目公民行为对项目管理绩效存在积极影响,关系资本部分中介了该作用,且项目公民行为对关系资本、关系资本对项目管理绩效均存在积极影响。

2. 人际关系和谐和个体主动性分别是重大工程业主方项目公民行为对项目管理绩效间接影响和直接影响中产生的贡献最大的因素,人际关系和谐非常依赖于关系资本的形成而实现。

3. 基于人口特征的研究认为,性别为女性、学历是本科或硕士的业主方员工利他倾向更明显。

基于关系资本的重大工程业主方项目公民行为对项目管理绩效机制动态仿真研究

基于第 5 章内容，本研究以重大工程竣工为统一的时间节点共获得了 267 份相应的问卷，实证结果表明，重大工程在项目完成时业主方项目公民行为对关系资本以及项目管理绩效之间呈积极影响关系。但这只反映了三者之间静态的积极影响关系，而在工程实施阶段，业主方如何与其他利益相关方建立业主项目公民行为，这些项目公民行为又怎样动态影响项目管理绩效？结构方程主要研究了业主方项目公民行为、关系资本和项目管理绩效等关键因素之间的关系，前提是外界环境因素变化是随机波动的，其造成的影响可以相互抵消，但当其他外部因素发生变化时究竟给项目带来怎样的影响？本章基于现实案例为 Netlogo 仿真模型提供真实参数背景和结果验证，讨论业主方项目公民行为对项目管理绩效的影响机制。

6.1 项目公民行为动态演化研究背景

6.1.1 问题的提出

正如 2.2 节文献综述所涉及的，长期以来，项目公民行为的研究范式已日趋成熟，主要通过结构方程实证验证假设获得结论。然而这种研究同样存在着显著的不足：首先，结构方程的前提是基于一定数量的统计数据而得到的结论，得到的是整体趋势，具体项目只能根据整体趋势来判断决策，这只是一种大概率事件，并不能精细地刻画出每一个项目的特定条件，因而在实际操作过程中可能存在误差。其次，由于问卷收集多处于某一个特定的时间节点或者某几个特定的时间阶段，缺乏同一项目不同阶段的纵向数据对比，使得重大工程业主方项目公民行为对项目管理绩效影响的描述趋于时间维度的离散点集下描述其相关关系,而非连续时间下相关关系的集合,换言之,结构方程描述重大工程业主方项目公民行为对项目管理绩效影响的动态形成过程不明晰。第三,由第 5 章的研究结论可知,虽然项目公民行为是影响项目管理绩效的主要路径,关系资本部分中介了项目公民行为对项目管理绩效,但无法剥离其他单一可能因素的干扰,而仿真则可以实现变量一对一影响的研究。

因而结构方程更适合用于对已知现象共性特征的解释,而不利于指导未来单一具体工程项目实践。为能够提出针对具体工程项目实践的针对性方案,需要从微观视角,掌握整个动态形成过程的运行机理:首先需要构建重大工程的外部环境,掌握业主方项目公民行为——项目管理绩效反馈的约束条件和边界;其次,需要描述特定情境下重大工程业主方心理特征,回答他们为何会产生项目公民行为的问题;再次,需要讨论项目公民行为如何作用于关系资本最终影响到项目管理绩效的全过程。由于人的心理状态和行为难以显化,且难以重复发生,为了建立一个有效的系统反映客观真实发生的情境,并要利于控制其他变量的变化,故采用计算实验仿真的方法完成该任务。

6.1.2　计算实验仿真研究的必要性和可行性

计算实验仿真是在社会科学领域中,以信息技术为平台,把嵌入信息技术和复杂系统科学内涵的新的科学实验概念和方法引入社会科学研究中的一种仿真方法。计算实验仿真主要用于解决存在个体适应性、系统动态演化、非线性计算过程的结构下的具有不确定性的复杂性系统的问题(盛昭瀚,2010b)。计算实验由于能够反应每一个具体项目的情境,因而基于微观层面相较于实证方法具有更高的可信度;各影响因素在合理范围内改变,因而其结果具有可控性;实验条件已经定量化处理,因而实验结果可以外推。

由于行为具有不确定性,随情境、人的改变而有所差异;行为又具有自适应性,能根据不同条件做出不同判断;行为还具有涌现性,多重个体行为的叠加产生往往产生整体的非线性改变。因而,行为具有复杂性,重大工程项目公民行为亦具有复杂性,其通过员工关系资本对项目管理绩效的影响机理亦是复杂的。

由于行为本身及其作用机理的复杂性,使得在研究动态情境下的重大工程业主方项目公民行为对项目管理绩效的影响存在一定的困难:首先,大量的行为基于特定情境展开,具有不可重复性。完全相同情境下的完全相同行为很难找到,使得单纯定量的实证研究面临样本不足的问题。其次,定性的实证研究无法从数量角度反应系统内的涌现关系,其只有在量变累积到质变时才能体现,因而对未来不具有可预测性。再次,理论研究并不能证明在真实情境中一定适用,而不能实现的模型再完美也没有现实意义。最后,真实实验法与定量实证研究类似,面临实验难以构建与现实需求完全相同的情境模式的问题。行为对绩效的动态发展过程难以通过上述方法加以验证,只有计算实验能够克服上述矛盾,取得相较于其他方法更好的结果。

6.1.3 仿真方法的选择

计算实验方法又包括很多具体的方法,诸如元胞自动机(CA, Cellular Automaton)、多代理建模(ABM, Agent Based Model)、马尔科夫模型(MM, Markov Model)、系统动力学模型(SD, System Dynamics)、随机游走模型(RSM, Random Surfer Model)、凝聚扩散模型(DLA, Diffusion-limited Aggregation)等方法,根据已有学者研究(王文杰等,1998; Russell, Norvig, 2002; Luger, 2005; 盛昭瀚,2010b; 段晓东,2012),各方法的优劣势对比如表6-1所示。

表6-1 计算实验方法对比

特征	多代理建模	元胞自动机	凝聚扩散模型	随机游走模型	系统动力学模型	马尔科夫模型
面向对象	整个空间所有的个体行为	网络空间(元胞)状态	受其他粒子影响的单粒子运动	独立单粒子运动	系统状态和系统中个体状态	多个体状态
是否存在对象间相互作用	存在	存在	存在	不存在	存在	不存在
是否有时间	有	有	有	有	有	有
是否有空间	有	有	有	有	无	无
运动	运动	固定	运动	运动	—	—
状态	有	有	有	有	有	有
占有单格的排他性	无排他性	有排他性	无排他性	无排他性	—	—
智能性	智能	智能	非智能	非智能	非智能	非智能
常用的仿真工具	Netlogo、Repast、Anylogic、Swarm等	Matlab等	Matlab、Gnuplot等	Matlab、Gnuplot等	Vensim、Ithink、Stella、Powersim等	Matlab等

注:本表根据 Russell、Luger、史忠植、盛昭瀚、段晓东等人的研究整理。

第6章　基于关系资本的重大工程业主方项目公民行为对项目管理绩效机制动态仿真研究

　　由于本书研究的是重大工程中的业主方项目公民行为问题,因而比较所有的建模方法,多代理建模更能满足行为建模需求,也更能反映人在行为发生过程中的复杂性。故本研究选择多代理建模作为本章内容的研究方法。

　　在具体仿真软件的选择上,本研究选择 Netlogo 作为工具。Netlogo 是由 Uri Wilensky 在 1999 年开发的,用来对自然现象和社会现象进行仿真的可编程建模环境。Netlogo 基于 Logo 语言,将研究对象从单一个体的研究扩展到多个体研究,能够较好地反映微观个体本身的行为以及所有的微观个体行为涌现现象,主要适用于对时间演化的复杂系统进行建模。Netlogo 的适用对象与本研究是契合的,因而选用 Netlogo 进行相应的仿真研究。

6.2　行为仿真的要素分析

6.2.1　行为主体及状态

　　本研究的项目公民行为源于重大工程项目中业主方员工,因而其也是模型构建的行为主体。重大工程由于特征不同,其业主方组织结构亦有所差异,即使业主方组织结构相同,其组织功能亦所有差异,因而导致员工的行为对象和频率有所差异。盛昭瀚等基于苏通大桥的经验,认为重大工程项目业主方主要包括建设协调领导小组、技术专家组、有限责任公司、建设指挥部和项目所在地各地建设领导小组、建设指挥部等(盛昭瀚等,2009)。《青藏铁路公司年鉴 2006》表明青藏铁路业主方包括建设领导小组、专家咨询组、建设领导小组办公室、建设总指挥部、青藏铁路公司、项目所在地支援建设领导小组等。《三峡年鉴 1994—2010》表明三峡业主方包括建设委员会、建设委员会办公室、移民开发局、开发总公司等。

　　为了便于仿真和与真实数据对比,本研究以上海×项目为例,讨论项目业主方内部之间以及其与其他利益相关方之间的项目公民行为关系。由于关系资本只有在长期密切接触过程中才有可能产生,因而本书对业主方的研究只针对能够经常接触的业主方,而不研究较少有接触的业主方内部及业主方与其他利益相关方之间的项目公民行为关系。具体而言,可产生关系资本的业主方被划分为四类组织:建设项目领导小组、建设项目指挥部、开发管理公司、专家咨询组。若项目地跨多地,且地方政府参与建设则存在各地为主导的建设领导小组;若项目地跨多地,但地方政府不参与建设则存在各地支援建设领导小组。本研究的项目只在上海,因而本地政府相关部门只负责配合,但不作为业主方组织而存在。外部其他利益相关方主要包括参建方和公众。

由于第 3 章内容和第 5 章内容分别从理论和实证的角度分别论证了关系资本对重大工程业主方项目公民行为和项目管理绩效的中介作用,因而本研究对于对所有个体设置了三重属性特征:个体绩效、个体士气、关系资本①,下文对七类行为组织各自特征进一步分析。

1. 建设项目领导小组:本研究的建设项目领导小组指的是重大工程中最终的业主方,代表政府对项目建设负责,主要负责从宏观上制订重大工程项目的目标,从宏观上管理整个重大工程项目,在重大工程项目指挥部遇到难以协调的具体问题时负责协调工作。建设项目领导小组是建设项目指挥部和开发管理公司的共同上级,接受专家咨询组的建议,做出宏观决策,当指挥部或开发管理公司与地方政府相关部门出现冲突时协调冲突,更好地管理项目,促进项目目标的实现。

2. 建设项目指挥部:本研究的建设项目指挥部指的是受重大工程建设项目领导小组领导,负责项目现场具体进度、成本、质量等目标的管理工作的业主方组织。同时,建设项目指挥部还负责对外公众的解释工作。它接受建设项目领导小组领导,关于项目向公众答疑,同时协调各参建方的工作,管理监督各参建方的工作,保证项目目标的实现。同时建设项目指挥部需要同步与开发管理公司保持沟通,确认合同完成情况并批准工程款拨付。

3. 开发管理公司:本研究的开发管理公司是指在重大工程实施阶段为了资金筹措、土地动迁、签订参建合同等需要而成立的运营管理项目的业主方公司。开发管理公司接受建设项目领导小组的领导,与建设项目指挥部并行,主要负责指挥部不能完成的配套性工作,与各参建方签订参建合同并按要求拨付工程款。同时开发管理公司需要同步与建设项目指挥部保持沟通,根据建设项目指挥部对参建方的监控拨付工程款。

4. 专家咨询组:本研究的专家咨询组是指为适应重大工程建设需求,克服技术难题而聘请的为重大工程决策提供辅助支持的各专业专家库,亦是一种重要的业主方组织。当项目需要规划或者遇到问题时,专家咨询组提供技术支持。专家咨询组主要为建设项目领导小组决策和建设项目指挥部现场实施提供技

---

① 为何采用关系资本详见 6.3.1 的假设 6。

第6章 基于关系资本的重大工程业主方项目公民行为对项目管理绩效机制动态仿真研究

支持。

5. 地方政府相关部门：本研究的地方政府相关部门指的是重大工程实施过程中亟须地方政府配合的相关部门，包括规划、消防、环保、安监等部门。这些部门对重大工程的意见可能影响项目的目标实现，为了提高项目管理效率，建设项目领导小组可以协调建设项目指挥部的需求和各地方政府相关部门的需求，提升项目管理效率。

6. 参建方：本研究的参建方指的是参与项目实施的主体，是重大工程项目实现的具体实施者，是业主方监督管理的对象，接受建设项目指挥部的具体指令，与开发管理公司签订合同并获得工程款。

7. 公众：本研究的公众指的是受重大工程影响切身利益的社会大众或企业。他们并不参与重大工程建设，但其切身利益受到重大工程建设影响时，会向业主方提出反馈。业主方一般将信访接待任务放置在建设项目指挥部，因而其一般只与指挥部产生接触。

6.2.2 行为活动

从为体现业主方项目公民行为在重大工程实施过程中的作用，本研究认为业主方项目公民行为与其他工作行为可以剥离，仅抽象出项目公民行为活动，不包含正常的工作行为活动。正常工作行为活动产生的管理绩效包括在初始项目管理绩效中，且假设正常工作时项目管理绩效不会随时间发生波动。因而所有的仿真过程有且只有一种行为改变项目管理绩效——业主方项目公民行为。

6.2.3 行为利益

由于行为主体的属性参数包括三个，因而行为利益主要体现在三个方面：业主方个体管理绩效、业主方个体士气、业主方关系资本。具体计算条件和计算过程见6.4所示。

6.2.4 研究案例背景

上海某项目位于徐汇区黄浦江南延段，总建设用地面积约14万平方米，地下总建筑面积45万平方米，地上总建筑面积54万平方米。塔楼高度为24—150米不等，东低西高，一层、二层以商业为主，三层及以上以办公为主；地下室分为三层，其中地下第二、三层为车库，地下一层为车库和商业，总停车位约为

5 300个。本项目作为上海重要的影视娱乐媒体中心,既吸引全球影视、音乐、时尚文化机构入驻,又能带动附件高端商业及商务的发展,是上海市乃至华东地区"十二五"时期重点建设的传媒基础设施项目。

本项目涉及的利益相关方众多,包括地方政府(上海市政府和徐汇区政府)、项目领导小组、项目指挥部、XA 开发(集团)有限公司、专家咨询组、项目管理公司、设计方、监理方、总包方、分包方、社区组织、媒体等。由于本项目利益相关方众多,本项目的业主方在各利益相关方之间建立伙伴关系,具体表现在:第一,改变以往项目只有业主方管理,让更多的利益相关方也参与项目管理之中;第二,建立平等协商机制,争取在协商沟通中取得项目建设推进的共识;第三,促进各利益相关方高层沟通常态化,及时反馈各利益相关方的利益诉求;第四,建立工作沟通例会制,各利益相关方及时保持沟通;第五,加强各利益相关方之间的文化联系,让各利益相关方树立"项目整体利益高于一切"的文化。这些均使该项目的利益相关方之间存在发生重大工程项目公民行为的可能。

6.2.5　案例跟踪调研

由于项目持续时间较长,考虑数据的可采集性,选取项目开工时,2014 年 6 月到 2015 年 6 月共 9 个月分别五次对业主方研究对象的人数进行调研。为了保证研究对象的相对稳定性,各方均选取有编制的员工为调研对象。调研主要分两部分,一部分是对仿真模型参数的调研,主要采用两阶段德尔菲法确定参数,调研对象为一名领导小组成员、一名指挥部成员和一名开发管理公司成员,三人分别打分后统一意见得到结论,调研时间为 2014 年 6 月,调研次数为一次。另一部分是对实践情境的调研,分别选取两名领导小组成员、三名指挥部成员和三名开发管理公司成员、两名专家咨询组成员共十名成员分别打分后取平均值,获得对业主方真实情境的评价,调研时间为 2014 年 6 月、2014 年 9 月、2014 年 12 月、2015 年 3 月和 2015 年 6 月,调研次数为五次。

6.3　项目公民行为仿真研究的假设及机理

6.3.1　项目公民行为对绩效动态仿真假设

1. 项目公民行为是一种基于动机而识别的行为,其基于作用对象可以分为面向个体的项目公民行为(PCB - I)和面向组织的项目公民行为(PCB - O)

(Williams,Anderson,1991),面向组织的项目公民行为代表了重大工程项目公民行为的利他性,面向个体的项目公民行为代表了重大工程项目公民行为的个体主动性。故设重大工程项目公民行为分为面向个体和面向组织两种影响维度。

2. 实际工作中每个人作为独立体,对其他所有人的关系资本均是不同的,这种关系既包括工作中的关系,亦包括非工作的关系。而本研究面向业主方内部组织,为了突出工作中的关系在业主方项目公民行为对项目管理绩效中的作用,设同组织的所有员工对本组织以外关系程度是一致的,对本组织以内关系程度亦是一致的。

3. 项目公民行为的"过犹不及"理论认为过多的项目公民行为会造成正常工作效率的降低(Bolino 等,2013a),与 6.2.2 节的正常工作下业主方的项目管理绩效不变矛盾。因而须防止"过犹不及"现象的发生,设项目公民行为的数量不是无限增长的,它亦会受到工作强度的约束,员工必须在完成正常工作任务的前提下实现其项目公民行为,当员工单体成功完成项目公民行为的次数达到一定次数后就会停止。

4. 我国的重大工程中业主方构成和各组织的职能至今为止存在差异。例如苏通大桥的建设中,建设项目指挥部负责项目现场管理(盛昭瀚,2009),而根据三峡年鉴,三峡工程的建设中,三峡开发总公司则负责项目现场管理,而其指挥部主要负责上级领导的接待,对外宣传等工作。本书基于上海×项目为模板,把业主方分为领导小组、指挥部、开发管理公司和专家咨询组四个部分。

5. 为精确模型,对于业主方组织内的管理人员,仅认为业主方组织内有编制的人员符合条件。而业主方组织内存在无编制的诸如文员等不在管理人员范围。

6. 在实践中,每个个体的关系资本是具有差异性的,但由于在本模型中,关系资本会直接影响到项目公民行为的产生,为了简化需要,假设同一组织内部的所有个体的关系资本均相同。由于组织内个体关系均分为正式关系和非正式关系,前者是正式制度安排和规则约束下人们的行为关系,后者是依靠个体间情感而建立的人们的行为关系。在工作中正式关系占主导地位,非正式关系是重要的补充(王询,2000)。因而本研究考虑同一组织内所有个体的关系资本均相同,能够保留个体主要的关系资本。

6.3.2 项目公民行为对绩效动态仿真整体机理

本研究中项目公民行为对项目管理绩效运行机理如图 6-1 所示。项目公民行为的 PCB-O 的发生以工作中存在工作合作关系为前提(周红云,2011),而更有效的 PCB-I 能提升个体的管理绩效,进而在工作协作中带来更高质量的 PCB-O 提升项目管理绩效(Diefendorff,2002),因而,将仿真过程聚焦于工作中合作关系的产生和发展,能够更加综合地反映业主方项目公民行为对项目管理绩效的影响。

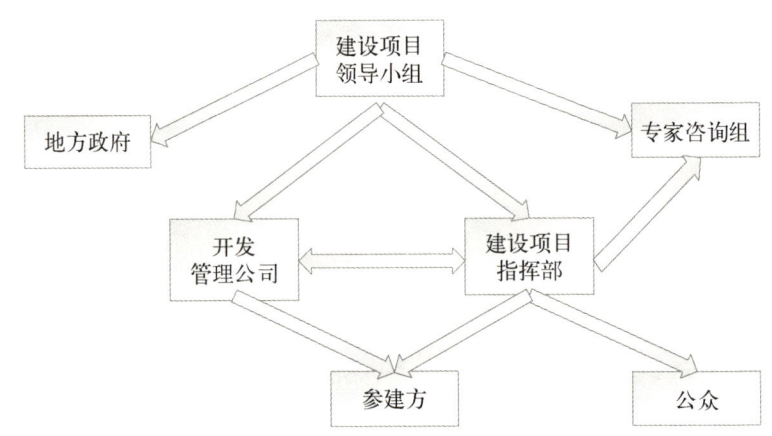

图 6-1　重大工程业主方成员结构与其他利益相关方关系

而由于重大工程中个体交互复杂,虽然施工固定流程的个体协作具有确定性趋势,但具体项目公民行为的次数却是随机波动的,因而具有难以预测性,因而基于微观个体视角难以观测,构建足够精确的模型。然而,从项目为维度的视角而言,由于重大工程项目实施过程中,项目业主方项目公民行为与项目管理绩效关系的趋势可以通过重复多次仿真获得。因而本研究考虑从项目角度构建该仿真模型。对于个体而言,由于项目业主方招聘员工不会测试业主方员工项目公民行为意愿,因而可认为所有业主方员工的项目公民行为意愿随机,因而在同一工程流程中当人数越多的时候,工作中存在的合作过程越多。故基于此设计仿真模型,假设在仿真平面空间将四种业主方组织和其他三种利益相关方组织成员所有人随机分布成若干节点,认为是工作初始状态,让所有节点以随机方向移动一个单元格,当且仅当一个节点移动后与另一节点相遇,则认为其存在产生了一次工作合作关系可能,根据图 6-1 中业主方组织和其他利益相关方的关系,认为存在联系的即存在项目公民行为的可能。

在工作合作的基础上进一步判断这些工作协作关系是否都产生了项目公民行为。由于不同的业主方组织之间以及业主方组织与其他利益相关方沟通合作的频率不同。为尽可能真实地反映合作频率,本研究采用两阶段德尔菲法,对上

第6章 基于关系资本的重大工程业主方项目公民行为对项目管理绩效机制动态仿真研究

海×项目业主方建设项目领导小组、建设项目指挥部、开发管理公司中各选取一位员工,就业主方内部和业主方与其他利益相关方的合作频率分别进行问询(以本组织内部合作频率为1,无合作时频率为0),将第一轮问询结果反馈给三位受访者,由三位受访者讨论后共同确定对于上海×项目受问询组织间合作频率,具体见表6-2所示,具体计算方法见6.4.2。

表6-2 业主方内部组织间和业主方组织与其他组织的工作合作频率

主 客	建设项目 领导小组	建设项目 指挥部	开发管 理公司	专家 咨询组	地方 政府	参建方	公众
建设项目领导小组	1.0	0.2	0.2	0.1	0.4	—	—
建设项目指挥部	—	1.0	0.9	0.2	—	0.7	0.1
开发管理公司	—	—	1.0	—	—	0.5	—
专家咨询组	—	—	—	1.0	—	—	—

由于Bolino认为社会资本同样可以产生组织公民行为,由于人际连接质量高(关系好)也可能产生组织公民行为是存在的,因而认为关系资本同样可能产生项目公民行为(Bolino,Turnley,2002)。同时,根据第三章内容,在适当的行为成本前提下,重大工程业主方存在实施项目公民行为的可能,由于项目管理绩效与项目公民行为的次数正相关,而项目公民行为的次数和项目公民行为的意愿和关系资本正相关,故在仿真模型中既设置了项目公民行为成功与否影响关系资本的机制,又设置了通过关系资本的高低来影响项目公民行为成功的概率的极值,具体将在6.5节行为规则中具体介绍。

当成功产生项目公民行为时,会导致三个结果,业主方成员士气的上升(He,2012),业主方组织的关系资本增加,同时由于项目公民行为的产生,会对项目管理绩效产生提升作用。随着士气上升,业主方成员更愿意从事项目公民行为,而根据"过犹不及"理论,业主方成员工作外的精力是一个确定的常数,随之业主方项目公民行为的增加而导致个体精力下降,到下降到一个阈值,业主方成员工作外的精力再下降会影响正常的工作,即士气与精力之间存在负相关关系(Bergeron等,2013;Bergeron,2007)。故对士气上升设置一个阈值,即精力下限,防止业主方成员因为项目公民行为而影响正常工作。当士气上升到阈值时,项目公民行为停止,项目管理绩效保持不变。随着两者之间的关系资本上升,两者间项目公民行为的概率上升,更倾向于存在项目公民行为的判断。由于绩效

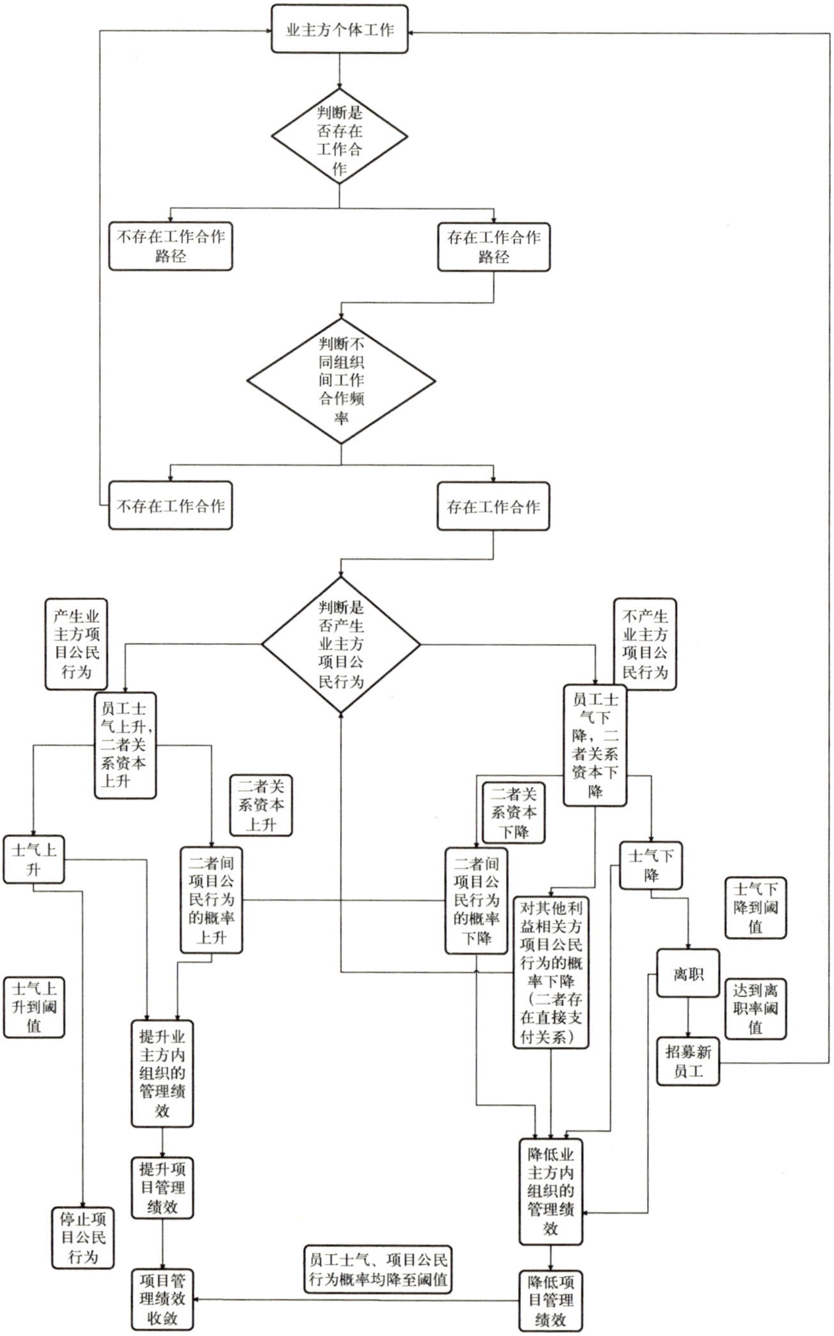

图 6-2 重大工程业主方项目公民行为——项目管理绩效仿真概念模型

第6章 基于关系资本的重大工程业主方项目公民行为对项目管理绩效机制动态仿真研究

有士气阈值上限限制,因而绩效随士气的上升和项目公民行为概率的上升最终收敛于一个确定值。

当未能产生项目公民行为时,对应会导致三个结果,业主方成员士气下降,业主方组织的关系资本减少,但由于项目公民行为是角色外行为,因而其存在固然能增加项目管理绩效,而其不存在亦不会减少项目管理绩效。由于士气下降到一定阈值时,业主方成员会由于工作不顺心而选择离职(Wickert,1951),则业主方组织的项目管理绩效减少。而业主方招聘合适的员工具有黏性,不能在失去一个合适的员工后马上找到另一个合适的继任者,故设只有当离职率达到阈值时,该利益相关方才会一次性补齐所有缺失的岗位,而新员工进入时又会生成新的士气和个体绩效,其关系资本与其所在的利益相关方相同。由于利益相关方之间的关系资本减少,使得更倾向于不存在项目公民行为的判断。由于没有项目公民行为不会导致原项目管理绩效下滑,因而当项目公民行为频率过低时,绩效会在初始绩效附近上下波动而不发生显著性改变。

最终构建仿真模型界面如附录 B 所示。仿真模型源代码如附录 C 所示。

6.4 项目公民行为具体行为规则的制订

6.4.1 初始参数的计算与设定

由于实践工作中业主方员工个体间能力存在差异,但均可以胜任相应的工作,工作初始绩效是不同的,但实际工作又要保证能完成工作为前提,因而将业主方成员管理绩效假设成一个"固定+浮动"的值,固定值为必须完成的工作,浮动值为个体能力差异造成的工作角色内行为产生的管理绩效差异。基于上海×项目对业主方成员"固定+浮动"的考核标准,设个体 i 绩效为

$$performance_i = 50 + random\,50 \qquad (6-1)$$

由于本研究仿真项目起始到项目结束阶段的个体士气,而通过对前述三位上海×项目调研结果认为项目起始阶段个体士气并不高,综合多因素确定初始个体士气为定值,设个体 i 士气为

$$energy_i = 20 \qquad (6-2)$$

此时,项目管理绩效为所有业主方个体管理绩效整合的绩效,即

$$total\ performance = \sum_{i=1}^{n} performance_i \qquad (6-3)$$

单次组织公民行为的成本为 $cost$。项目内同利益相关方 i 成员间的组织公民行为成功时关系增进程度为 $iSP-plus$,失败时关系衰减程度为 $iSP-minus$,项目内不同利益相关方 i 帮助 j 成员的组织公民行为成功时关系增进程度为 $iDP-plus$,失败时关系衰减程度为 $iDP-minus$。项目利益相关方 i 的离职阈值为 $i-turnover-limitation$。项目内所有成员的士气上限设置为 $energy-limitation$。项目利益相关方 i 的初始人数设置为 $initial-number-i$。

6.4.2 项目公民行为是否产生的判断

根据图 6-2 流程图,判断是否发生项目公民行为首先需要根据实践,按照图 6-1 判断双方之间是否存在合作关系。在此基础上,需要判断双方之间是否存在合作的频率密切程度,根据表 6-2 确定双方为同一组织的为 $i-f$,属于不同组织的为 $i-j-f$,根据该频率确定合作行为是否会发生。

在存在合作行为的基础上,判断项目公民行为是否产生。由于双方是否发生项目公民行为主要看实施项目公民行为一方的意愿,而实施意愿虽然从结果上是一个 0-1 事件,但在决策过程中并非一个 0-1 事件,是一个概率事件,即该组织愿意对另一组织实施项目公民行为存在一定的概率。项目组织 i 的成员对同项目组织的其他成员实施项目公民行为的概率为 $i-pro$,项目组织 i 的成员帮助另一组织 j 的成员实施项目公民行为的概率为 $i-j-pro$(也即二者之间的关系资本)。因而本书设项目组织 i 帮助项目组织 j 实施项目公民行为的概率为 $i-j-pro \in [0,1]$ 且为一个常数,而实际项目公民行为 $PCB_{i-j} = random(0,1)$,即每次 PCB_{i-j} 在 $[0,1]$ 区间取随机数,比较 PCB_{i-j} 与 $i-j-pro$ 的大小。

$$PCB_{i-j} = \begin{cases} 1 & PCB_{i-j} < i-j-pro \\ 0 & 其他 \end{cases} \qquad (6-4)$$

式中,$i-j-pro$ 表示 i 节点所处的组织与 j 节点所处的组织之间的关系资本,为一个 $[0,1]$ 区间的数,数值越大表示 i 节点所处的组织对 j 节点所处的组织的关系资本越高,二者之间产生项目公民行为的可能性也越大。

6.4.3 个体行为的计算

1. 个体士气:有研究认为个体士气与离职倾向存在显著负相关关系,而离

第6章　基于关系资本的重大工程业主方项目公民行为对项目管理绩效机制动态仿真研究

职倾向于项目公民行为存在显著负相关关系(Jackson 等,2012),因而个体士气与项目公民行为存在正相关关系。故设当工作发生协作关系的两个个体发生项目公民行为成功时,两者的士气均增加 1;当工作发生协作关系的两个个体发生项目公民行为未成功时,两者的士气均减少 1。

$$\begin{cases} energy_i = energy(-1)_i + 1 \\ energy_j = energy(-1)_j + 1 \end{cases} \quad (6-5)$$

2. 个体管理绩效:由第 3 章,由于项目公民行为存在个体主动性行为和利他主动性行为两个部分,已有实证研究也认为,面向组织的帮助行为与面向个体的组织服从,均与个体绩效存在积极影响(Podsakoff,2000;Williams,Anderson,1991)。因而基于本研究假设 1,当 i,j 分属同项目不同组织时,可得个体管理绩效为

$$performance_i = performance(-1)_i + k_1 \times i-j-pro + k_2 \times \left(\frac{energy}{100} - 0.2\right) - cost \quad (6-6)$$

当 i,j 属于同项目同组织时,可得个体管理绩效为

$$performance_i = performance(-1)_i + k_1 \times i - same-pro + k_2 \times \left(\frac{energy}{100} - 0.2\right) - cost \quad (6-7)$$

注:式中 $performance(-1)_i$ 表示个体 i 前一期的管理绩效,下文同,k_1,k_2 分别为帮助行为和组织服从影响程度的系数。

3. 业主方组织关系资本:当工作发生合作关系的两个个体为同一组织时,当业主方组织 i 的成员接受本方项目公民行为成功时,

$$i-pro = i-pro(-1) + iSP-plus \quad (6-8)$$

当业主方组织 i 的成员接受本方项目公民行为失败时,

$$i-pro = i-pro(-1) - iSP-minus \quad (6-9)$$

当工作发生合作关系的两个个体未不同组织时,
当业主方组织 i 的成员帮助业主方组织 j 的成员项目公民行为成功时,

$$i-j-pro = i-j-pro(-1) + iDP-plus \quad (6-10)$$

当业主方组织 i 的成员帮助业主方组织 j 的成员项目公民行为失败时，

$$i-j-pro = i-j-pro(-1) - iDP - minus \quad (6-11)$$

4. 项目管理绩效：根据 6.2.1 对行动主体的分析，认为建设项目领导小组、建设项目指挥部、开发管理公司和专家咨询组等四个组织的项目公民行为产生的项目管理绩效的总和。

$$P_{项目} = P_{领导小组} + P_{指挥部} + P_{开发管理公司} + P_{专家咨询组} \quad (6-12)$$

6.4.4 离职与招聘

已有的实证研究表明项目管理者的士气与离职之间存在强的正相关关系(Parker, Skitmore, 2005; Jackson 等, 2012)，因而设定当士气低至 0 时，员工的工作情绪极低，员工会考虑离职，管理绩效随员工的减少而出现突变式减少。而当项目中某一组织人数减少到 $i-turnover-limitation$ 阈值时，项目业主方组织会通过招聘引进新的员工将缺少的员工一次性补满，管理绩效随员工的增加而出现突变式增加。由于地方政府和公众不会受该项目影响而出现人员更替，故二者的 $i-turnover-limitation = 1$，而参建方的用人量与业主方不同，需要单独制订 $i-turnover-limitation$ 阈值。由于专家咨询组来自专家库，一旦有专家不能胜任工作，会有其他专家及时补充，故专家咨询组的 $i-turnover-limitation = 1$。

根据研究前提假设 3，而当士气升至 $energy-limitation$ 时，其非工作时间的精力达到极限，为保证项目的正常工作质量，限制员工士气的进一步增长，进而限制项目公民行为的增长。

6.4.5 终止条件

为了在同一时间段下对不同情境的项目公民行为和项目管理绩效有所比较，又可保证时间段足够长到使可收敛的曲线，经过反复试验，选取 ticks ＜ 20 001 作为终止条件。

6.5 仿真模型的验证

仿真模型的验证是仿真模型构建之后、仿真实验开始之前的重要环节，以概

第6章 基于关系资本的重大工程业主方项目公民行为对项目管理绩效机制动态仿真研究

念模型为输入,在本领域专家的合作参与下而进行的一系列检查、比较、验证和修改活动,目的在于验证其模型本身可靠,保证模型能够反映现实中的真实情境,并能够计算出符合逻辑结果的优质概念模型(刘彬等,2012)。

根据 Louie 和 Carley 提出的 Agent 模型的验证方法,分别采用概念模型验证(conceptual validation)、操作效度验证(operational validation)、数据效度验证(data validation)三个部分对项目公民行为仿真结果进行验证(Louie,Carley,2008),其验证过程和验证关系如图 6-3 所示。同时,对社会科学"情境化"的研究越来越重要,只有验证了实践情境下的仿真才有意义(王红丽,陆云波,2014)。本书在此基础上进一步通过对上海×项目的持续调研数据为现实案例进行仿真验证。

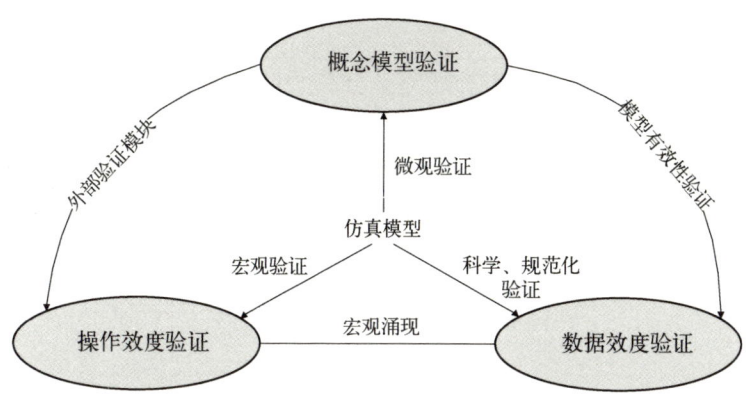

图 6-3 仿真模型验证框架

6.5.1 概念模型的验证

概念模型是去除影响较小的因素和干扰因素,将真实世界的现象抽象成一个可描述可运算的模型。美国国防部建模与仿真办公室(DMSO)将概念模型具体定义为三项任务,分别完成对仿真系统的校核、验证和确认(Verification, Validation and Accreditation,VV&A)工作。概念模型的验证有 76 种方法(Pace,1998),常用的方法包括专家评审法、折中分析法、形式化验证方法、可执行验证方法等。由于项目公民行为主观性较强,传导过程较为复杂,因而适合采用专家评审法。专家评审法主要过程包括:组织本领域相关专家组成一个评审小组,专家根据自身已有的专业知识和工作经验,阅读检查概念模型说明书,并提出相应的改进意见,进一步改进经评审小组专家审阅一致同意后完成该流程。

本仿真模型在构建过程中得到了大量专家的支持,由于项目公民行为难以控制外部条件,因而其机制主要源于理论文献和实践案例,如图6-4所示,具体包括:

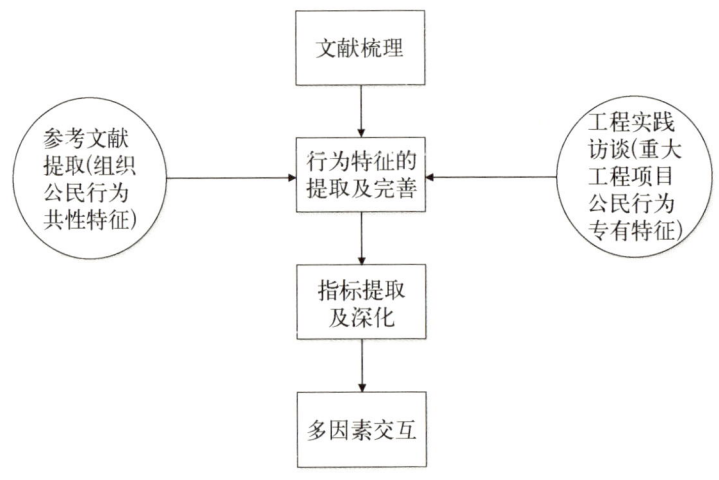

图6-4 模型及其验证步骤

1. 范围界定。通过同济大学已有的 CNKI、Wiley、Sage、Springer、Elsevier、EBSCO、Jstor、Taylor & Francis、Proquest、ASCE、IEEE 等数据库,检索以重大工程、亲社会行为、利他行为、组织公民行为、项目公民行为为关键词的中外期刊论文及会议论文,梳理相关研究的研究脉络,界定以重大工程业主方项目公民行为的特征,对项目管理绩效的影响,明确研究边界。

2. 行为特征提取及专家建议改进。通过 Organ、Podsakoff、Borman、Motowidlo 等学者公开出版的组织公民行为书籍(Organ,1988;Organ 等,2005;Borman,Motowidlo,2014)以及本书第4章对工程实践者的访谈,对重大工程业主方项目公民行为特征进行提取,结合现状初步确定行为规则,并邀请同济大学老师对这些标准进行完善。

3. 选取研究指标。由于项目公民行为是一类具体行为的集合,因而不同研究基于不同视角识别的项目公民行为的成因、结果和作用机理亦有所差异。根据本研究特点最后将指标分为业主方项目公民行为成本、业主方组织的关系资本、外部因素等三类。

4. 多因素交互。根据已有研究成果对相关指标进行量化,对于需要考虑的指标,在模型构建过程中考虑其交互作用的方向和强度,从而最终构建概念模型。

表 6-3 给出重大工程业主方个体 agent 实施业主方项目公民行为时行为状态改变的基本规则,规则包括了相应的前提条件及相应的结果。在项目公民行为模型构建中,双方有一定的关系资本和工作士气恰当是产生项目公民行为的重要条件。

表 6-3 单个 agent 的项目公民行为状态转化

状 态	与对方的关系资本	工 作 士 气	结 果
帮助其他利益相关方	(0,1]	$(0, energy-limitation)$	项目公民行为持续
不帮助其他利益相关方	0	$energy-limitation$	项目公民行为停止
离 职	—	0	离 职

6.5.2 操作效度的验证

操作效度是概念模型外部验证,其目的在于:① 验证模型的计算结果输出能够准确表达建模的真实意图;② 概念模型可靠,能够被计算机正确的执行(王红丽,陆云波,2014)。本书采用 Thomsen 等(Thomsen 等,1999)提出的对模型操作效度的三个方面的验证:真实性验证、一致性验证和普适性验证,并认为若仅用于理论模型的构建,只须进行真实性和一致性验证即可满足要求。真实性验证目的在于验证建立的仿真模型是否能够反映真实行为并定量研究行为的相关特征;一致性验证目的在于验证模型的无偏性,即同一模型采用相同的参数运行多次,其结果应当不存在统计上的显著差异。本研究基于已有的研究内容开展操作效度的验证。

1. 真实性验证

真实性验证又称为效度验证,是用来表示模型计算值与真实值的匹配程度,而真实性验证就是指通过真实值来检验试验数据的真实性的过程。目前对于行为模型真实性的验证尚处于探索阶段,缺乏较为可行的系统解决方案,大多数均采用定性的语言描述验证模型的真实性(乐云等,2013),因而本研究从下面三个视角论述项目公民行为真实性。

(1) 选择合适的开发平台

目前针对 agent 建模的软件平台有 50 多种,科研使用较为频繁的有 netlogo、repast、anylogic、swarm 等平台,已有的大量研究经验表明这些平台结果可被采用,并已经被学术界广泛接受。本研究采用 netlogo 为行为建模平台,用以描述微观个体行为在项目整体宏观模式下的涌现效应,构建多情境下微观主体到宏观主体的传导效应模型。在此基础上,进一步采用netlogo自带工具箱Behavior Space,通过改变仿真参数的变化范围和补偿,获得不同条件下的输出数据曲线,实现自动仿真运行并记录相应结果。

(2) 代码级检查

代码级检查主要是校验所编写的程序代码是否通顺,是否表达了概念模型希望表达的含义,在不同类型的计算机中的随机发生器运行相同代码是否可运行以及得到的结果是否一致。本研究团队成员从2005年开始就采用netlogo编程方法实现行为仿真过程,团队配合和复核可以保证所编写的程序与概念模型一致;本模型在多个电脑中的win XP 32位系统、win 7 32位系统及win 7 64位系统中运行,均取得了一致的结果;本研究作者本身具有二级C语言和三级网络技术证书,熟悉代码编写逻辑,在熟练掌握C语言的基础上学习logo语言,并参考已经成熟开发并已得到验证的模型模块或逻辑,并通过netlogo软件的自检验,能够保证分析的准确性。

(3) 测试模型极值情境下的行为特征

本研究主要从两个方面对模型的极值情况进行研究,通过重大工程各利益相关方的关系资本将利益相关方之间的关系划分为完全融为一体(关系资本全部为1)和完全不配合(关系资本全部为0)两种极端情境,本部分内容针对这两种极端情境进行验证。在关系资本最低的项目部内,业主方成员的项目公民行为意愿低,产生项目公民行为的可能性低;而在关系资本最高的项目部内,利益相关方行为人的项目公民行为意愿高,产生项目公民行为的可能性高。针对这两种情境分析相关参数进行设置,得到的项目管理绩效如图6-5—图6-8所示

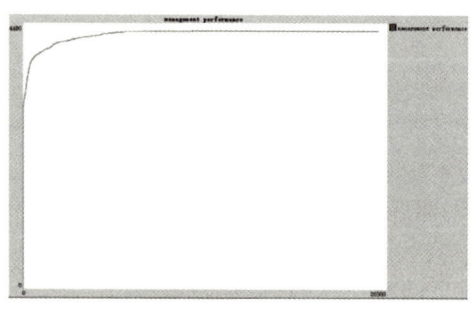

图6-5 关系资本为最大值时业主方项目公民行为对项目管理绩效的影响

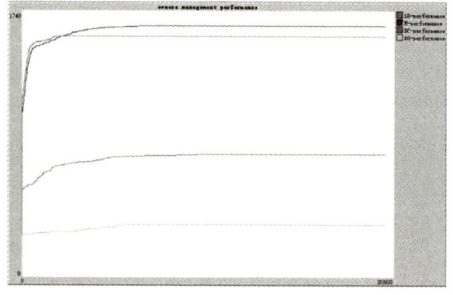

图6-6 关系资本为最大值时四类业主方的项目公民行为分别对各自管理绩效的影响

第6章 基于关系资本的重大工程业主方项目公民行为对项目管理绩效机制动态仿真研究

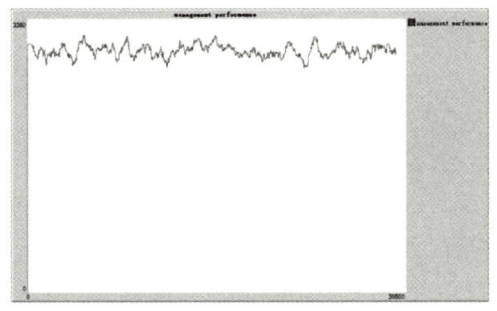

图6-7 关系资本为最小值时业主方项目公民行为对项目管理绩效的影响

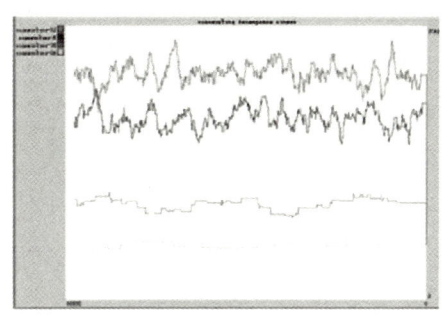

图6-8 关系资本为最小值时四类业主方的项目公民行为分别对各自管理绩效的影响

(为更显著反映两者结果差异,故将模型内涉及的七方的 $i-turnover-limitation$ 都设置为1,避免因离职造成的项目管理绩效波动)。

由图6-5、图6-6,项目管理绩效和四个业主方的管理绩效均随业主方项目公民行为的增加而上升,而达到一定高度后由于其士气达到阈值上限而停止,没有新增的业主方项目公民行为使项目管理绩效得以进一步增加。从各四个业主方的管理绩效来看,与建设指挥部合作的组织最多,频率也较高,因而建设指挥部的业主方项目公民行为对管理绩效的提升最大。由图6-7、图6-8,项目管理绩效和四个业主方的项目管理绩效均随业主方项目公民行为的增加而上下波动,不能发生有效的上升或下降。由于合作障碍,即使各方内部存在项目公民行为对自身的改进,但不能通过关系资本影响到其他方,即业主方项目公民行为不会对项目管理绩效产生显著影响。

两者对比说明,在单因素控制下,业主方项目公民行为能够对项目管理绩效产生改进,已从侧面验证了第5章的相关结论。

2. 一致性验证

在计算模型中,由于不确定性会导致模型每次运行结果存在差异,因而差异是否显著成为研究需要证明的问题,只有当运行结果之间的差异不显著时模型才是稳健的,相应的模型才是可靠的,因而一致性检验需要通过多步骤重复迭代得到相应的结论(王红丽,陆云波,2014)。为了实现对项目公民行为——项目管理绩效的一致性检验,本书对所有agent行为变量进行任意设置,利用行为空间(Behavior Space)对制订的三组相同的变量值,分别进行100次重复试验,生成相应的数据,输出结果为项目管理绩效和业主方项目公民行为次数。根据时间将这些结果导入SPSS 19.0中,利用独立样本t检验判断这些结果的均值是否具有显著的差异性,若结果均值不存在显著差异,则认为实验结果均有一致性,模型通过一致性检验。

由表6-4和表6-5所示,三个任意指定变量值所形成的项目管理绩效的独立样本t检验中的Levene检验的F统计量的概率均大于0.05,均拒绝原假设,表明三个任意指定变量值所形成的项目管理绩效和项目公民行为次数的方差齐性均无显著差异,故选择方差齐性的t检验。而t检验的概率也均大于0.05,拒绝原假设,表明这些数据并不存在显著差异。故不拒绝本模型具有一致性。

表6-4 项目管理绩效三组制订变量值的独立样本t检验

项目管理绩效		Levene检验		独立样本t检验					
		F值	显著性	t值	df	显著性(双侧)	均值差异	95%置信区间	
								下限	上限
数据一	假设方差相等	0.048	0.827	−0.561	98	0.576	−22.324	−101.342	56.694
	假设方差不相等			−0.561	97.979	0.576	−22.324	−101.342	56.694
数据二	假设方差相等	0.650	0.422	0.453	98	0.652	12.126	−41.004	65.256
	假设方差不相等			0.453	96.507	0.652	12.126	−41.015	65.267
数据三	假设方差相等	0.204	0.652	−0.306	98	0.760	−13.838	−103.575	75.900
	假设方差不相等			−0.306	97.827	0.760	−13.838	−103.577	75.902

表6-5 项目公民行为次数三组制订变量值的独立样本t检验

项目公民行为次数		Levene检验		独立样本t检验					
		F值	显著性	t值	df	显著性(双侧)	均值差异	95%置信区间	
								下限	上限
数据一	假设方差相等	0.380	0.539	−0.649	98	0.518	−7.900	−32.064	16.264
	假设方差不相等			−0.649	97.366	0.518	−7.900	−32.064	16.266

续 表

项目公民行为次数		Levene 检验		独立样本 t 检验					
		F值	显著性	t值	df	显著性（双侧）	均值差异	95%置信区间	
								下限	上限
数据二	假设方差相等	0.375	0.542	−0.150	98	0.881	−1.020	−14.479	12.439
	假设方差不相等			−0.150	95.944	0.881	−1.020	−14.483	12.443
数据三	假设方差相等	0.002	0.962	−0.461	98	0.646	−19.260	−102.176	63.656
	假设方差不相等			−0.461	97.983	0.646	−19.260	−102.176	63.656

6.5.3 数据效度验证

概念模型、操作效度等方面的验证不仅仅需要通过理论推导和机理研究,还需要通过大量的数据验证,包括理论性数据、实证性数据以及仿真模型的实验数据,这些数据共同支撑计算模型,数据的有效性直接关系到计算模型的构建和有效性验证,被视为整个模型验证的核心(王红丽,陆云波,2014)。基于数据效度验证,可以通过参数敏感性分析对实验数据的有效性进行验证(Konikow,Bredehoeft,1992)。参数敏感性分析需要在一定情境才有现实意义,只有仿真计算模型具有可行性和现实意义,仿真结果有理论与现实意义,能够通过数据效度验证。本书6.9、6.10节分别从成本、关系资本等多参数分别讨论特定情境下的项目管理绩效,进一步验证数据效度。

6.5.4 案例验证

由于业主方项目公民行为、项目管理绩效均为主观构念,仅能通过调研获得。本书通过对上海×项目分阶段调研,通过对12个月内进行五次调研,与条件模型化代入后的仿真结果进行比较进一步进行案例验证,具体见6.8节。

6.6 情境分析

项目公民行为是在特定情境下的自发作出的一类利益取向行为(Braun 等,2012)。业主方项目公民行为是一种情境行为,项目公民行为产生的项目管理绩效也是一种情境绩效(Organ,1997)。项目公民行为情境是一种指在项目公民行为现象之中对项目公民行为产生直接或间接影响的因素,包括各个侧面的因素,例如员工的工作满意度、个体间关系资本、组织承诺等因素(Bolino,Turnley,2002;张小林,戚振江,2001)。业主方项目公民行为的情境性决定了项目公民行为产生的原因及对项目管理绩效影响的路径,项目公民行为依托于特定的情境(文化背景、组织背景、社会背景、风俗习惯等)而存在,项目公民行为是产生项目公民行为的个体对外部情境的认知所作出的反应。

行为情境研究中必须综合使用以下三个层次的研究方法:① 丰富的描述;② 情境分析;③ 比较分析。丰富的描述是指对情境中涉及的影响因素加以分类并进一步整合得到主要的影响因素设为参数,进行参数选取和参数设定;情境分析就是对存在具体参数的具体情境中的行为结果分析;比较分析是对不同情境的行为结果进行的对比分析。由于不同情境结果不同,为了对比需要有一个参照标准情境,因而将符合现实情况的行为特征及结果进行的分析命名为基准情境分析(Rousseau,Fried,2001)。本节内容将参考上述理念进行情境分析和对比分析。

本研究采用文献、网络资料结合专家判断的方法,以上海市×项目为仿真情境,采用各项参数进行分析和设置,以做到该仿真模型指标数值尽可能贴近真实情况,通过对该重大工程项目的业主方项目公民行为情境进行分析。设置情境取值如表 6-6 所示。

表 6-6 基准情境初始变量取值设置

变量类型	变量名	领导小组	指挥部	开发管理公司	专家咨询组	参建方	公众	地方政府
外生变量	初始人数	7	13	16	4	62	10	3
	对领导小组关系资本	0.7	0.6	0.6	0.6	—	—	0.6
	对指挥部关系资本	0.6	0.7	0.6	0.6	0.6	0.6	—
	对开发管理公司关系资本	0.6	0.6	0.7		0.6		

第6章 基于关系资本的重大工程业主方项目公民行为对项目管理绩效机制动态仿真研究

续 表

变量类型	变 量 名	领导小组	指挥部	开发管理公司	专家咨询组	参建方	公众	地方政府
外生变量	对专家咨询组关系资本	0.6	0.6	—	0.7	—	—	—
	对参建方关系资本	—	0	0.6	0.7	—	—	—
	对公众关系资本	—	0.6	—	—	—	0.7	—
	对地方政府关系资本	0.6	—	—	—	—	—	0.7
	对领导小组合作频率	1.0	0.2	0.2	0.1	—	—	0.4
	对指挥部合作频率	0.2	1.0	0.9	0.2	0.7	0.1	—
	对开发管理公司合作频率	0.2	0.9	1.0	—	0.5	—	—
	对专家咨询组合作频率	0.1	0.2	—	1.0	—	—	—
	对参建方合作频率	—	0.7	0.5	—	1.0	—	—
	对公众合作频率	—	0.1	—	—	—	1.0	—
	对地方政府关系资本	0.4	—	—	—	—	—	1.0
	业主方士气初始值	40						
	接受本方实现公民行为而产生的关系资本提升	0.001	0.001	0.001	0.001	0.001	0.001	0.001
	接受本方未实现公民行为而产生的关系资本下降	0.001	0.001	0.001	0.001	0.001	0.001	0.001
	接受非本方实现公民行为而产生的关系资本提升	0.001	0.001	0.001	0.001	0.001	0.001	0.001
	接受非本方未实现公民行为而产生的关系资本下降	0.001	0.001	0.001	0.001	0.001	0.001	0.001
	重新招聘阈值	0.6	0.6	0.6	1.0	0.7	1.0	1.0
	业主方士气上限	80						
	项目公民行为成本	0.10						
内生变量	个体绩效初始值	50＋random50						
	项目管理绩效初始值	个体绩效的代数和						

表 6-6 数据来源：初试人数来源于从项目部收集的真实人数，其中地方政府人数为地方政府直接对接项目的人员人数，公众包括社区和媒体与项目对接的人员人数，参建方包括了总包方、分包方、监理方、材料供应商、项目管理公司管理人员的人数。业主方组织内部及业主方组织与其他利益相关方关系资本来源于对业主方三位专家采用两轮德尔菲法调研后的结果，业主方组织内部及业主方组织与其他利益相关方合作频率来源于表 6-2，业主方三位专家对业主方成员士气的评价均为中性，因而考虑其为阈值的一半，为调整阈值需要故设上限为 80，则初始成员士气为 40。重新招聘阈值来源于 6.4.4 节。关系资本的改变量来源于对业主方三位专家采用两轮德尔菲法调研后的结果。业主方三位专家均认为项目公民行为初始成本极低，但均认为存在项目公民行为成本，故根据三位专家意见设定项目公民行为成本均为 0.10。

6.7 基准情境下动态仿真结果分析

组织公民行为早在定义期间就认为这是一种不能被组织的奖励系统所识别的一种工作外行为，因而这种行为天生具有隐蔽性（Organ，1988）。本研究以 6.6 节的设置输入，经过 50 次重复试验后，得到结果为业主方项目公民行为有利于项目管理绩效的实现，业主方项目公民行为对领导小组、指挥部、开发管理公司和专家咨询组均产生积极影响。业主方内部和业主方与其他利益相关方的关系资本也有显著提升。表 6-7、表 6-8 记录了基于 50 次重复试验的平均值，基准情境下业主方项目公民行为发生后项目管理绩效和关系资本的改变。由于基准情境下无业主方员工离职，因而采用项目管理绩效和四个业主方管理绩效为绩效度量指标。图 6-9、图 6-11 则记录了基准情境下的一次模拟结果。

表 6-7 基准情境下项目公民行为发生前和发生后项目管理绩效差异

时 点	项目管理绩效	领导小组管理绩效	指挥部管理绩效	开发管理公司管理绩效	专家咨询组管理绩效
项目公民行为发生前	2 883.71	519	919.71	1 148	297
项目公民行为发生后	4 400.97	802.04	1 518.55	1 662.91	417.47
绩效增长比	52.61%	54.54%	65.11%	44.85%	40.56%

第6章 基于关系资本的重大工程业主方项目公民行为对项目管理绩效机制动态仿真研究

表6-8 基准情境下项目公民行为发生后各利益相关方关系资本表

实施\接受	领导小组	指挥部	开发管理公司	专家咨询组	参建方	公众	地方政府
领导小组	0.804	0.626	0.627	0.602	—	—	0.608
指挥部	0.610	0.778	0.616	0.598	0.883	0.597	—
开发管理公司	0.610	0.642	0.837	—	0.866	—	—
专家咨询组	0.597	0.636	—	0.764	—	—	—
参建方	—	0.648	0.661	—	1.000	—	—
公众	—	0.604	—	—	—	0.926	—
地方政府	0.624	—	—	—	—	—	0.737

注：i 实施项目公民行为，j 接受项目公民行为，则为 $i-j-pro$，即 i 对 j 的关系资本，下同。

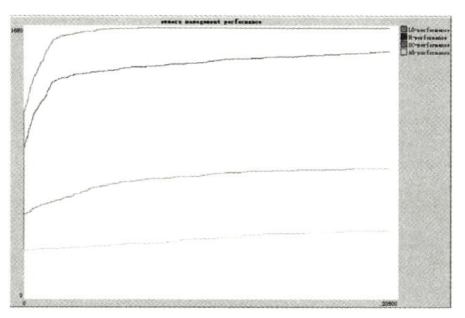

图6-9 基准情境下四个业主方管理绩效变化趋势

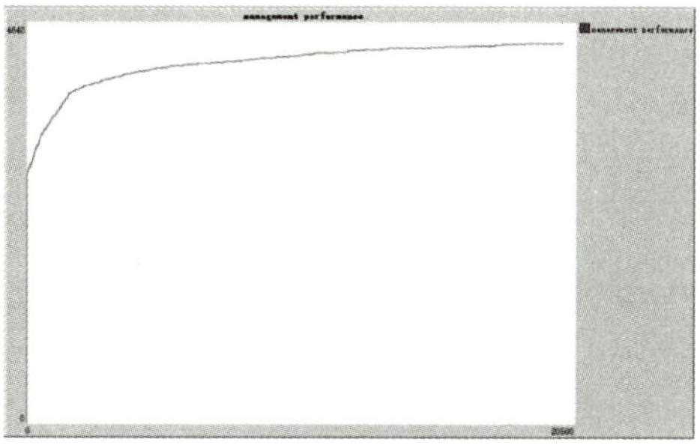

图6-10 基准情境下项目管理绩效变化趋势

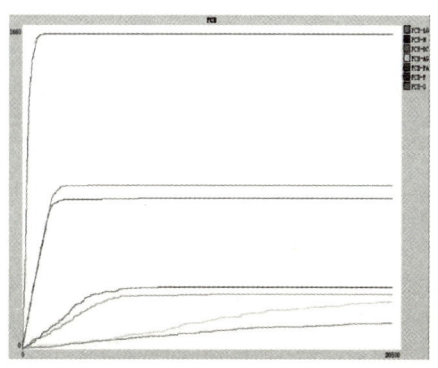

图6-11 基准情境下业主方项目公民行为次数变化趋势

根据50次重复试验的结果,可得到以下结论:

(1) 重大工程中业主方项目公民行为对项目管理绩效和业主方的管理绩效均有显著的提升,由于指挥部与各方的联系最多,因而其提升空间最大,之后分别是领导小组、开发管理公司和专家咨询组,这与社会网络分析中结构洞的概念是一致的,其中心度显著高于其他组织的业主方组织,其业主方公民行为对项目管理绩效提升幅度越大(乐云等,2014)。

(2) 管理绩效增长呈现"S"形增长,增速先加快后放缓。增速加快是由于式(6-6)、式(6-7)关系资本越高,管理绩效增长越大,这在第五章研究中已经通过实证得到验证。而增速减缓是由于士气存在阈值,由于业主方成员逐渐达到士气阈值,而能产生业主方项目公民行为的空间越来越少,最终使项目管理绩效趋于稳定。

6.8 案例数据收集与验证

为验证模型构建的准确性,本研究从2014年6月到2015年6月共5次前往上海×项目调研,收集重大工程业主方项目公民行为和项目管理绩效的有关数据,共调研两名领导小组成员、三名指挥部成员和三名开发管理公司成员、两名专家咨询组成员共十名业主方成员(考虑多次收集数据必须保持受访人员不能离职)。根据项目进度计划,2014年6月到2015年6月对应该项目基础施工到顶层封顶的建设期。对于业主方项目公民行为,采用第四章开发的重大工程业主方项目公民行为量表和第5章使用的重大工程项目管理绩效量表,采用求和汇总的方法获得每个业主方成员评价的该项目业主方项目公民行为和项目管理绩效情况。重大工程业主方项目公民行为共25个题项,因而总分为125分,项目管理绩效共11个题项,因而总分为55分,调研数据结果整理后如表6-9所示。

表6-9 上海×项目业主方项目公民行为和项目管理绩效数据收集

调研日期	类别	领导小组		指挥部			开发公司			专家咨询	
		1	2	1	2	3	1	2	3	1	2
2014.6	行为	64	66	63	66	62	63	64	63	66	68
	绩效	34	35	33	34	34	33	34	33	33	34
2014.9	行为	66	67	66	68	64	64	66	65	69	69
	绩效	35	35	34	34	35	35	35	35	34	35

第6章 基于关系资本的重大工程业主方项目公民行为对项目管理绩效机制动态仿真研究

续 表

调研日期	类别	领导小组		指挥部			开发公司			专家咨询	
		1	2	1	2	3	1	2	3	1	2
2014.12	行为	72	72	71	73	72	70	70	71	72	73
	绩效	39	38	38	40	39	38	38	39	37	39
2015.3	行为	77	78	76	78	79	77	77	78	77	77
	绩效	42	41	42	43	42	42	41	42	43	42
2015.6	行为	80	80	78	79	81	79	80	80	79	81
	绩效	42	42	43	43	42	42	43	42	43	43

对每期十位业主方成员的业主方项目公民行为和项目管理绩效分别求和分别画出折线图,其图形如图6-12所示。可见业主方项目公民行为与项目管理绩效均呈"S"形增长,2014.9~2015.3阶段两者增长均较快,其他时期增长较慢。相较于6.7中的结论,只是时间较短而显得平缓,但趋势与仿真结论一致。

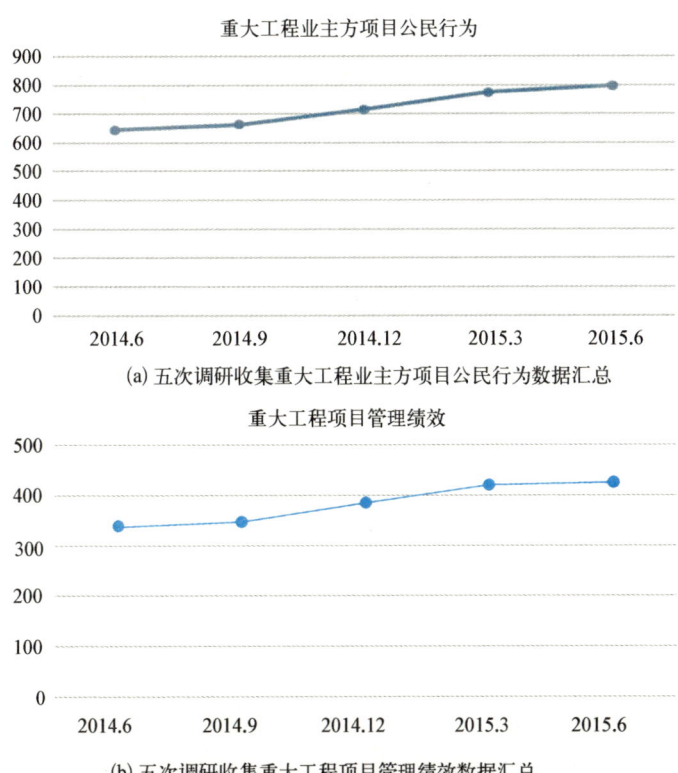

(a) 五次调研收集重大工程业主方项目公民行为数据汇总

(b) 五次调研收集重大工程项目管理绩效数据汇总

图6-12 五次调研收集重大工程业主方项目公民行为、项目管理绩效数据汇总

6.9 业主方项目公民行为成本对项目管理绩效的影响

业主方项目公民行为的成本分为行为成本和关系成本。行为成本是指产生项目公民行为本身所需耗费的资源。关系成本是指项目公民行为未实现时而产生的关系资本损失。这两种成本均可有效抑制项目管理绩效的形成,因而本节分别从此两方面分别讨论项目公民行为成本对项目管理绩效的影响。

6.9.1 行为成本过高

已有研究证明项目公民行为发生的成本和其管理绩效的产生密切相关,过高的行为实施成本会导致该项目公民行为发生越多,绩效下降越快(Bolino等,2013b)。由式(6-6)、式(6-7)及基本假设,初始条件下 $k_1 \times i - j - pro + k_2 \times \left(\frac{energy}{100} - 0.2\right)_{initial} = 0.6$, $k_1 \times i - pro + k_2 \times \left(\frac{energy}{100} - 0.2\right)_{initial} = 0.7$,当且仅当 $cost > \max\left(k_1 \times i - pro + k_2 \times \left(\frac{energy}{100} - 0.2\right)_{initial}, k_1 \times i - pro + k_2 \times \left(\frac{energy}{100} - 0.2\right)_{initial}\right) = 0.7$ 时,能保证其管理绩效初始情形是下降的,由于 $0 \leqslant energy \leqslant 0.6$,当且仅当 $cost > \max\left(k_1 \times i - j - pro + k_2 \times \left(\frac{energy}{100} - 0.2\right), k_1 \times i - pro + k_2 \times \left(\frac{energy}{100} - 0.2\right)\right) > 1.4$ 时,能保证其管理绩效在所在区间是单调下降的。故行为成本的阈值为 1.4,因而分别设 $cost = 1$ 及 $cost = 1.5$ 时,各重复试验 50 次,其图形趋势均一致,本研究取其中一次管理绩效曲线如图 6-13—图 6-16 所示。

(1) 当 $cost = 1$ 时,项目管理绩效均为先降后升再趋于收敛,其最终管理绩效相较于初始管理绩效均有所提升;当 $cost = 1.5$ 时,项目管理绩效均为单调下降后趋于收敛;两种结论与前文推导结果一致。

(2) 业主方组织的项目管理绩效变化程度受中心度影响小于其初始管理绩效影响,初始管理绩效越大则波动幅度越大。说明业主方组织内的项目公民行为要显著多于业主方组织间的项目公民行为。

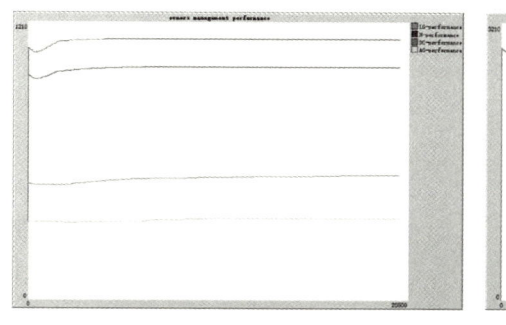

图 6-13　$cost=1$ 时业主方的项目管理绩效

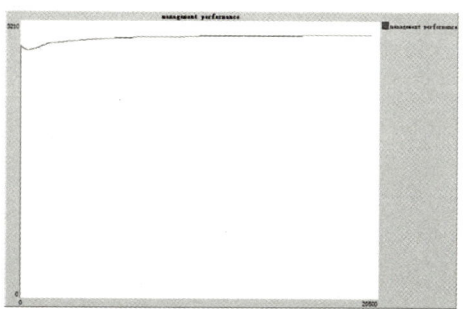

图 6-14　$cost=1$ 时项目管理绩效

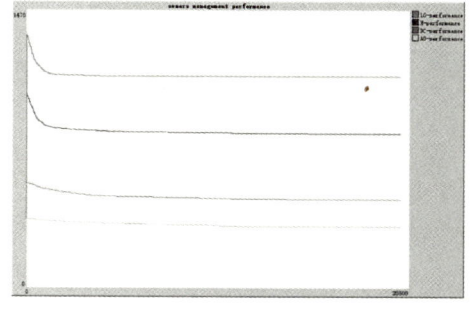

图 6-15　$cost=1.5$ 时业主方的项目管理绩效

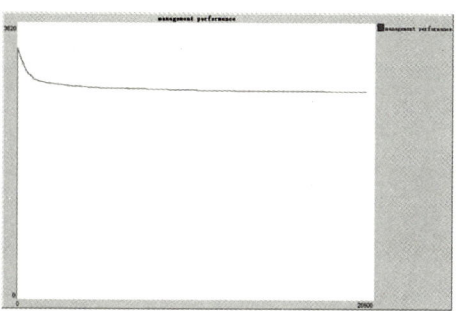

图 6-16　$cost=1.5$ 是项目管理绩效

6.9.2　关系成本过高

不仅高的行为实施成本会抑制项目管理绩效,项目公民行为未实现对关系的消极影响过大同样会抑制项目管理绩效(Bolino,Turnley,2002)。由式(6-8)、式(6-10)及基本假设,$iDP-minus$ 和 $iSP-minus$ 上升会分别抑制 $i-j-pro$ 和 $i-pro$,因而产生双重绩效抑制效果。一方面,根据式(6-8)、式(6-9)、式(6-10)、式(6-11),关系下降会导致业主方项目公民行为意愿下降,更易导致项目公民行为未实现,进一步降低 $i-j-pro$ 和 $i-pro$;另一方面,根据式(6-6)、式(6-7),低的 $i-j-pro$ 和 $i-pro$ 在业主方项目公民行为实现时会降低各自的管理绩效提升程度,最终降低项目管理绩效。针对不同对象,分别对仅存在业主方内部跨组织内的关系成本提高和业主方内部同组织和跨组织的关系成本均提高分别做50次重复试验,所得图形趋势一致。当存在业主方内部同组织和跨组织的关系成本均提高时,设 $iDP-minus=0.003$ 和 $iSP-minus=0.003$,$i=LG,H,DC,AG,PA,P,G$;当仅存在业主方内部跨组织的关系成本提高时，设 $iDP-minus=0.003$，$i=LG,H,DC,AG,PA,P,G$，选取其中一次管理绩效曲线如图6-17—图6-20所示。

（1）两种情境下项目管理绩效均一致，呈现先上升后下落后收敛。当业主方内部同组织和跨组织的关系成本均提高时下落幅度更大，证明关系资本的降低会抑制业主方项目公民行为对项目管理绩效的改进。这种下滑是由不断的老员工离职，较低管理绩效的新员工补充导致的。表明虽然项目前期关系成本提高的影响不显著，但积累到一定程度之后随着老员工的不断离职，项目管理绩效会出现显著下滑。

（2）两种情境下指挥部和开发管理公司均出现了项目管理绩效的下滑，但当业主方内部同组织和跨组织的关系成本均提高时指挥部和开发管理公司的下滑速度更快。

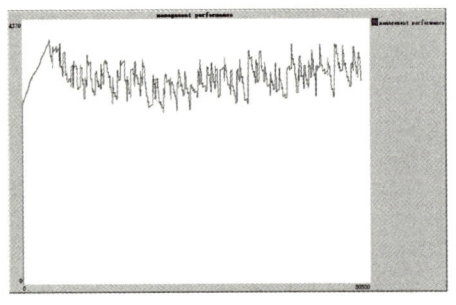

图6-17 仅存在业主方内部跨组织的关系成本提高时业主方项目公民行为对项目管理绩效的影响　　图6-18 仅存在业主方内部跨组织的关系成本提高时业主方项目公民行为对业主方的项目管理绩效的影响

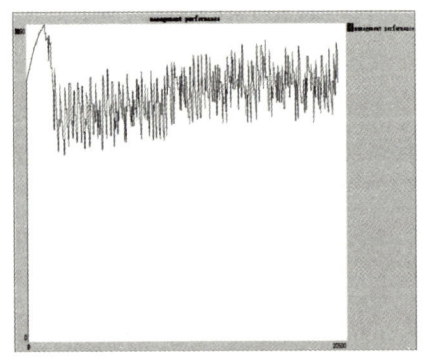 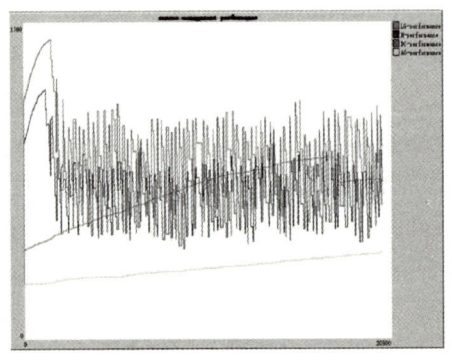

图6-19 当业主方内部同组织和跨组织的关系成本均提高时项目公民行为对项目管理绩效的影响　　图6-20 当业主方内部同组织和跨组织的关系成本均提高时项目公民行为对业主方的项目管理绩效的影响

第6章 基于关系资本的重大工程业主方项目公民行为对项目管理绩效机制动态仿真研究

6.10 项目内利益相关方结盟和分裂的影响

6.10.1 恶劣的公众环境的影响

当重大工程不顾公众要求而实施的时候,会导致重大工程与公众的关系恶化。恶劣的公众环境是否对项目公民行为改进项目管理产生影响?

为了验证上述问题,本研究将项目业主方组织与公众的关系资本全部设为0,重复进行50次仿真,取均值,其结果如表6-10所示,业主方的项目管理绩效与重大工程项目管理绩效的趋势一致,本研究选取其中一次的图如图6-21、图6-22所示。

表6-10 恶劣公众环境下与基准情境下业主方项目公民行为对比

基 准 情 境	项目管理绩效	领导小组管理绩效	指挥部管理绩效	开发管理公司管理绩效	专家咨询组管理绩效
项目公民行为发生前	2 883.71	519	919.71	1 148	297
项目公民行为发生后	4 400.97	802.04	1 518.55	1 662.91	417.47
绩效增长比	52.61%	54.54%	65.11%	44.85%	40.56%
恶劣的公众环境	项目管理绩效	领导小组管理绩效	指挥部管理绩效	开发管理公司管理绩效	专家咨询组管理绩效
项目公民行为发生前	2 984	495	999	1 185	305
项目公民行为发生后	4 509.96	793.21	1 540.27	1 736.76	439.72
绩效增长比	51.14%	60.24%	54.18%	46.56%	44.17%

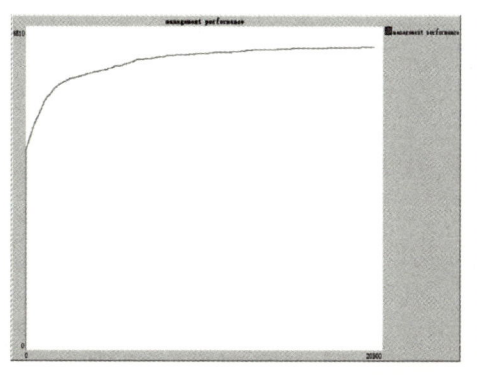

图6-21 恶劣公众环境下项目管理绩效改进趋势

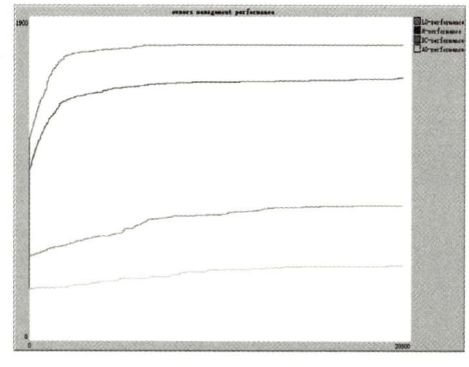

图6-22 恶劣公众环境下业主方的项目管理绩效改进趋势

由于公众只能通过指挥部与业主方取得联系,故恶劣公众环境在项目公民行为改进项目管理绩效过程中影响较小,项目公民行为仍能改进项目管理绩效。从图 6-22 可得,在业主方与公众关系恶化的前期,指挥部的项目管理绩效确实受到了抑制,但随着时间推移,恶劣公众环境对项目管理绩效影响逐渐减弱。从表 6-10 可得,虽然指挥部处于业主方组织网络的结构洞,但由于恶劣公众环境影响使得其项目公民行为对项目管理绩效的改进低于领导小组的改进。

因而本研究认为,恶劣公众环境对业主方项目公民行为对重大工程项目管理的改进产生了消极影响,但影响程度有限。

6.10.2 业主方内部团结的作用

业主方保持内部高度团结,内部各组织间凝聚为一个整体是否更有利于项目公民行为的实现?

为了验证上述问题,本研究将项目业主方组织(领导小组、指挥部、开发管理公司、专家咨询组)内部和之间的关系资本全部设为 0.8,重复进行 50 次仿真,取均值,其结果如表 6-11 所示,业主方的项目管理绩效与重大工程项目管理绩效的趋势一致,本研究选取其中一次的图如图 6-23、图 6-24 所示。

(1) 业主方内部团结时,业主方项目公民行为对项目管理绩效改进最大的仍然是指挥部,其次是领导小组,再次是开发管理公司,最后是专家咨询组,其排序与基准情况下相同。因而业主方项目公民行为对项目管理绩效的改进仍然受各组织所在网络的中心度影响,中心度越大改进越大。

表 6-11 业主方内部团结时与基准情境下业主方项目公民行为对比

基 准 情 境	项目管理绩效	领导小组管理绩效	指挥部管理绩效	开发管理公司管理绩效	专家咨询组管理绩效
项目公民行为发生前	2 883.71	519	919.71	1 148	297
项目公民行为发生后	4 400.97	802.04	1 518.55	1 662.91	417.47
绩效增长比	52.61%	54.54%	65.11%	44.85%	40.56%
恶劣的公众环境	项目管理绩效	领导小组管理绩效	指挥部管理绩效	开发管理公司管理绩效	专家咨询组管理绩效
项目公民行为发生前	3 000	516	1 094	1 105	285
项目公民行为发生后	4 417.42	761.36	1 681.17	1 607.05	367.84
绩效增长比	47.24%	47.55%	53.67%	45.43%	29.07%

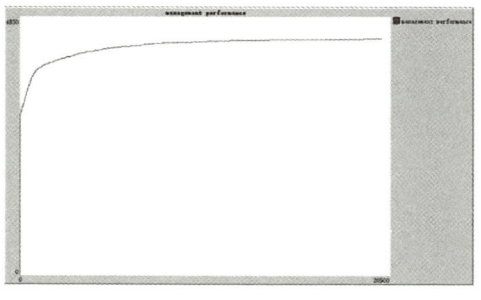 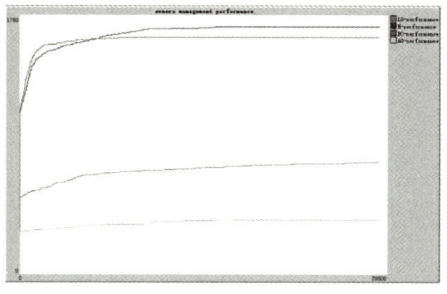

图 6-23　业主方内部团结时项目　　　　图 6-24　业主方内部团结时业主方的
　　　　管理绩效改进趋势　　　　　　　　　　　项目管理绩效改进趋势

（2）业主方内部团结时，业主方项目公民行为对项目管理绩效的改进反而低于基准情境下。过高的关系资本使关系资本的改进空间较小，项目公民行为次数显著减少，因而项目管理绩效虽然有改进，但相较于基准情境改进减少，即业主方项目公民行为对项目管理绩效的改进随关系资本增加而呈现边际递减。

6.11　业主方士气上限的影响

基于项目公民行为的"过犹不及"理论，为保证员工有足够的精力去完成工作范围内的工作，同时避免员工的个体——家庭冲突（Bolino, Turnley, 2005），必须对有项目公民行为的业主方角色外行为精力上限加以控制。员工士气越高，越愿意超额工作（He, 2012），而角色外行为精力上限为一常数时，其角色外行为剩余精力越少，当士气等于精力上限时，项目公民行为停止。当其士气上限较低时，项目公民行为较少，相应地项目公民行为对项目管理绩效的提升作用较少；当其士气上限较高时，与之相反。因而将 $energy-limitation$ 分别调整为 60，80 和 100，分别进行 50 次重复试验，得到仿真平均值如表 6-12 所示，由于不存在员工离职，个体绩效与项目管理绩效成正比，故采用项目管理绩效。

与基准情境相比较，$energy-limitation=60,80,100$ 时的组织公民行为次数分别为 2 392 次、4 207 次、5 461 次，项目最终绩效与初始绩效之比分别为 1.287 8,1.526 1,1.708 7，基于项目整体，项目公民行为的次数、项目管理绩效均随 $energy-limitation$ 的提升而提升。随着项目公民行为的士气提升，项目管理绩效和 PCB 次数均近似呈现递增关系。表明工作精力上限与项目管理绩

表 6-12　不同工作精力上限时项目管理绩效对比

Energy-limitation=60	项目管理绩效	领导小组管理绩效	指挥部管理绩效	开发管理公司管理绩效	专家咨询组管理绩效	业主方项目公民行为次数
项目公民行为发生前	2 877.7	483	896.7	1 186	312	0
项目公民行为发生后	3 706	634.77	1 214.32	1 472.86	384.05	2 392
绩效增长比	28.78%	31.42%	35.42%	24.19%	23.09%	
Energy-limitation=80	项目管理绩效	领导小组管理绩效	指挥部管理绩效	开发管理公司管理绩效	专家咨询组管理绩效	业主方项目公民行为次数
项目公民行为发生前	2 883.71	519	919.71	1 148	297	0
项目公民行为发生后	4 400.97	802.04	1 518.55	1 662.91	417.47	4 207
绩效增长比	52.61%	54.54%	65.11%	44.85%	40.56%	
Energy-limitation=100	项目管理绩效	领导小组管理绩效	指挥部管理绩效	开发管理公司管理绩效	专家咨询组管理绩效	业主方项目公民行为次数
项目公民行为发生前	3 015.7	577	976.7	1 242	220	0
项目公民行为发生后	5 192.82	1 031.03	1 765.29	1 995.35	361.14	5 461
绩效增长比	70.87%	78.69%	80.74%	60.66%	64.15%	

效和业主方项目公民行为次数存在积极影响关系,因而角色外存在越高的精力上限,其剩余精力越多,业主方项目公民行为的次数和业主方项目公民行为产生的项目管理绩效越多。

在项目管理中,这表现为灵活的工作方式,不强迫业主方员工只做其本身的工作,让工作内容满足业主方员工自身的意愿,让其涉及业主方全流程的工作,培养业主方员工对项目管理的兴趣,可以提高精力上限,从而提升重大工程业主方项目公民行为的次数和对项目管理绩效的改进。

6.12　结　　论

基于 6.8~6.11 节的研究,本书讨论动态情境下重大工程项目公民行为对重大工程项目管理绩效演化过程及特殊情境下重大工程项目公民行为对重大工

第6章 基于关系资本的重大工程业主方项目公民行为对项目管理绩效机制动态仿真研究

程项目管理绩效的影响,得到结论如下:

1. 在重大工程业主方关系良好(关系资本较高)的情境下,业主方项目公民行为可以促进各方关系的改善,从而提升项目管理绩效,这种提升呈现"S"形增长,即增长速度先逐渐增加再逐渐减缓。业主方内部中心度越大的组织,业主方项目公民行为对其项目管理绩效的改进越明显。

2. 过高的项目公民行为成本对项目管理绩效均有抑制作用,这种成本随项目公民行为对利益相关方关系的改进而逐渐减弱,成本低于阈值时,项目管理绩效随项目公民行为的增加呈现先抑后扬的趋势,最终绩效会超过初始绩效,成本高于阈值时,项目管理绩效随项目公民行为的增加而减少,最终趋于收敛。

3. 业主方内部和业主方和其他利益相关方之间过高的项目公民行为的关系成本在短期内不能对项目管理绩效的改进产生消极影响,但随着老员工离职,最终会使项目管理绩效回到初始状态,无法取得增长。

4. 恶劣的公众环境会对重大工程项目管理绩效的改进产生影响,但影响集中于前期,且影响不大。

5. 重大工程业主方内部关系团结虽然会改进业主方项目公民行为对项目管理绩效的趋势,但改进幅度减弱。

6. 在项目内员工未达项目公民行为和工作行为士气冲突上限的前提下,项目公民行为的士气上限提升对项目公民行为在项目中产生的次数和项目公民行为对项目管理绩效改进均有积极影响。

6.13 本章小结

本章在第3章理论研究和第5章实证研究的基础上,通过构建仿真模型,研究通过关系资本中介,业主方项目公民行为对项目管理绩效的动态影响过程,验证了业主方项目公民行为对项目管理绩效的积极影响,并认为业主方内部中心度最高的组织在这种改进过程中受益最大。在此基础上,结合不同具体实践情境,讨论不同内生变量改变和外生变量改变下对项目公民行为对项目管理绩效改进的影响。本研究认为给予员工足够的灵活性安排其项目公民行为有利于项目管理绩效改进,公众压力对业主方项目公民行为改进项目管理绩效的影响有限,不应轻易按照公众要求而对重大工程计划做适应性改变。

第7章 重大工程业主方项目公民行为实施管理策略

正如 Organ 所言,角色外行为和角色内行为是存在相互转化的过程(Organ,1997),当重大工程业主方项目公民行为被识别,其就不再是该行为自发形成的初始状态,而组织可以通过一系列策略对重大工程业主方项目公民行为进行培育,以发挥其对项目管理绩效的改进作用。

过往研究认为,行为环境对行为产生了结果有显著的调节作用(张文慧,王辉,2009)。制度从宏观角度规则,规范了行为的产生和方向(谢佩洪,2010)。而采用成本收益分析行为也有利于发现行为产生的内在动因,便于通过调节行为本身属性促进重大工程业主方项目公民行为的实现(李善民等,2009)。本研究根据第 3 章、第 4 章、第 5 章、第 6 章的研究出的重大工程业主方项目公民行为的特点,结合实践,分别从促进业主方项目公民行为实施的环境氛围、促进业主方项目公民行为实施的制度建设以及促进业主方项目公民行为实施而对行为通过成本收益分析进行管理的思路等三个维度提出了基于提升重大工程项目管理绩效而采取的促进业主方项目公民行为的相应的实施管理策略。在此基础上基于前述研究的行为—过程—结果的逻辑进行策略整合,提出相应的一体化实施管理策略。

7.1 基于重大工程业主方项目公民行为对项目管理绩效影响模型研究

通过第 3 章理论建模和推导,本书得出重大工程项目管理绩效随业主方项目公民行为改进的部分结论,并基于上述研究提出以下策略:

第一,重大工程项目业主方组织之间或业主方与其他利益相关方之间的互信对针对组织的业主方项目公民行为极其重要。缺乏互信的项目组织不会自发发生针对组织的项目公民行为,业主方相信业主方或其他利益相关方和自己意图一样,愿意实施项目公民行为时,业主方项目公民行为就可以实现,项目管理绩效可以得到改进。行为经济学认为,由于个别员工对价值体系的质疑可能导致整个系统对价值体系认可的崩溃(王智生等,2012;Mankiw,2005),因而业主方应主动实施业主方项目公民行为,促进其他业主方组织对己方的信任,能促进项目管理绩效的实现。

第二,针对组织的业主方项目公民行为(PCB-O)需要业主方内部存在良好的环境氛围的配合,即单个业主方组织存在高的业主方项目公民行为不能带动整个项目内业主方项目公民行为的提升,但大多数业主方组织存在高的业主方项目公民行为可以带动整个项目内业主方项目公民行为的提升。因而,当确定重大工程组织需要针对组织的项目公民行为时,需要鼓励组织内尽可能多的利益相关方参与针对组织的项目公民行为,保证宣传项目公民行为的覆盖面,加强所有人的集体主义意识,让尽可能多的业主方自觉产生针对组织的业主方项目公民行为。

第三,行为成本相近是业主方组织之间或业主方与其他利益相关方之间产生业主方项目公民行为的基础。因而业主方项目公民行为实施应遵守双方对等的原则,即己方为业主方项目公民行为付出的成本和其他业主方为业主方项目公民行为付出的成本或其他利益相关方为其项目公民行为付出的成本应当接近,才能保证业主方项目公民行为在业主方组织内部持续存在,进而保证双方利益的最大化。

第四,降低业主方项目公民行为本身的成本和降低业主方项目公民行为使用的关系资本的成本均有利于项目管理绩效的实现。因而,要降低业主方项目公民行为实施的壁垒,加强业主方组织之间的沟通,增加业主方组织彼此的互信,给予机会发展业主方组织之间的非正式关系,鼓励业主方组织之间通过合作和互助共同完成任务。

第五,在保证项目公民行为收益大于成本的前提下提高项目公民行为的频率有利于项目管理绩效。确保项目公民行为不是"帮倒忙"的前提下,通过集体主义、关系等方式激励业主方组织尽可能多的产生项目公民行为。

第六,及时检测重大工程内部的项目公民行为,并对不同组别的管理者进行分类,改变过往的绩效考评表,增加项目公民行为绩效考评。

7.2 基于重大工程业主方项目公民行为量表开发研究

通过第 4 章重大工程业主方项目公民行为量表开发工作的相关结论,并基于实践,本研究提出以下策略:

第一,由于重大工程业主方项目公民行为更强调"项目服从",由 4.6 节可知,对重大工程业主方而言,业主方工作需要一套成熟的规范化的工作流程来保证业主方能够不犯错地完成任务。业主方与其他利益相关方的工作性质不同,业主方侧重于决策、监控、审批等功能(曹萍,2007),这些功能本身对创新以及适应环境变化的要求较低,但对工作失误产生问题的容错率较低。因而,业主方一套完善的管理制度可以减少不确定性带来的偏差,有效地完成项目管理任务。而中国重大工程多由政府主导,政府在长期重大工程建设中也积累了相应的管理流程经验,可被用来指导新的重大工程项目。

第二,由于重大工程业主方项目公民行为更强调"项目服从",由 4.6 节可知,重大工程业主方需要为其他利益相关方做出表率,业主方工作需要高度服从上级领导。只有业主方内部服从上级领导,才能带动其他利益相关方服从业主方领导,从而促进项目管理目标的有效实现。

第三,人际关系和谐是重大工程业主方项目公民行为量表中最重要的影响因素。但业主方的人际关系和谐不仅局限于需要在业主方内部以及与其他利益相关方建立良好的合作关系,还需要业主方及时调解业主方内部以及业主方与其他利益相关方的冲突,协助多方谈判达成一致。同时,业主方还需要向其他利益相关方和外界做积极的宣传,保证业主方与其他利益相关方以及外界关系的和谐稳定。

第四,业主方完成项目管理目标的方式是多样灵活的,可以基于正式关系层面提出激励外补充的鼓励方式,例如立功竞赛等促进其他利益相关方工作。也可以通过非正式关系层面的诸如工作前私下请吃饭等方式促进其他利益相关方完成工作。虽然业主方管理流程是成熟的,但实现目标的具体行为可以灵活执行。

第五,重大工程由于环境复杂,业主方需要不断沟通,自下而上积极吸取底层业主方组织的意见和建议,共同决策讨论面临的问题。这种方式能够让下级理解上级行为的动机和目的,便于其更灵活更有效地完成相应的任务,亦是利于项目服从实现的(杨雪冬,2010)。

7.3 基于重大工程业主方项目公民行为对项目管理绩效影响研究

基于第5章中对重大工程项目公民行为对重大工程项目管理绩效影响的结论,本研究结合实践提出下列一些可供选择操作的结论。

第一,对于业主方间或业主方与其他利益相关方之间熟悉程度不同的情境下,采取的重大工程业主方项目公民行为的侧重点亦有所差异。根据5.5节和5.12节的研究结论,当需要获得对方信任时,更需要鼓励业主方成员的成员道德和人际关系和谐行为,例如业主方主动向其他利益相关方提出合同中未明确规定的情形或者由于外界环境改变而造成的合同规定以外的情形,主动与其磋商以求达成一致;当需要获得对方互惠时,更需要鼓励业主方成员的人际关系和谐行为,例如当业主方与其他利益相关方存在长期合作时,可直接根据双方过往的处理方式处理问题,双方存在默契;当需要获得对方承诺时,更需要鼓励业主方成员的项目服从和人际关系和谐行为,例如当业主方其他组织与其他利益相关方产生冲突时,能作为第三方及时调解之间的矛盾,以求其利益一致。

第二,重大工程业主方项目公民行为能够提升项目管理绩效,最主要通过人际关系和谐实现。业主方极看待所做项目,多认识整个项目中的其他人员,平时与其他人员多沟通、多了解,增进彼此的关系,保持良好的个人私交,减少彼此因误解产生的不必要的冲突。这些均可通过关系资本间接积极影响项目管理绩效。业主方内部及与其他利益相关方应当宣传集体主义文化,在业余时间开展野外拓展等活动,增强团队意识,增加彼此的了解和信任,让各组织和各成员能够更好地协同开展工作。

第三,重大工程业主方的个体主动性对项目管理绩效也产生了重要影响。虽然个体主动性不依赖于关系资本,但其提升的是本组织内部的管理绩效,而项目管理绩效必须通过本组织与其他业主方组织的协同才能够实现。基于第4章开发的量表的"个体主动性"和"人际关系和谐"等相关内容,本研究认为在项目实施阶段,项目业主方员工通过多学习新技能、多主动加班、多从全局考虑面临的问题、多途径对其他利益相关方员工激励等均可直接积极影响业主方单一组织内部的管理绩效,最终提升项目管理绩效。

第四,重大工程业主方中应保持一定量的女性员工,保持硕士研究生和本科生的比例大于大专生的比例,这些人口数据特征均有利于业主方项目公民行为的产生。

7.4 基于重大工程业主方项目公民行为对项目管理绩效动态影响研究

基于第 6 章中对动态情境下重大工程项目公民行为与重大工程项目管理绩效影响演化的结论,本研究结合实践提出下列一些可供选择操作的结论。

第一,重大工程业主方组织应当在项目全过程中均与其他业主方组织以及其他项目利益相关方保持良好的合作关系。实现的项目公民行为能够提升项目利益相关方的关系,但关系一旦恶化之后要修复就很困难,因此,作为项目的业主,应当在项目全过程时刻注意维护其与其他利益相关方及其他利益相关方之间的关系。

第二,重大工程业主应当主动营造良好的氛围,提升业主方员工的主人翁意识,强调项目团队意识,让业主方的员工能主动配合其他利益相关方员工的行为。加强项目员工之间工作的互相了解,促进员工之间相互理解,减少项目公民行为未实现而产生的关系损失。另外,还需强调项目公民行为的直接成本,例如如果发现项目中有人触电,要避免自身在施救过程中自身也触电。

第三,复杂性越大的重大工程项目,实施过程中的不确定性越大(何清华等 2013),越需要业主方项目公民行为对项目管理绩效的改进。因而,重大工程项目虽然工作流程的成熟的,但应当给予员工更大的工作内容的灵活性。例如让业主方员工能够更加自由选择自己的工作岗位和工作内容,让业主方员工能够接触业主方全流程的工作内容,培养业主方员工对项目管理的兴趣,又如可以不控制每天必须完成多少工作量,而改为控制实现某个里程碑事件的时间,员工可以自行整合其工作时间和空闲时间,而使员工有更完整的空闲时间。再如在业主方员工中适当增加年轻者的比例,缩小年长者的比例,以保证其具有更多的工作外的精力可能实现业主方项目公民行为。这些具体措施均有利于提升业主方的项目公民行为的精力上限,有利于增加业主方项目公民行为。

第四,恶劣的公众环境对业主方项目公民行为对项目管理绩效的影响是短期的,且影响主要集中于与公众对接的组织,而对其他业主方组织的影响较小,

第 7 章　重大工程业主方项目公民行为实施管理策略

因而业主方实施项目激励时,只要对项目管理有利,可不考虑公众质疑对项目的影响。例如,重大工程项目中存在较多的请客吃饭现象,如果对项目管理目标实现没有产生明显影响,不应迫于公众压力对其完全禁止。

第五,项目实施阶段是业主方项目公民行为对项目管理绩效存在一段快速促进阶段,之后的项目管理绩效也维持在高位,关系资本的变化趋势与之一致。因而对于业主方团队人员的离职,虽然是不可避免,但尽量控制在项目实施之前完成,尽量保证实施阶段业主方团队人员的工作稳定。由于业主方团队成员在项目中参与管理工作一段时间后会积累相应的关系资本,从而积极影响其管理绩效,但其离职后,所有其个人的关系资本均会丢失,新招聘的业主方团队成员又处于较低的管理绩效情境下,最终拉低项目管理绩效。

第六,略高的行为成本会让项目管理绩效先下降后上升,过高的行为成本会遏制项目管理绩效。故只有重大工程业主方项目公民行为成本低于收益才有实施的必要,否则不宜实施。项目管理绩效下降最快的是前期,因而对项目前期业主方项目公民行为成本的控制又格外重要。

第七,关系成本过高在项目实施前期,不会影响业主方项目公民行为对项目管理绩效的影响,但随着老员工的不断离职,其项目管理绩效会回落到初始状态附近的水平,此时业主方项目公民行为对项目管理绩效也没有促进作用。虽然关系成本过高不会直接导致项目管理绩效下降,并仍然能够在前期取得较好的效果,但在项目后期,项目业主方内部人员频繁更换,业主方难以积累自己的核心团队,不利于业主方长期的项目管理。

7.5　策 略 整 合

基于行为—过程—结果(Conduct—Process—Performance)视角,根据7.1～7.4节相关内容进行整合,结果如表 7-1 所示。

表 7-1　重大工程业主方项目公民行为策略整合表

	行　为	过　程	结　果
制度	1. 需要一套完善成熟的管理流程。 2. 多样灵活的管理方式。	需要保持工作内容的灵活性。	—

续 表

行 为	过 程	结 果
环境 不仅包括人际关系和谐,还包括冲突调解、对外积极宣传。	1. 营造良好氛围,增强主人翁意识。 2. 当业主方项目公民行为与公众需求冲突时,业主方不应盲目迎合公众需求。 3. 将业主方人员离职尽量控制在项目前期,保证项目后期业主方人员的稳定。 4. 互信是业主方项目公民行为得以实施的基础。	1. 集体主义文化宣传,野外拓展活动。 2. 对信任、互惠、承诺需求不同,业主方项目公民行为的侧重点亦有差异。 3. 女性业主方员工利他倾向显著高于男性业主方员工,本科学历、硕士学历的业主方员工利他显著高于专科学历的业主方员工。
行为	—	1. 双方业主方项目公民行为成本接近是业主方项目公民行为得以实现的基础。 2. 行为成本过高会直接降低项目管理绩效,关系成本过高会削弱业主方项目公民行为对项目管理绩效的影响。	个体主动性能够改变个体管理绩效,最终影响项目管理绩效。

从制度而言,业主方管理应当是严格管理流程下灵活管理方式和工作内容的集合,及强调完善成熟的管理流程,又要保持操作层面的灵活性。

从环境而言,人际关系和谐相较于个体层面更为广义,注重氛围和集体主义文化的打造。业主方人员的离职变动要早发现,早完成,避免给项目造成更大伤害。业主方在现实条件允许的情况下多招女性员工和本科硕士学历的员工更有利于业主方项目公民行为实现。

从行为而言,虽然业主方项目公民行为的目标朝向为项目整体利益,不追求行为本身带来的回报。但双方的行为对等仍然是对项目最优的策略。在可能的前提下,尽可能削弱行为成本和关系成本,削弱行为成本的积极影响更大于削弱关系成本。虽然业主方项目公民行为强调业主方组织之间以及业主方与其他利益相关方之间的合作和交流,但个体主动性仍然是不可缺少的影响业主方项目公民行为的重要因素。

7.6 本章小结

本章在第 3 章、第 4 章、第 5 章、第 6 章研究内容的基础上,分别针对每章内容提出了相应重大工程业主方项目公民行为管理策略。并在第 5 节整合了相应的策略,按照行为—过程—结果(CPP)的顺序,按照改善行为外部环境培育行为和改善行为内部本身属性培育行为两个角度进行了分析,分别从六个维度提出了相应的实施管理措施,供重大工程业主方组织在项目实施过程中参考。

第8章 结论与展望

8.1 研究结论

本研究基于现有研究成果,结合重大工程特征,提出面向重大工程业主方的基于关系资本的重大工程业主方项目公民行为对项目管理绩效的研究框架。在此基础上,通过运用定性和定量结合分析,分别通过理论研究、实证研究和仿真研究等多种方法开展研究。首先,通过构建数学模型,从理论上证明了重大工程业主方项目公民行为积极影响项目管理绩效,过高的项目公民行为成本会抑制项目公民行为对项目管理绩效的积极影响。其次,进一步诠释重大工程业主方项目公民行为构念,开展重大工程业主方项目公民行为对项目管理绩效静态实证研究的基础研究——重大工程项目公民行为的量表开发。通过文献研究和现场调研,提出项目公民行为的共性特征和重大工程业主方项目公民行为的特性特征,通过探索性因子分析、验证性因子分析得到最终量表。第三,通过重大工程业主方项目公民行为、关系资本差异性特征分析,构建重大工程业主方项目公民行为、关系资本、项目管理绩效关系模型,认为关系资本对重大工程项目公民行为和项目管理绩效存在部分中介作用。第四,通过以关系资本为中介构建仿真模型及特定情境下的仿真结果研究,提出了重大工程项目公民行为对项目管理绩效的动力学模型,并使用该模型仿真了部分变量改变的特定情境下可能产生的结果。得到以下主要结论:

1. 重大工程业主方项目公民行为对项目管理绩效存在积极影响。

本研究第5章、第6章的研究均表明,重大工程业主方项目公民行为对项目管理绩效存在积极影响,分别从实证和基于实践情境的仿真的角度验证了上述假设,表明在实践过程中,该类积极影响是客观存在的。第3章内容表明,过高的业主项目公民行为成本会抑制业主项目公民行为对项目管理绩效的积极促进作用,甚至使业主项目公民行为对项目管理绩效的影响转向消极。第六章分别通过行为成本和关系成本的方式讨论了项目公民行为成本过高时对项目管理绩效影响的动力学机制。由于业主方项目公民行为产生的管理绩效是上升的,当行为成本不超过理论阈值时,项目管理绩效呈现先下降再上升的趋势;而当行为成本高于理论阈值时,项目管理绩效呈现单调下降趋势。而当项目公民行为失败损失的关系资本增大时,项目管理绩效短期不受影响,但长期会因老员工离职造成项目管理绩效的损失。三种情境分别从不同程度抑制了业主项目公民行为对项目管理绩效的积极影响,甚至产生了消极影响。

2. 关系资本在重大工程业主方项目公民行为对项目管理绩效的作用中起到了部分中介作用。

本研究第 5 章验证了关系资本在重大工程业主方项目公民行为对项目管理绩效的作用中起到了部分中介作用,并认为关系资本对项目公民行为的成员道德、人际关系和谐和项目服从三个维度存在完全中介作用,利他存在部分中介作用,而个体主动性不存在中介作用。

3. 重大工程业主方项目公民行为是团队公民行为,更强调业主组织之间的合作,其特点在于项目忠诚维度不显著而项目服从维度显著。

本研究第 4 章首次针对重大工程业主方团队,开发了重大工程业主方项目公民行为量表。通过探索性因子分析认为,原隶属于项目公民行为的组织服从维度显著而项目忠诚维度不显著。由于"项目服从"反映的是项目业主方员工对已制订的制度和规则的内心认同,即使别人不遵守规则自身仍然能按照规则办事(Podsakoff,2000)。业主方"项目服从"维度能够显著的原因包括:首先,中国的重大工程业主方大多是政府或者有政府背景的各类国有公司,在工作过程中有着完善成熟的工作流程,因而业主方员工更愿意按照已制订的规则不犯错地完成任务。其次,业主方成员作为项目中的监控方,如果不能以身作则,则会对其他利益相关方造成不良的影响,因而良好的项目服从能够带动其他利益相关方对业主方成员要求的服从。第三,由于中国重大工程业主方本身具有垄断性,其外部威胁并不显著,因而其项目忠诚体现并不明显。但是对于中国重大工程除业主方以外的其他利益相关方而言,其投标项目和完成项目及其变更的过程始终存在变更参与方的不确定性,始终存在外部威胁,因而项目忠诚体现得更明显。

4. 在关系资本的中介作用下,重大工程业主方项目公民行为对项目管理绩效产生的动态影响为"S"形。社会公众压力对重大工程项目管理影响较小,不应因为社会压力而轻易对重大工程业主方项目公民行为作出改变。

本研究第6章中首先研究了重大工程业主方项目公民行为对项目管理绩效的动态影响,研究结果认为业主方项目公民行为通过关系资本对项目管理绩效产生的影响随时间推移呈现"S"形,即管理绩效增长速度先逐渐加快再逐渐减缓。进而,针对不同关系和精力上限进一步展开讨论,认为业主方与公众关系恶化带来的影响是短期的,且影响较小。精力上限会限制业主方项目公民行为的次数,进而限制项目管理绩效的改进。

8.2 研究局限及展望

重大工程业主方项目公民行为对项目管理绩效进行的研究,是一个以实践问题为导向,通过理论分析和实证分析相结合提供解决方案和策略的同时不断自适应和自完善的过程。尽管本研究提出了重大工程业主方项目公民行为的维度,并从行为路径、行为结果、行为过程三个角度层层深入地对重大工程业主方项目公民行为对项目管理绩效的影响进行了分析,得到了一些有价值的研究结论,但仍然存在一些研究不足:

1. 由于本研究针对的重大工程建设项目具有客观稀缺性,因而增加了问卷收集的难度,量表开发过程中样本来源仅包括20个项目,问卷调研过程中样本来源仅包括25个项目,需要在以后的研究中不断地验证和修正。

2. 本研究针对重大工程业主方所开发的项目公民行为量表,属于首次针对重大工程项目业主方开发,有待更进一步发展和完善,研究中取得的一些结论,也需要更多地和实践相结合。

3. 本研究尝试的将重大工程业主方项目公民行为与重大工程组织模式结合,研究业主方不同组织员工的行为差异以及行为动态演化,这些研究涉及多科学交叉以及一些更复杂的算法,也涉及对 agent 复杂环境适应性的更为具体的设定,这些都是作者未来的重点科研目标之一。

4. 实证研究都存在影响因素不完全是单因素影响研究的问题,可能造成结果的误差,虽然本研究通过仿真对影响过程的研究印证了实证结论,但毕竟非人类行为的结果,但由于资源所限,目前条件尚不具备开展行为实验的条件,后续可进一步开展行为实验进行验证。

5. 本研究在对业主方组织的设定中,由于与实践接触偏少,未能清晰界定中央层面的领导小组与上海市层面的领导小组以及之间的差异和关系,而在实践中二者的协调功能和决策功能是存在差异的(席群峰,2010);同时,对项目执行层划分过细,在实践之中,指挥部与开发管理公司之间很多功能存在交叉(应敏,2011);业主方的组织模式与组织功能也是多种多样的,本研究仅以其中一类为代表,有着其局限性,这些均有待后续研究进一步抽象概括和完善。

参考文献

[1] Andersen E S, Jessen S A. Project Maturity in Organisations[J]. International Journal of Project Management, 2003, 21(6): 457-461.

[2] Andersen E S. Illuminating the Role of the Project Owner[J]. International Journal of Managing Projects in Business, 2012, 5(1): 67-85.

[3] Andreoni J & Vesterlund L. Which is the Fair Sex? Gender Differences in Altruism [J]. Quarterly Journal of Economics, 2001: 293-312.

[4] Anvuur A M, Kumaraswamy M M. Measurement and Antecedents of Cooperation in Construction[J]. Journal of Construction Engineering and Management, 2012, 138(7): 797-810.

[5] Aronson Z H, Lechler. Contributing beyond the Call of Duty: Examining the Role of Culture in Fostering Citizenship Behavior and Success in Project-based Work[J]. R & D Management, 2009, 39(5): 444-460.

[6] Autry C W, Skinner L R, Lamb C W. Interorganizational Citizenship Behaviors: An Empirical Study[J]. Journal of Business Logistics, 2008, 29(2): 53-74.

[7] Bagozzi R P, Youjae. On the Evaluation of Structural Equation Models[J]. Journal of the Academy of Marketing Science, 1988, 16(1): 74-94.

[8] Balogun J, Johnson G. Organizational Restructuring and Middle Manager Sensemaking [J]. Academy of Management Journal, 2004, 47(4): 523-549.

[9] Baron R M, Kenny D A. The Moderator - Mediator Variable Distinction in Social Psychological Research: Conceptual, Strategic, and Statistical Considerations[J]. Journal of Personality and Social Psychology, 1986, 51(6): 1173.

[10] Bartsch V, Ebers M, Maurer I. Learning in Project-based Organizations: The Role of Project Teams' Social Capital for Overcoming Barriers to Learning[J]. International Journal of Project Management, 2013, 31(2): 239-251.

[11] Bateman T S, Organ. Job Satisfaction and the Good Soldier: The Relationship Between

Affect and Employee "Citizenship"[J]. The Academy of Management Journal, 1983, 26(4): 587-595.

[12] Belout A, Gauvreau C. Factors Influencing Project Success: the Impact of Human Resource Management[J]. International Journal of Project Management, 2004, 22(1): 1-11.

[13] Bent Flyvbjerg, Nilset al. Megaprojects and Risk[M]. Cambridge University Press, 2003: 206.

[14] Bentler P M, Mooijaart A B. Choice of Structural Model via Parsimony: A Rationale Based on Precision[J]. Psychological Bulletin, 1989, 106(2): 315.

[15] Bergeron D M. The Potential Paradox of Organizational Citizenship Behavior: Good Citizens at What Cost? [J]. Academy of Management Review, 2007, 32(4): 1078-1095.

[16] Bergeron D M, Shipp A J, Rosen B, et al. Organizational Citizenship Behavior and Career Outcomes: The Cost of Being a Good Citizen[J]. Journal of Management, 2013, 39(4): 958-984.

[17] Bettencourt L A, Gwinner K P, Meuter M L. A Comparison of Attitude, Personality, and Knowledge Predictors of Service-oriented Organizational Citizenship Behaviors[J]. Journal of Applied Psychology, 2001, 86(1): 29.

[18] Bishop K A, Gembey R B. Managing Information Flow on a Megaproject[J]. International Journal of Project Management, 1985, 3(1): 39-44.

[19] Blonska A, Storey C, Rozemeijer F, et al. Decomposing the Effect of Supplier Development on Relationship Benefits: The Role of Relational Capital[J]. Industrial Marketing Management, 2013, 42(8): 1295-1306.

[20] Bolino M C. Citizenship and Impression Management: Good Soldiers or Good Actors? [J]. The Academy of Management Review, 1999, 24(1): 82-98.

[21] Bolino M C, Turnley W H. The Personal Costs of Citizenship Behavior: The Relationship Between Individual Initiative and Role Overload, Job Stress, and Work-Family Conflict[J]. Journal of Applied Psychology, 2005, 90(4): 740-748.

[22] Bolino M C, Turnley. Citizenship Behavior and the Creation of Social Capital in Organizations[J]. The Academy of Management Review, 2002, 27(4): 505-522.

[23] Bolino M C, Klotz A C, Turnley W H, et al. Exploring the Dark Side of Organizational Citizenship Behavior[J]. Journal of Organizational Behavior, 2013, 34(4): 542-559.

[24] Bolino M C, Turnley W H, Gilstrap J B, et al. Citizenship Under Pressure: What's a "Good Soldier" to do? [J]. Journal of Organizational Behavior, 2010, 31(6):

835-855.

[25] Bollen K A. A New Incremental Fit Index For General Structural Equation Models[J]. Sociological Methods & Research, 1989, 17(3): 303-316.

[26] Boomsma A. The Robustness of LISREL Against Small Sample Sizes in Factor Analysis Models[J]. Systems Under Indirect Observation: Causality, Structure, Prediction, 1982, 1: 149-173.

[27] Borman W C, Motowidlo S J. Organizational Citizenship Behavior and Contextual Performance: A Special Issue of Human Performance[M]. Psychology Press, 2014.

[28] Bourne Lynda, Walker Derek H T. Project Relationship Management and the Stakeholder Circle™[J]. International Journal of Managing Projects in Business. 2008, 1(1): 125-130.

[29] Bowler W M, Brass D J. Relational Correlates of Interpersonal Citizenship Behavior: A Social Network Perspective[J]. Journal of Applied Psychology, 2006a, 91(1): 70-82.

[30] Braun T, Ferreira A I, Sydow J. Citizenship Behavior and Effectiveness in Temporary Organizations[J]. International Journal of Project Management, 2013, 31(6): 862-876.

[31] Braun T, Müller-Seitz G, Sydow J. Project Citizenship Behavior? — An Explorative Analysis at the Project-network-nexus[J]. Scandinavian Journal of Management, 2012, 28(4): 271-284.

[32] Brief A. Socialization in Organizations and Work Groups[J]. Key Readings in Social Psychology, 2004, 2: 469.

[33] Bryde D J. Modelling Project Management Performance[J]. International Journal of Quality & Reliability Management, 2003, 20(2): 229-254.

[34] Carmeli A, Azeroual B. How Relational Capital and Knowledge Combination Capability Enhance the Performance of Work Units in a High Technology Industry[J]. Strategic Entrepreneurship Journal, 2009, 3(1): 85-103.

[35] Chan D. Functional Relations Among Constructs in the Same Content Domain at Different Levels of Analysis: A typology of composition models[J]. Journal of Applied Psychology, 1998, 83(2): 234.

[36] Chang H H, Chuang S S. Social Capital and Individual Motivations on Knowledge Sharing: Participant Involvement as a Moderator[J]. Information & Management, 2011, 48(1): 9-18.

[37] Chang A, Chih Y, Chew E, et al. Reconceptualising Mega Project Success in Australian Defence: Recognising the Importance of Value Co-creation[J]. International

Journal of Project Management, 2013, 31(8): 1139-1153.

[38] Chang A, Hatcher C, Kim J. Temporal Boundary Objects in Megaprojects: Mapping the System with the Integrated Master Schedule[J]. International Journal of Project Management, 2013, 31(3): 323-332.

[39] Chasteen A L, Schwarz N, Park D C. The Activation of Aging Stereotypes in Younger and Older Adults[J]. The Journals of Gerontology Series B: Psychological Sciences and Social Sciences, 2002, 57(6): 540-547.

[40] Cheung S O, Yiu T W, Lam M C. Interweaving Trust and Communication with Project Performance[J]. Journal of Construction Engineering and Management, 2013, 139(8): 941-950.

[41] Chou T, Chou S T, Jiang J J, et al. The Organizational Citizenship Behavior of IS Personnel: Does Organizational Justice Matter? [J]. Information & Management, 2013, 50(2-3): 105-111.

[42] Christiansen J C. Obtaining Mega Performance on a Megaproject[J]. Transactions of AACE International, 1994, 1994: R1-R3.

[43] Chua D, Kog Y C, Loh P K. Critical success factors for different project objectives [J]. Journal of Construction Engineering and Management - ASCE, 1999, 125(3): 142-150.

[44] Churchill G A. A Paradigm for Developing Better Measures of Marketing Constructs [J]. Journal of Marketing Research, 1979, 16(1): 64-73.

[45] Coleman V I, Borman W C. Investigating the Underlying Structure of the Citizenship Performance Domain[J]. Human Resource Management Review, 2000, 10(1): 25-44.

[46] Collins J D, Hitt M A. Leveraging Tacit Knowledge in Alliances: The Importance of Using Relational Capabilities to Build and Leverage Relational Capital[J]. Journal of Engineering and Technology Management, 2006, 23(3): 147-167.

[47] Connolly T, Conlon E J, Deutsch S J. Organizational Effectiveness: A Multiple-Constituency Approach[J]. Academy of Management Review, 1980, 5(2): 211-218.

[48] Cooke-Davies T J, Arzymanow A. The Maturity of Project Management in Different Industries: An Investigation into Variations Between Project Management Models[J]. International Journal of Project Management, 2003, 21(6): 471-478.

[49] Cousins P D, Handfield R B, Lawson B, et al. Creating Supply Chain Relational Capital: The Impact of Formal and Informal Socialization Processes[J]. Journal of Operations Management, 2006, 24(6): 851-863.

[50] Crawford J K. Project Management Maturity Model[M]. Boca Raton, FL: Auerbach

Publications，2007.

[51] Crawford L H, Helm J. Government and Governance：The Value of Project Management in the Public Sector[J]. Project Management Journal，2009，40(1)：73-87.

[52] Cronbach L J. Coefficient Alpha and the Internal Structure of Tests [J]. Psychometrika，1951，16(3)：297-334.

[53] Cullen J B, Johnson J L, Sakano T. Success Through Commitment and Trust：The Soft Side of Strategic Alliance Management[J]. Journal of World Business，2000，35(3)：223-240.

[54] Daft R. Organization Theory and Design[M]. Cengage Learning，2012.

[55] Dainty A R, Cheng M, Moore D R. Redefining Performance Measures for Construction Project Managers：An Empirical Evaluation [J]. Construction Management and Economics，2003，21(2)：209-218.

[56] De Wit. Measurement of Project Success[J]. International Journal of Project Management. 1988，6(3)：164-170.

[57] Di Vincenzo F, Mascia D. Social capital in Project-based Organizations：Its Role, Structure, and Impact on Project Performance[J]. International Journal of Project Management，2012，30(1)：5-14.

[58] Dias Jr A, Ioannou P G. Company and Project Evaluation Model for Privately Promoted Infrastructure Projects [J]. Journal of Construction Engineering and Management，1996，122(1)：71-82.

[59] Drucker P F. Harvard Business Review on Knowledge Management[M]. Harvard Business Press，1998.

[60] Dunn S C, Seaker R F, Waller M A. Latent Variables in Business Logistics Research：Scale Development and Validation [J]. Journal of Business Logistics，1994，15(2)：145.

[61] Egbu C O. Managing Knowledge and Intellectual Capital for Improved Organizational Innovations in the Construction Industry：An Examination of Critical Success Factors [J]. Engineering, Construction and Architectural Management，2004，11（5）：301-315.

[62] Ehrhart M G, Bliese P D, Thomas J L. Unit-level OCB and unit effectiveness：Examining the incremental effect of helping behavior[J]. Human Performance，2006，19(2)：159-173.

[63] Ehrhart M G, Naumann S E. Organizational Citizenship Behavior in Work Groups：A Group Norms Approach[J]. Journal of Applied Psychology，2004，89(6)：960.

[64] Ehrhart M G, Naumann S E. Organizational Citizenship Behavior in Work Groups：A

Group Norms Approach[J]. Journal of Applied Psychology, 2004, 89(6): 960-974.

[65] Andersen E S. Illuminating the Role of the Project Owner[J]. International Journal of Managing Projects. 2012, 5(1): 67-85.

[66] Etzicni A. Modern Organizations[M]. Englewood : Prentice-Hall. 1964.

[67] Euwema M C, Wendt H, Van Emmerik H. Leadership styles and group organizational citizenship behavior across cultures[J]. Journal of Organizational Behavior, 2007, 28(8): 1035-1057.

[68] Eweje J, Turner R, Müller R. Maximizing Strategic Value From Megaprojects: The influence of information-feed on decision-making by the project manager[J]. International Journal of Project Management, 2012, 30(6): 639-651.

[69] Farh J, Earley P C, Lin S. Impetus for Action: A Cultural Analysis of Justice and Organizational Citizenship Behavior in Chinese Society[J]. Administrative Science Quarterly, 1997, 42(3): 421-444.

[70] Farh J, Zhong C, Organ D W. Organizational Citizenship Behavior in the People's Republic of China[J]. Organization Science, 2004, 15(2): 241-253.

[71] Ferreira A I, Braun T, Sydow J. Citizenship Behavior in Project-based Organizing: Comparing German and Portuguese Project Managers[J]. The International Journal of Human Resource Management, 2013, 24(20): 3772-3793.

[72] Finkelstein S. Power In Top Management Teams: Dimensions, Measurement, and Validation[J]. Academy of Management Journal, 1992, 35(3): 505-538.

[73] Flynn F J. How Much Should I Give and How Often? The Effects of Generosity and Frequency of Favor Exchange on Social Status and Productivity[J]. Academy of Management Journal, 2003, 46(5): 539-553.

[74] Flyvbjerg B. What You Should Know About Megaprojects and Why: An Overview [J]. Project Management Journal, 2014, 45(2): 6-19.

[75] Flyvbjerg B, Bruzelius N, Rothengatter W. Megaprojects and risk: An anatomy of ambition[M]. Cambridge University Press, 2003.

[76] Fornell C, David L. Evaluating Structural Equation Models with Unobservable Variables and Measurement Error[J]. Journal of Marketing Research, 1981: 39-50.

[77] Fowler Jr F J. Survey research methods[M]. Sage Publications, 2013.

[78] Fox S, Spector P E, Miles D. Counterproductive Work Behavior (CWB) in Response to Job Stressors and Organizational Justice: Some Mediator and Moderator Tests for Autonomy and Emotions[J]. Journal of Vocational Behavior, 2001, 59(3): 291-309.

[79] Friedlander F, Pickle H. Components of Effectiveness in Small Organizations[J]. Administrative Science Quarterly, 1968: 289-304.

[80] Gao S S, Sung M C, Zhang J. Risk Management Capability Building in SMEs: A Social Capital Perspective[J]. International Small Business Journal, 2013, 31(6): 677-700.

[81] George J M, Jones G R. Organizational Spontaneity in Context[J]. Human Performance, 1997, 10(2): 153-170.

[82] Gorsuch R L. Factor analysis[M]. 2e. Hillsdale, NJ: LEA, 1983.

[83] Grant A M, Mayer D M. Good Soldiers and Good Actors: Prosocial and Impression Management Motives as Interactive Predictors of Affiliative Citizenship Behaviors[J]. Journal of Applied Psychology, 2009, 94(4): 900-912.

[84] Gulati R. Does Familiarity Breed Trust? The Implications of Repeated Ties for Contractual Choice in Alliances[J]. The Academy of Management Journal, 1995, 38(1): 85-112.

[85] Halbesleben J R B, Harvey J, Bolino M C. Too Engaged? A Conservation of Resources View of the Relationship Between Work Engagement and Work Interference with Family[J]. Journal of Applied Psychology, 2009, 94(6): 1452-1465.

[86] Hannam R L, Jimmieson N L. The Relationship Between Extra-role Behaviours and Job Burnout for Primary School Teachers: A Preliminary Model and Development of an Organisational Citizenship Behaviour Scale[C]//2002 Annual Conference of AARE, 2002: 1-17.

[87] He J. Counteracting Free-Riding With Team Morale — An Experimental Study[J]. Project Management Journal, 2012, 43(3): 62-75.

[88] He Q, Luo L, Hu Y, et al. Measuring the Complexity of Mega Construction Projects in China — A Fuzzy Analytic Network Process Analysis[J]. International Journal of Project Management, 2015, 33(3): 549-563.

[89] Howes R. Improving the performance of Earned Value Analysis as a Construction Project Management Tool [J]. Engineering Construction and Architectural Management, 2000, 7(4): 399-411.

[90] Hu Y, Chan A P C, Le Y, et al. From Construction Megaproject Management to Complex Project Management Bibliographic Analysis[J]. Journal of Management In Engineering, 2013, 29(4): 401-405.

[91] Huang C F, Hsueh S L. A Study on the Relationship Between Intellectual Capital and Business Performance in the Engineering Consulting Industry: A Path Analysis[J]. Journal of Civil Engineering and Management, 2007, 13(4): 265.

[92] Jackson E M, Rossi M E, Rickamer Hoover E, et al. Relationships of leader reward behavior with employee behavior: Fairness and morale as key mediators [J].

Leadership, Organization Development Journal, 2012, 33(7): 646-661.

[93] Jiang J J, Klein G, Wu S P J, et al. The Relation of Requirements Uncertainty and Stakeholder Perception Gaps to Project Management Performance[J]. Journal of Systems and Software, 2009, 82(5): 801-808.

[94] Kale P, Singh H, Perlmutter H. Learning and Protection of Proprietary Assets in Strategic Alliances: Building Relational Capital[J]. Strategic Management Journal, 2000, 21(3): 217-237.

[95] Kaplan R S, Norton. The Balanced Scorecard — measures that Drive Performance[J]. Harvard Business Review, 1992, 70(1): 71.

[96] Kast F E, Rosenzweig J E. Organization and Management: A Systems Approach[M]. McGraw-Hill, 1974.

[97] Katz D. The Motivational Basis of Organizational Behavior [J]. Behavioral Science, 1964.

[98] Katzell M E. Productivity: The Measure and the Myth: an AMA Survey Report[M]. Amacom, American Management Association, 1975.

[99] Kaufman P, Jayachandran S, Rose R L. The Role of Relational Embeddedness in retail buyers' selection of new products[J]. Journal of Marketing Research, 2006, 43(4): 580-587.

[100] Keegan D P, Eiler R G, Jones C R. Are Your Performance Measures Obsolete[J]. Management Accounting, 1989, 70(12): 45-50.

[101] Kim S Y, Huynh T A. Improving Project Management Performance of Large Contractors Using Benchmarking Approach[J]. International Journal of Project Management, 2008, 26(7): 758-769.

[102] Kim S. Public Service Motivation and Organizational Citizenship Behavior in Korea [J]. International Journal of Manpower, 2006, 27(8): 722-740.

[103] Klotz A C, Bolino M C. Citizenship and Counterproductive Work Behavior: A Moral Licensing View[J]. Academy of Management Review, 2013, 38(2): 292-306.

[104] Koh T Y, Rowlinson S. Relational Approach in Managing Construction Project Safety: A Social Capital Perspective[J]. Accident Analysis & Prevention, 2012, 48: 134-144.

[105] Kohtamäki M, Partanen J, Möller K. Making a Profit with R&D Services — The Critical Role of Relational Capital[J]. Industrial Marketing Management, 2013, 42(1): 71-81.

[106] Kohtamäki M, Vesalainen J, Henneberg S, et al. Enabling Relationship Structures and Relationship Performance Improvement: The Moderating Role of Relational

Capital[J]. Industrial Marketing Management, 2012, 41(8): 1298-1309.

[107] Konikow L F, Bredehoeft J D. Ground-water Models Cannot Be Validated[J]. Advances in Water Resources, 1992, 15(1): 75-83.

[108] Kumar N, Hibbard J D, Stern L W. The Nature and Consequences of Marketing Channel Intermediary Commitment[J]. Report-Marketing Science Institute, 1995: 25-26.

[109] Lam S S K, Hui C, Law K S. Organizational Citizenship Behavior: Comparing Perspectives of Supervisors and Subordinates Across Four International Samples[J]. Journal of Applied Psychology, 1999, 84(4): 594-601.

[110] Lee K, Allen N J. Organizational Citizenship Behavior and Workplace Deviance: The Role of Affect and Cognitions[J]. Journal of Applied Psychology, 2002, 87(1): 131-142.

[111] Lee L, Fu C, Li S, et al. The Effects of a Project's Social Capital, Leadership Style, Modularity, and Diversification on New Product Development Performance[J]. African Journal of Business Management, 2011, 5(1): 142-155.

[112] Lehrer U, Laidley J. Old Mega-Projects Newly Packaged? Waterfront Redevelopment in Toronto[J]. International Journal of Urban and Regional Research, 2008, 32(4): 786-803.

[113] Li J, Tang Y. CEO Hubris and Firm Risk Taking in China: the Moderating Role of Managerial Discretion[J]. Academy of Management Journal, 2010, 53(1): 45-68.

[114] Liebowitz J, Megbolugbe I. A Set of Frameworks to Aid the Project Manager in Conceptualizing and Implementing Knowledge Management Initiatives[J]. International Journal of Project Management, 2003, 21(3): 189-198.

[115] Ling F Y Y, Li S. Using Social Network Strategy to Manage Construction Projects in China[J]. International Journal of Project Management, 2012, 30(3): 398-406.

[116] Liu Julie Yu-Chih, Chen Henry Houn-Gee, Jiang James J, et al. Task Completion Competency and Project Management Performance: The Influence of Control and User Contribution[J]. International Journal of Project Management, 2010, 28(3): 220-227.

[117] Locatelli G, Littau P, Brookes N J, et al. Project Characteristics Enabling the Success of Megaprojects: An Empirical Investigation in the Energy Sector[J]. Procedia-Social and Behavioral Sciences, 2014, 119: 625-634.

[118] Louie M A, Carley K M. Balancing the criticisms: Validating multi-agent models of social systems[J]. Simulation Modelling Practice and Theory, 2008, 16(2): 242-256.

[119] Ludwig B. Predicting the Future: Have You Considered Using the Delphi Methodology[J]. Journal of Extension, 1997, 35(5): 1-4.

[120] Luger G F. Artificial Intelligence: Structures and Strategies for Complex Problem Solving[M]. Pearson Education, 2005.

[121] 曼昆. 宏观经济学[M]. 北京: 中国人民大学出版社, 2005.

[122] Marsh H W, Hau K, Balla J R, et al. Is More Ever Too Much? The Number of Indicators per Factor in Confirmatory Factor Analysis[J]. Multivariate Behavioral Research, 1998, 33(2): 181-220.

[123] Maurer I. How to Build Trust in Inter-organizational Projects: The Impact of Project Staffing and Project Rewards on the Formation of Trust, Knowledge Acquisition and Product Innovation[J]. International Journal of Project Management, 2010, 28(7): 629-637.

[124] McDonald R P, Ho M H. Principles and practice in reporting structural equation analyses[J]. Psychol Methods, 2002, 7(1): 64-82.

[125] Meng X. The Effect of Relationship Management on Project Performance in Construction[J]. International Journal of Project Management, 2012, 30(2): 188-198.

[126] Mir F A, Pinnington A H. Exploring the Value of Project Management: Linking Project Management Performance and Project Success[J]. International Journal of Project Management, 2014, 32(2): 202-217.

[127] Mir F A, Pinnington A H. Exploring the Value of Project Management: Linking Project Management Performance and Project Success[J]. International Journal of Project Management, 2014, 32(2): 202-217.

[128] Moorman R H, Blakely. Individualism-Collectivism as an Individual Difference Predictor of Organizational Citizenship Behavior[J]. Journal of Organizational Behavior, 1995, 16(2): 127-142.

[129] Morgan R M, Hunt S D. The Commitment-trust Theory of Relationship Marketing[J]. The Journal of Marketing, 1994: 20-38.

[130] Müller R, Turner J R. The Impact of Principal-agent Relationship and Contract Type on Communication Between Project Owner and Manager[J]. International Journal of Project Management, 2005, 23(5): 398-403.

[131] Nahapiet J, Sumantra G. Social Capital, Intellectual Capital, and the Organizational Advantage[J]. Academy of Management Review, 1998, 23(2): 242-266.

[132] Nathan B R, Mohrman A M, Milliman J. Interpersonal Relations as a Context for the Effects of Appraisal Interviews on Performance and Satisfaction: A Longitudinal

Study[J]. Academy of Management Journal, 1991, 34(2): 352-369.

[133] Neap Halil Shevket, Aysal Seran. Owner's Factor in Value-based Project Management in Construction[J]. Journal of Business Ethics, 2004, 50(1): 97-103.

[134] Neely A D, Adams C, Kennerley M. The Performance Prism: The Scorecard for Measuring and Managing Business Success[M]. Prentice Hall Financial Times London, 2002.

[135] Niebecker K, Eager D, Kubitza K. Improving Cross-company Project Management Performance with a Collaborative Project Scorecard[J]. International Journal of Managing Projects in Business, 2008, 1(3): 368-386.

[136] Nielsen T M, Hrivnak G A, Shaw M. Organizational Citizenship Behavior and Performance: A Meta-analysis of Group-level Research[J]. Small Group Research, 2009.

[137] Nunnally J C, Bernstein I H, Berge J M T. Psychometric Theory[M]. McGraw-Hill New York, 1967.

[138] O'Shea D W. Handbook of Theory and Research for the Sociology of Education[M]. American Sociological Association, 1987: 571-572.

[139] Olander S. Stakeholder Impact Analysis in Construction Project Management[J]. Construction Management and Economics, 2007, 25(3): 277-287.

[140] Olsson Nils O E, Johansen Agnar, Langlo Jan Alexander & Torp Olav. Project Ownership: Implications on Success Measurement[J]. Measuring Business Excellence, 2008, 12(1): 39-46.

[141] Organ D W. A Reappraisal and Reinterpretation of the Satisfaction-causes-performance Hypothesis[J]. Academy of Management Review, 1977, 2(1): 46-53.

[142] Organ D W. Organizational Citizenship Behavior: It's Construct Clean-Up Time[J]. Human Performance, 1997, 10(2): 85-97.

[143] Organ D W. Organizational Citizenship Behavior: The Good Soldier Syndrome[M]. Lexington Books/DC Heath and Com, 1988.

[144] Organ D W, Podsakoff P M, MacKenzie S B. Organizational Citizenship Behavior: Its Nature, Antecedents, and Consequences[M]. Sage Publications, 2005.

[145] Organ D, Andreas L. Personality, Satisfaction, and Organizational Citizenship Behavior[J]. The Journal of Social Psychology, 1995, 135(3): 339-350.

[146] Ostrom E, Walker J. Trust and Reciprocity: Interdisciplinary Lessons for Experimental Research[M]. Russell Sage Foundation, 2003.

[147] Pace D K. Impact of Simulation Description on Conceptual Validation[C]// Proceedings of the Fall 1998 Simulation Interoperability Workshop, 2000: 14-18.

[148] Paillé P. Assessing Organizational Citizenship Behavior in the French Context: Evidence for the Four-Dimensional Model[J]. The Journal of Psychology, 2009, 143(2): 133-146.

[149] Palmatier R W. Interfirm Relational Drivers of Customer Value[J]. Journal of Marketing, 2008, 72(4): 76-89.

[150] Parker S K, Skitmore M. Project Management Turnover: Causes and Effects on Project Performance[J]. International Journal of Project Management, 2005, 23(3): 205-214.

[151] Petersen K J, Handfield R B, Lawson B, et al. Buyer Dependency and Relational Capital Formation: the Mediating Effects of Socialization Processes and Supplier Integration[J]. The Journal of Supply Chain Management, 2008, 44(4): 53-65.

[152] PMI. A Guide to the Project Management Body of Knowledge (PMBOK: guide)[M]. Project Management Institute, 2013: 589.

[153] Podsakoff N P, Podsakoff P M, MacKenzie S B, et al. Consequences of Unit-level Organizational Citizenship Behaviors: A Review and Recommendations for Future Research[J]. Journal of Organizational Behavior, 2014, 35(S1): S87-S119.

[154] Podsakoff P M. Organizational Citizenship Behaviors: A Critical Review of the Theoretical and Empirical Literature and Suggestions for Future Research[J]. Journal of Management, 2000, 26(3): 513-563.

[155] Podsakoff P M, MacKenzie S B. Impact of Organizational Citizenship Behavior on Organizational Performance: A Review and Suggestion for Future Research[J]. Human Performance, 1997, 10(2): 133-151.

[156] Podsakoff P M, Ahearne M, MacKenzie S B. Organizational citizenship behavior and the quantity and quality of work group performance[J]. Journal of Applied Psychology, 1997, 82(2): 262.

[157] Podsakoff P M, MacKenzie S B, Bommer W H. Meta-Analysis of the Relationships Between Kerr and Jermier's Substitutes for Leadership and Employee Job Attitudes, Role Perceptions, and Performance[J]. Journal of Applied Psychology, 1996, 81(4): 380-399.

[158] Podsakoff P M, MacKenzie S B, Moorman R H, et al. Transformational Leader Behaviors and Their Effects on Followers' Trust in Leader, Satisfaction, and Organizational Citizenship Behaviors[J]. The Leadership Quarterly, 1990, 1(2): 107-142.

[159] Purba D E, Oostrom J K, Van der Molen H T, et al. Personality and Organizational Citizenship Behavior in Indonesia: The Mediating Effect of Affective Commitment[J].

Asian Business & Management, 2015, 14(2): 147-170.

[160] Rahman M M, Kumaraswamy M M. Potential for Implementing Relational Contracting and Joint Risk Management[J]. Journal of Management in Engineering, 2004, 20(4): 178-189.

[161] Randall D M, Fedor D B, Longenecker C O. The Behavioral Expression of Organizational Commitment[J]. Journal of Vocational Behavior, 1990, 36(2): 210-224.

[162] Robbins S P, Coulter M. 管理学[M]. 北京: 中国人民大学出版社, 2004.

[163] Rousseau D M, Fried Y. Location, Location, Location: Contextualizing Organizational Research[J]. Journal of Organizational Behavior, 2001, 22(1): 1-13.

[164] Russell Stuart, Norvig Peter. 人工智能——一种现代方法(英文版)[M]. 北京: 人民邮电出版社, 2002.

[165] Sakka O, Barki H, Côté L. Relationship between the Interactive Use of Control Systems and the Project Performance: The Moderating Effect of Uncertainty and Equivocality[J]. International Journal of Project Management, 2016, 34(3): 508-522.

[166] Sambasivan M, Siew-Phaik L, Mohamed Z A, et al. Impact of Interdependence Between Supply Chain Partners on Strategic Alliance Outcomes Role of Relational Capital as a Mediating Construct[J]. Management Decision, 2011, 49(3-4): 548-569.

[167] Samset K. Project evaluation: Making Investments Succeed[M]. Akademika Pub. 2003.

[168] Sato C E Y, de Freitas Chagas Jr M. When Do Megaprojects Start and Finish? Redefining Project Lead Time for Megaproject Success[J]. International Journal of Managing Projects in Business, 2014, 7(4): 624-637.

[169] Settoon R P, Mossholder K W. Relationship Quality and Relationship Context as Antecedents of Person-and Task-Focused Interpersonal Citizenship Behavior[J]. Journal of Applied Psychology, 2002, 87(2): 255-267.

[170] Smith C A, Organ D W, Near J P. Organizational Citizenship Behavior: Its Nature and Antecedents[J]. Journal of Applied Psychology, 1983, 68(4): 653.

[171] Smyth H, Edkins A. Relationship Management in the Management of PFI/PPP Projects in the UK[J]. International Journal of Project Management, 2007, 25(3): 232-240.

[172] Snell R S, Wong Y L. Differentiating Good Soldiers from Good Actors[J]. Journal of Management Studies, 2007, 44(6): 883-909.

[173] Sobel M E. Asymptotic Confidence Intervals for Indirect Effects in Structural Equation Models[J]. Sociological Methodology, 1982, 13(1982): 290-312.

参考文献

[174] Spector P E, Fox S. Counterproductive Work Behavior and Organisational Citizenship Behavior: Are They Opposite Forms of Active Behavior? [J]. Applied Psychology, 2010a, 59(1): 21-39.

[175] Spector P E, Fox S. Theorizing about the Deviant Citizen: An Attributional Explanation of the Interplay of Organizational Citizenship and Counterproductive Work Behavior[J]. Human Resource Management Review, 2010b, 20(2): 132-143.

[176] Steenkamp J E M, van Trijp H C M. The use of lisrel in validating marketing constructs[J]. International Journal of Research in Marketing, 1991, 8(4): 283-299.

[177] Steers R M. Antecedents and outcomes of organizational commitment [J]. Administrative Science Quarterly, 1977: 46-56.

[178] Szilagyi A D. Management and performance[M]. Santa Monica, Calif.: Goodyear Publishing Company, 1981.

[179] Tam V W Y, Shen L Y, Kong J S Y. Impacts of multi-layer chain subcontracting on project management performance[J]. International Journal of Project Management, 2011, 29(1): 108-116.

[180] Tan H H, Tan M L. Organizational Citizenship Behavior and Social Loafing: the Role of Personality, Motives, and Contextual Factors[J]. Journal Psychol, 2008, 142(1): 89-108.

[181] Terje Karlsen J. Project Owner Involvement for Information and Knowledge Sharing in Uncertainty Management [J]. International Journal of Managing Projects in Business, 2010, 3(4): 642-660.

[182] Thompson E P. Time, Work-Discipline, and Industrial Capitalism[J]. Past and Present, 1967: 56-97.

[183] Thomsen J, Levitt R E, Kunz J C, et al. A trajectory for Validating Computational Emulation Models of Organizations[J]. Computational & Mathematical Organization Theory, 1999, 5(4): 385-401.

[184] Ueda Y. Organizational Citizenship Behavior in a Japanese Organization: The Effects of Job Involvement, Organizational Commitment, and Collectivism[J]. Journal of Behavioral Studies in Business, 2011, 4: 1.

[185] Van Dyne L, Ellis J B. Job Creep: A Reactance Theory Perspective on Organizational Citizenship Behavior as Over-Fulfillment of Obligations [J]. The Employment Relationship: Examining Psychological and Contextual Perspectives, 2004: 181-205.

[186] Van Dyne L, Cummings L L, Parks J M. Extra-role behaviors-In pursuit of construct and definitional clarity (a bridge over muddied waters)[J]. Research in Organizational

Behavior, 1995, 17: 215-285.

[187] Van Dyne L, Graham J W, Dienesch R M. Organizational Citizenship Behavior: Construct Redefinition, Measurement, and Validation[J]. Academy of Management Journal, 1994, 37(4): 765-802.

[188] van Marrewijk A, Clegg S R, Pitsis T S, et al. Managing public-private megaprojects: Paradoxes, complexity, and project design[J]. International Journal of Project Management, 2008, 26(6): 591-600.

[189] Van Scotter R, Motowidlo J. Interpersonal Facilitation and Job Dedication as Separate Facets of Contextual Performance[J]. Journal of Applied Psychology, 1996, 81(5): 525-531.

[190] Velicer W F, Fava J L. Affects of Variable and Subject Sampling on Factor Pattern Recovery[J]. Psychological Methods, 1998, 3(2): 231.

[191] Vigoda-Gadot E. Compulsory Citizenship Behavior: Theorizing Some Dark Sides of the Good Soldier Syndrome in Organizations[J]. Journal for the Theory of Social Behaviour, 2006, 36(1): 77-93.

[192] Vigoda-Gadot E. Redrawing the Boundaries of OCB? An Empirical Examination of Compulsory Extra-role Behavior in the Workplace[J]. Journal of Business and Psychology, 2007, 21(3): 377-405.

[193] Wang H, Law K S, Hackett R D, et al. Leader-member exchange as a, mediator of the relationship between transformational leadership and followers' performance and organizational citizenship behavior[J]. Academy of Management Journal, 2005, 48(3): 420-432.

[194] Wat D, Margaret S. Equity and Relationship Quality Influences on Organizational Citizenship Behaviors: The Mediating Role of Trust in the Supervisor and Empowerment[J]. Personnel Review, 2005, 34(4): 406-422.

[195] Welbourne T M, Pardo-del-Val M. Relational Capital: Strategic Advantage for Small and Medium-Size Enterprises (SMEs) Through Negotiation and Collaboration[J]. Group Decision and Negotiation, 2009, 18(5): 483-497.

[196] Williams L J, Anderson S E. Job Satisfaction and Organizational Commitment as Predictors of Organizational Citizenship and In-role Behaviors[J]. Journal of management, 1991, 17(3): 601-617.

[197] Xin K R, Pearce. Guanxi: Connections as Substitutes for Formal Institutional Support[J]. The Academy of Management Journal, 1996, 39(6): 1641-1658.

[198] Yang B, Zhequn M. Employee Suzhi in Chinese Organizations: Organizational Ownership Behavior[J]. Journal of Chinese Human Resource Management, 2014,

5(2): 144-157.

[199] Yen H R, Li E Y, Niehoff B P. Do Organizational Citizenship Behaviors Lead to Information System Success? [J]. Information & Management, 2008, 45(6): 394-402.

[200] Yu C, Yang J, Yang D, et al. An Improved Conflicting Evidence Combination Approach Based on a New Supporting Probability Distance[J]. Expert Systems with Applications, 2015, 42(12): 5139-5149.

[201] Yu J, Jeon M, Kim T W. Fuzzy-based Composite Indicator Development Methodology for Evaluating Overall Project Performance[J]. Journal of Civil Engineering and Management, 2015, 21(3): 343-355.

[202] Yun S, Takeuchi R, Liu W. Employee Self-enhancement Motives and Job Performance Behaviors: Investigating the Moderating Effects of Employee Role Ambiguity and Managerial Perceptions of Employee Commitment[J]. Journal of Applied Psychology, 2007, 92(3): 745-756.

[203] Zaheer A, McEvily B, Perrone V. Does Trust Matter? Exploring the Effects of Interorganizational and Interpersonal Trust on Performance[J]. Organization Science, 1998, 9(2): 141-159.

[204] Zhai L, Xin Y F, Cheng C S. Understanding the Value of Project Management From a Stakeholder's Perspective: Case Study of Mega-Project Management[J]. Project Management Journal, 2009, 40(1): 99-109.

[205] Zhai L, Xin Y, Cheng C. Understanding the Value of Project Management from a Stakeholder's Perspective: Case Study of Mega-project Management[J]. Project Management Journal, 2009, 40(1): 99-109.

[206] Zhang M, Zheng W, Wei J. Sources of Social Capital: Effects of Altruistic Citizenship Behavior and Job Involvement on Advice Network Centrality[J]. Human Resource Development Quarterly, 2009, 20(2): 195-217.

[207] Zhang M, Li H, Foley S. Prioritizing work for family: a Chinese indigenous perspective[J]. Journal of Chinese Human Resource Management, 2014, 5(1): 14-31.

[208] Zhang M, Zheng W, Wei J. Sources of Social Capital: Effects of Altruistic Citizenship Behavior and Job Involvement on Advice Network Centrality[J]. Human Resource Development Quarterly, 2009, 20(2): 195-217.

[209] Zhang X. Critical Success Factors for Public - Private Partnerships in Infrastructure Development[J]. Journal of Construction Engineering and Management, 2005, 131(1): 3-14.

[210] Zwikael Ofer. Top Management Involvement in Project Management[J]. International Journal of Managing Projects in Business,2008,1(4):498-511.

[211] 艾尔·巴比. 社会研究方法[M]. 北京:清华大学出版社,2003.

[212] 巴纳德. 经理人员的职能[M]. 北京:中国社会科学出版社,1997.

[213] 白俊峰. 代建项目过程绩效评价及管理绩效改善研究[D]. 天津:天津大学,2010.

[214] 宝贡敏,王庆喜. 战略联盟关系资本的建立与维护[J]. 研究与发展管理,2004,16(3):9-14.

[215] 曹萍. 业主方建设项目管理的核心职能研究[D]. 上海:同济大学,2007.

[216] 常荔,李顺才,邹珊刚. 论基于战略联盟的关系资本的形成[J]. 外国经济与管理,2002(07):29-33.

[217] 陈菲琼. 关系资本在企业知识联盟中的作用[J]. 科研管理,2003,24(5):37-43.

[218] 陈丽芬,江卫东. 制造型企业基层管理者工作满意度对工作倦怠的影响实证分析[J]. 数理统计与管理,2009(06):1039-1046.

[219] 陈爽英,井润田,龙小宁,等. 民营企业家社会关系资本对研发投资决策影响的实证研究[J]. 管理世界,2010(01):88-97.

[220] 陈伟. 重大工程项目决策机制研究[D]. 武汉:武汉理工大学,2005.

[221] 陈晓萍. 组织与管理研究的实证方法[M]. 北京:北京大学出版社,2008.

[222] 陈震,何清华,李永奎,等. 中国大型公共项目公民行为界定及量表开发[J]. 华东经济管理,2016,30(2):107-113.

[223] 崔勋,瞿皎姣. 组织政治知觉对组织公民行为的影响辨析——基于国有企业员工印象管理动机的考察[J]. 南开管理评论,2014(02):129-141.

[224] 邓娇娇. 公共项目契约治理与关系治理的整合及其治理机理研究[D]. 天津:天津大学,2013.

[225] 丁荣贵,刘芳,孙涛,等. 基于社会网络分析的项目治理研究——以大型建设监理项目为例[J]. 中国软科学,2010(06):132-140.

[226] 丁士昭,全国一级建造师执业资格考试用书编委会[M]. 北京:中国建筑工业出版社,2004.

[227] 杜亚灵,尹贻林. 治理对公共项目管理绩效改善的实证研究——以企业型代建项目为例[J]. 土木工程学报. 2011,44(12):132-137.

[228] 杜亚灵,尹贻林. 公共项目管理绩效的形成机理研究. 项目管理技术[J]. 2008,6(7):13-17.

[229] 杜亚灵,尹贻林. 社会资本视域下风险分担与工程项目管理绩效的关联研究[J]. 华东经济管理,2012,26(3):122-127.

[230] 杜亚灵. 基于治理的公共项目管理绩效改善研究——以企业型代建项目为例[D]. 天津:天津大学,2009.

[231] 杜亚灵,尹贻林.治理对公共项目管理绩效改善的实证研究——以企业型代建项目为例[J].土木工程学报,2011(12):132-137.

[232] 段晓东.元胞自动机理论研究及其仿真应用[M].北京:科学出版社,2012.

[233] 樊景立,Farh Jiing-Lih,陈晓萍,等.组织与管理研究的实证方法[M].北京:北京大学出版社,2012.

[234] 范道津.公共管理视角下非经营性政府投资项目管理绩效研究——基于对代建制的分析[D].天津:天津大学,2007.

[235] 范昕墨.村镇基础设施建设政府投资行为研究[D].哈尔滨:哈尔滨工业大学,2010.

[236] 方兴,林元增.企业联盟中关系资本的形成机制及维护[J].华东经济管理,2006,20(3):123-126.

[237] 方振邦,罗海元.战略性绩效管理[M].北京:中国人民大学出版社,2010.

[238] 风笑天.社会研究方法(第4版)[M].北京:中国人民大学出版社,2013.

[239] 冯宝军,陈梅,陈银功.管理控制对企业战略供应关系资本的作用机理——基于中国乳制品企业的调查研究[J].预测,2013(01):62-66.

[240] 高静美,陈甫.组织变革知识体系社会建构的认知鸿沟——基于本土中层管理者DPH模型的实证检验[J].管理世界,2013(02):107-124.

[241] 高梁,刘洁.国家重大工程与国家创新能力[J].中国软科学,2005(4):17-22.

[242] 郭丁汉.业主建设工程项目管理指南[M].北京:机械工业出版社,2005.

[243] 韩翼,廖建桥,龙立荣.雇员工作绩效结构模型构建与实证研究[J].管理科学学报,2007(05):62-77.

[244] 何清华,陈震,李永奎.基于项目组织公民行为的重大基础设施工程项目成功评价体系研究——以无锡太湖国际科技园区开发为例[J].科技进步与对策,2014(11):62-66.

[245] 何清华,陆云波,李永奎,等.不同复杂性条件下的项目综合优化研究[J].管理工程学报,2013(04):161-168.

[246] 何清华,罗岚,陆云波,等.基于TO视角的项目复杂性测度研究[J].管理工程学报,2013(01):127-134.

[247] 何清华,罗岚,陆云波,等.项目复杂性内涵架研究述评[J].科技进步与对策,2013(23):156-160.

[248] 黄晓霞,于双阳,丁荣贵.产学研合作项目经理认知风格对项目管理绩效的影响[J].科技进步与对策,2016(1):1-6.

[249] 黄莉芸.看见不一样的自己:组织成员参与利他活动与其情感性承诺的提升[D].桃园:中原大学,2014.

[250] 姜文杰,张玉荣.关系资本对集群制造企业技术创新绩效、人力资本和结构资本的影响[J].中国科技论坛,2011(11):61-67.

[251] 姜文杰,张玉荣.制度资本、关系资本对集群制造企业技术创新绩效的影响[J].管理学报,2013(11):1641-1647.

[252] 柯洪.基于企业代建模式的公共项目管理绩效改善研究[D].天津:天津大学,2007.

[253] 乐云,张云霞,李永奎.政府投资重大工程建设指挥部模式的形成、演化及发展趋势研究[J].项目管理技术,2014,9:002.

[254] 乐云,张兵,关贤军,等.基于SNA视角的政府投资项目合谋关系研究[J].公共管理学报,2013(03):29-40.

[255] 乐云,张云霞,李永奎.政府投资重大工程建设指挥部模式的形成、演化及发展趋势研究[J].项目管理技术,2014(09):9-13.

[256] 李善民,毛雅娟,赵晶晶.高管持股,高管的私有收益与公司的并购行为[J].管理科学,2009(6):2-12.

[257] 李帅杰.城市洪水风险管理及应用技术研究[D].北京:中国水利水电科学研究院,2013.

[258] 廖列法,王刊良.C2C电子商务消费者满意、信任与忠诚之间关系的实证研究[J].信息系统学报,2011,4(1):20-33.

[259] 林澜,莫长炜.心理契约对组织公民行为的影响[J].心理科学进展,2008(05):779-788.

[260] 林莉,周鹏飞.知识联盟中知识学习、冲突管理与关系资本[J].科学学与科学技术管理,2004(04):107-110.

[261] 刘彬,米东,杜晓明,等.仿真系统概念模型验证方法的分析与选择[J].计算机仿真,2012(05):111-113.

[262] 刘衡,李垣,李西垚,等.关系资本、组织间沟通和创新绩效的关系研究[J].科学学研究,2010(12):1912-1919.

[263] 刘密,龙立荣,祖伟.主动性人格的研究现状与展望[J].心理科学进展,2007(02):333-337.

[264] 马蔡琛.公共预算管理中资源配置的竞争性博弈分析[J].云南社会科学,2008(05):107-110.

[265] 马辉,杜亚灵,王雪青.公共项目管理绩效过程评价指标体系的构建[J].软科学,2008(7):49-53.

[266] 马庆国.应用统计学[M].北京:科学出版社,2005.

[267] 毛晔,姚玉蓉,张星.大型公共工程绩效审计模型——基于可持续性的研究[J].审计与经济研究,2006(05):27-30.

[268] 梅哲群,杨百寅,金山.领导—成员交换对组织主人翁行为及工作绩效的影响机制研究[J].管理学报,2014(05):675-682.

[269] 庞华,何庆明.并购双方企业关系资本的整合管理研究[J].华南理工大学学报(社会

科学版),2006,8(3):40-43.

[270] 邱皓政,林碧芳.结构方程模型的原理与应用[M].北京:中国轻工业出版社,2009.

[271] 邱立强,龙华文,乐载兵.绩效突破[M].广州:广东经济出版社,2005.

[272] 瞿艳平,陆杉.关系资本研究现状与趋势:一个文献综述[J].华东经济管理,2013(08):150-154.

[273] 盛昭瀚,游庆仲,陈国华,等.大型工程综合集成管理——苏通大桥工程管理理论的探索与思考[M].北京:科学出版社,2009.

[274] 盛昭瀚,游庆仲,李迁.大型复杂工程管理的方法论和方法:综合集成管理——以苏通大桥为例[J].科技进步与对策,2008(10):193-197.

[275] 盛昭瀚.社会科学计算实验基本教程[M].上海:上海三联书店,2010.

[276] 谈飞,刘博.大型建设项目业主方组织结盟整合度及整合机制研究[J].建筑经济,2008(12):70-74.

[277] 王春阳,尹贻林.加强对政府投资项目的评价与决策[J].中国投资,2001(5):45-47.

[278] 王国猛,赵曙明,郑全全,等.团队心理授权、组织公民行为与团队绩效的关系[J].管理工程学报,2011(02):1-7.

[279] 王国猛,郑全全,黎建新,等.团队心理授权、组织公民行为与团队主动性关系的实证研究[J].科学学与科学技术管理,2010(01):157-161.

[280] 王红丽,陆云波.可计算组织模型的验证难点与验证方法综述[J].系统工程理论与实践,2014(02):382-391.

[281] 王华,黄之骏.经营者股权激励、董事会组成与企业价值——基于内生性视角的经验分析[J].管理世界,2006(9):101-116.

[282] 王辉,李晓轩,罗胜强.任务绩效与情境绩效二因素绩效模型的验证[J].中国管理科学,2003(04):80-85.

[283] 王进.大型工程项目成功标准研究[D].长沙:中南大学,2008.

[284] 王茜,程书萍.大型工程的系统复杂性研究[J].科学决策,2009(01):11-17.

[285] 王文杰,田启家,史忠植.多主体系统中对其它主体的研究[J].计算机研究与发展,1998(11):12-15.

[286] 王询.组织内的正式与非正式关系[J].东北财经大学学报,2000(02):3-7.

[287] 王长峰,赵迪,史志武.大型科技(工程)项目异构组织知识集成云计算网络空间战略联盟体系结构研究[J].科研管理,2013(S1):377-383.

[288] 王智生,胡珑瑛,李慧颖.合作创新网络中信任与知识分享的协同演化模型[J].哈尔滨工程大学学报,2012(09):1175-1179.

[289] 温枢刚,任伟民,赵禹骅.大型工程项目动态联盟的组建与收益分析[J].西安交通大学学报(社会科学版),2009,29(3):40-43,59.

[290] 温忠麟,侯杰泰,张雷.调节效应与中介效应的比较和应用[J].心理学报,2005(02):

268-274.

[291] 温忠麟,张雷,侯杰泰,等.中介效应检验程序及其应用[J].心理学报,2004(05):614-620.

[292] 乌云娜,杨益晟,冯天天,等.基于前景理论的政府投资代建项目合谋监管威慑模型研究[J].管理工程学报,2013(02):168-176.

[293] 吴超鹏,吴世农,郑方镳.管理者行为与连续并购绩效的理论与实证研究[J].管理世界,2008(7):126-133,188.

[294] 吴明隆.结构方程模型:AMOS的操作与应用[M].重庆:重庆大学出版社,2010a.

[295] 吴明隆.问卷统计分析实务:SPSS操作与应用[M].重庆:重庆大学出版社,2010c.

[296] 吴明隆.问卷统计分析实务[M].重庆:重庆大学出版社,2010b.

[297] 吴志明,武欣.知识工作团队中组织公民行为对团队有效性的影响作用研究[J].科学学与科学技术管理,2005(08):92-96.

[298] 席群峰.对政府投资重大群体项目管理与控制方法的思考——上海世博会工程建设管理经验的推广及应用[J].建筑技术,2010,41(4):294-300.

[299] 谢洪涛,王孟钧.重大工程项目技术创新组织障碍生成机理研究[J].中国科技论坛,2010(06):25-30.

[300] 谢佩洪.中国企业多元化经营:制度—行为—绩效范式构建研究[J].管理学家:学术版,2010(3):3-13.

[301] 徐亮,龙勇,张宗益.关系资本对联盟治理结构影响的研究:基于交易成本的观点[J].软科学,2008(04):32-37.

[302] 许多,张小林.中国组织情境下的组织公民行为[J].心理科学进展,2007(03):505-510.

[303] 薛卫,雷家骕,易难.关系资本、组织学习与研发联盟绩效关系的实证研究[J].中国工业经济,2010(04):89-99.

[304] 闫立罡,吴贵生.战略联盟中关系资本的重要作用与培育方法[J].软科学,2006,20(2):27-30.

[305] 严玲,尹贻林.基于治理的政府投资项目代建制绩效改善研究[J].土木工程学报,2006(11):120-126.

[306] 严瑜,张情."过犹不及"——组织公民行为消极面的解读与探析[J].心理科学进展,2014(05):834-844.

[307] 杨百寅,梅哲群."组织主人翁"还是"组织公民"——基于中国社会文化的员工行为分析视角[J].清华大学学报(哲学社会科学版),2014(03):146-153.

[308] 杨百寅,梅哲群.组织主人翁行为的结构与测量[C]//第八届(2013)中国管理学年会——组织行为与人力资源管理分会场论文集,2013:14.

[309] 杨雪冬.走向社会权利导向的社会管理体制[J].华中师范大学学报(人文社会科学

版),2010,1:1-10.

[310] 杨震宁,李东红,马振中.关系资本,锁定效应与中国制造业企业创新[J].科研管理,2013(11):42-52.

[311] 叶飞,薛运普.供应链伙伴间信息共享对运营绩效的间接作用机理研究——以关系资本为中间变量[J].中国管理科学,2011(06):112-125.

[312] 应敏.浅析业主方的设计变更管理[J].城市道桥与防洪,2011(9):191-194.

[313] 游庆仲,何平,吴寿昌,盛昭瀚.苏通大桥工程管理实践与基本经验[M].北京:科学出版社,2009.

[314] 张合军,陈建国,贾广社,等.社会网络分析与建设工程绩效目标设置[J].科技进步与对策,2009(21):176-180.

[315] 张兰霞,闵琳琳,吴小康,等.基于心理契约的知识型员工忠诚度的影响因素[J].管理评论,2008(04):39-44.

[316] 张文慧,王辉.长期结果考量,自我牺牲精神与领导授权赋能行为:环境不确定性的调节作用[J].管理世界,2009(6):115-123.

[317] 张宪.复杂性视角下基于 Agent 的建设工程项目集成管理模型研究[D].天津:天津大学,2011.

[318] 张小林,戚振江.组织公民行为理论及其应用研究[J].心理学动态,2001(04):352-360.

[319] 张新安,何惠,顾锋.家长式领导行为对团队绩效的影响:团队冲突管理方式的中介作用[J].管理世界,2009(3):121-133.

[320] 章胜平,丁烈云.大型建设项目全寿命周期动态联盟模式研究[J].华中科技大学学报(城市科学版),2005(S1):112-115.

[321] 赵海霞,郑晓明,龙立荣.团队薪酬分配对团队公民行为的影响机制研究[J].科学学与科学技术管理,2013,34(012):157-166.

[322] 周敦友.大型工程项目管理团队建设研究[J].建筑经济,2010(5):70-74.

[323] 周韬,任宏,晏永刚,等.基于合作博弈的巨项目组织联盟合作协调研究[J].土木工程学报,2011,33(S1):215-219.

[324] 周义.巨工程项目冲击下移民的福利变迁、能力补偿和博弈分析[D].重庆:重庆大学,2014.

[325] 庄贵军,李珂,崔晓明.关系营销导向与跨组织人际关系对企业关系型渠道治理的影响[J].管理世界,2008(7):77-90.

[326] 邹鹏,郝连才,李一军.基于互惠理论和前景理论的客户回报计划对客户忠诚影响[J].管理评论,2014(01):120-129.

附　录

附录 A　中国重大工程业主方项目公民行为对项目管理绩效影响的调查问卷

尊敬的女士/先生：

您好！我们是同济大学经济与管理学院的研究团队，此次问卷调查的目的是想了解重大工程业主方雇员的项目公民行为通过关系资本对项目管理绩效的影响。**问卷仅做学术研究使用，问题的回答没有对错之分，我们将对结果进行严格保密**。因此，请您放心并尽可能客观填写，您的真实看法对我们的研究具有巨大的帮助。

非常感谢您在百忙之中接受我们的调查，祝您和您的家人身体健康、万事如意！

同济大学经济与管理学院复杂工程管理研究院

提示

1. 问卷的调研对象为**重大工程业主方**，重大工程是指工程持续时间超过 1 年，项目总投资不低于 10 亿元，项目参与方众多，具有大量交互作用及互为牵制作用因素、动态不确定性较大、涉及大量公众利益、对社会经济环境均产生深远影响的建设项目。
2. 请您选择一个您参与过且已交付使用的重大基础设施工程进行填写。
3. 如果您有疑问或打算将填好问卷直接返回给调查者本人，敬请联系：陈震，电子信箱：cz0021@126.com，地址：(200092) 上海市四平路 1500 号同济联合广场 A 座复杂工程管理研究院 911 室。
4. 如果您对研究结果感兴趣，请您发送邮件至 cz0021@126.com。届时研究完成后我们会将研究结果电子版发送给您以供您参考。

请根据您正在实施的项目(或上一个完成项目)中的实际情况进行答题。

附 录

一、基本信息

根据您的实际情况进行填写,或在最适当的选项前面的"□"处打"√"。

条款内容	选项
1-1-1 项目所在地	_____省或_____自治区或_____市
1-1-2 性别	□男 □女
1-1-3 年龄	□≤25岁 □26—30岁 □31—40岁 □41—50岁 □>50岁
1-1-4 学历	□专科及以下 □本科 □硕士 □博士
1-1-5 您的工作经验	□≤5年 □6—10年 □11—15年 □16—20年 □>20年
1-1-6 您在该项目中的职位	□领导小组成员 □领导小组办公室(指挥部)成员 □专家咨询委员会成员 □项目开发公司成员
1-1-7 您所在项目的规模(投资额)(币种:人民币)	□10亿~50亿元 □51亿~100亿元 □100亿元以上
1-1-8 您所在项目的实际工期	□13—24个月 □25—36个月 □37—48个月 □48个月以上

二、重大工程业主方项目公民行为

根据您的实际情况进行填写,在最适当的选项前面的数字处打"√"。

	完全不符合	不符合	不确定	符合	完全符合
1. 利他					
2-1-1 业主方员工愿意主动协助其他人完成任务并不给其他人制造工作麻烦。	1	2	3	4	5
2-1-2 业主方员工在做事之前,把要完成的事与其他工作有关的情况告诉其他业主方员工和其他利益相关方。	1	2	3	4	5
2-1-3 业主方在做项目决策和管理时,首先考虑政策性、社会性、公益性、可执行性,最后满足项目的经济性。	1	2	3	4	5
2-1-4 项目业主方员工能积极提醒项目指挥长注意某些工作问题以实现项目目标。	4	2	3	4	5

续　表

	完全不符合	不符合	不确定	符合	完全符合
2-1-5 业主方基于项目利益给其他利益相关方提供无偿的工作便利支持。	1	2	3	4	5
2. 个体主动性					
2-2-1 其他利益相关方有新技术、新工艺时，作为业主方员工愿意努力学习，增加经验。	1	2	3	4	5
2-2-2 业主方员工没完成组织分配任务主动加班。	1	2	3	4	5
2-2-3 业主方在合同范围外积极组织针对其他利益相关方的正式的激励性活动（如立功竞赛），鼓励其他利益相关方尽快完成工作。	1	2	3	4	5
2-2-4 业主方员工积极参与项目会议。	1	2	3	4	5
2-2-5 业主方员工完成工作之前考虑该工作对项目全局的影响。	1	2	3	4	5
2-2-6 业主方员工完成管理工作之前会考虑增加哪些非正式行为会帮助管理工作更有效实现（诸如请别人加班后自费请别人吃夜宵等）。	1	2	3	4	5
3. 成员美德					
2-3-1 进一步沟通完善合同不可预见情形。	1	2	3	4	5
2-3-2 业主方员工愿意共享其获得的项目建设相关的信息和经验给其他业主方成员。	1	2	3	4	5
2-3-3 业主方员工阻止有害于项目利益的事件（如偷盗等）发生。	1	2	3	4	5
2-3-4 业主方员工愿意对项目中的问题提出建设性意见。	1	2	3	4	5
4. 人际关系和谐					
2-4-1 业主方员工愿意宣传项目良好形象，以参与项目为荣。	1	2	3	4	5
2-4-2 项目外的人问业主方员工的时候其对项目的描述是积极的。	1	2	3	4	5
2-4-3 业主方员工维持业主方和项目内人际关系和谐并且不扩大冲突。	1	2	3	4	5

续　表

	完全不符合	不符合	不确定	符合	完全符合
2-4-4 项目进行时业主方员工和项目其他利益相关方的关键员工保持联系。	1	2	3	4	5
2-4-5 业主方员工会选择跟之前合作过的利益相关方继续合作本项目。	1	2	3	4	5
2-4-6 尽管项目结束了,业主方员工还和共同工作过的其他业主方员工保持联系。	1	2	3	4	5
5. 项目服从					
2-5-1 在项目团队同事发生争执时业主方员工会尝试调解。	1	2	3	4	5
2-5-2 业主方员工服从项目和各项会议中制订的规章制度并在项目实践中严格执行。	1	2	3	4	5
2-5-3 业主方按照合同及习惯约定履行合同义务。	1	2	3	4	5
2-5-4 业主方能适应环境不断变更,并提出满足环境的具体需求。	1	2	3	4	5

三、重大工程项目业主方雇员关系资本

根据您的实际情况进行填写,在最适当的选项前面的数字处打"√"。

	完全不符合	不符合	不确定	符合	完全符合
1. 信任					
3-1-1 重大工程项目其他利益相关方做决策和管理时会考虑业主方对项目的利益和需求。	1	2	3	4	5
3-1-2 我们业主方相信重大工程中其他利益相关方项目目标与我们是一致的。	1	2	3	4	5
3-1-3 我们业主方可以指望重大工程中其他利益相关方能遵守他们的诺言。	1	2	3	4	5
2. 互惠					
3-2-1 重大工程其他利益相关方感觉到从我们业主方工作的过程中受到了帮助和优惠待遇。	1	2	3	4	5

续　表

	完全不符合	不符合	不确定	符合	完全符合
3-2-2 重大工程中我们业主方感觉到从其他利益相关方工作的过程中受到了帮助和优惠待遇。	1	2	3	4	5
3-2-3 重大工程中我们业主方和其他利益相关方的关系被定义为"相互受益方"。	1	2	3	4	5
3-2-4 重大工程中我们业主方期待我们能够和其他利益相关方在未来一直合作。	1	2	3	4	5
3. 承诺					
3-3-1 重大工程中我们业主方与其他利益相关方合作愉快。	1	2	3	4	5
3-3-2 重大工程中我们业主方需要持续维持与其他利益相关方的关系。	1	2	3	4	5
3-3-3 重大工程中我们业主方愿意与其他利益相关方很好地合作是基于我们受到其他利益相关方的非商务或技术以外的某些东西吸引(例如：印象、品牌、价值观、文化等)。	1	2	3	4	5

四、重大工程项目管理绩效

根据您的实际情况进行填写，在最能够代表您观点的数字处打"√"。

	完全不符合	不符合	不确定	符合	完全符合
4-1-1 项目业主方对其他利益相关方在项目中的表现感到满意。	1	2	3	4	5
4-1-2 项目业主方管理具有完善的制度和流程。	1	2	3	4	5
4-1-3 项目业主方有清晰的目标规划和目标控制。	1	2	3	4	5
4-1-4 项目业主方对自身和各利益相关方有清晰的工作范围界定。	1	2	3	4	5
4-1-5 项目业主方在实施过程中不断对项目组织结构进行动态优化。	1	2	3	4	5

续 表

	完全不符合	不符合	不确定	符合	完全符合
4-1-6 项目业主方积累了与其他项目不同的管理经验,项目业主方员工获得了不同的管理经验或学历提升。	1	2	3	4	5
4-1-7 项目收到当地居民来自环境、生活、经济等方面给予的积极反馈。	1	2	3	4	5
4-1-8 项目建设过程中帮助运营解决了部分问题。	1	2	3	4	5
4-1-9 业主方和其他各利益相关方获得了有效沟通。	1	2	3	4	5
4-1-10 业主方能有效管理项目变更。	1	2	3	4	5
4-1-11 业主方能主动在项目中营造积极的项目文化。	1	2	3	4	5

问卷到此结束,再次感谢您的帮助和支持!

附录 B 重大工程业主方项目公民行为对项目管理绩效动态仿真界面

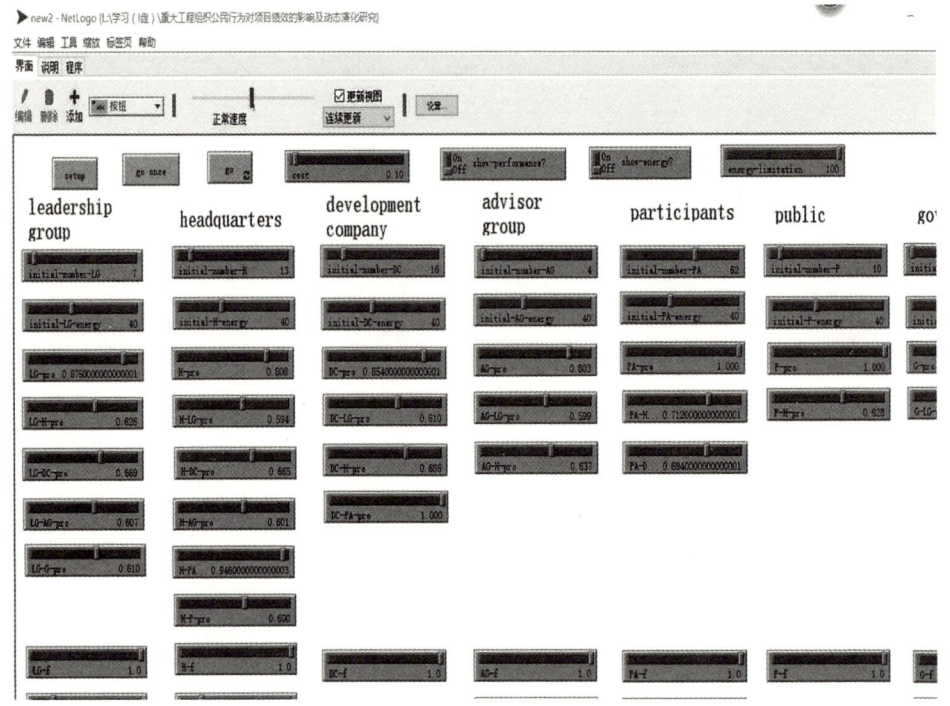

附录 C 重大工程业主方项目公民行为对项目管理绩效动态仿真编程源代码

breed[LGs LG]
breed[Hs H]
breed[DCs DC]
breed[AGs AG]
breed[PAs PA]
breed[Ps P]
breed[Gs G]
turtles-own [performance energy]
globals [LG-performance
   H-performance
   DC-performance
   AG-performance
   PA-performance
   P-performance
   G-performance
   total-performance
   OCB-frequency
   OCB-LG
   OCB-H
   OCB-DC
   OCB-AG
   OCB-PA
   OCB-P
   OCB-G
   count-LGs
   count-Hs
   count-DCs
   count-AGs

count-PAs
count-Ps
count-Gs

]

to setup
　　clear-all
　　ask patches[set pcolor white]

　　set-default-shape LGs "person"
　　set-default-shape Hs "person"
　　set-default-shape DCs "person"
　　set-default-shape AGs "person"
　　set-default-shape PAs "person"
　　set-default-shape Ps "person"
　　set-default-shape Gs "person"

　　create-LGs initial-number-LG
　　[set color pink
　　　set label-color black
　　　set performance (50 + random 50)
　　　set energy initial-LG-energy
　　　setxy random-xcor random-ycor]

　　create-Hs initial-number-H
　　[set color blue
　　　set label-color black
　　　set performance (50 + random 50)
　　　set energy initial-H-energy
　　　setxy random-xcor random-ycor]

　　create-DCs initial-number-DC

```
  [set color green
    set label-color black
    set performance (50 + random 50)
    set energy initial-DC-energy
    setxy random-xcor random-ycor]

create-AGs initial-number-AG
  [set color yellow
    set label-color black
    set performance (50 + random 50)
    set energy initial-AG-energy
    setxy random-xcor random-ycor]

create-PAs initial-number-PA
  [set color red
    set label-color black
    set performance (50 + random 50)
    set energy initial-PA-energy
    setxy random-xcor random-ycor]

create-Ps initial-number-P
  [set color violet
    set label-color black
    set performance (50 + random 50)
    set energy initial-P-energy
    setxy random-xcor random-ycor]

create-Gs initial-number-G
  [set color orange
    set label-color black
    set performance (50 + random 50)
    set energy initial-G-energy
    setxy random-xcor random-ycor]
```

set LG-pro (LG-pro)
set LG-H-pro (LG-H-pro)
set LG-DC-pro (LG-DC-pro)
set LG-AG-pro (LG-AG-pro)
set LG-G-pro (LG-G-pro)

set H-pro (H-pro)
set H-LG-pro (H-LG-pro)
set H-DC-pro (H-DC-pro)
set H-AG-pro (H-AG-pro)
set H-PA-pro (H-PA-pro)
set H-P-pro (H-P-pro)

set DC-pro (DC-pro)
set DC-LG-pro (DC-LG-pro)
set DC-H-pro (DC-H-pro)
set DC-PA-pro (DC-PA-pro)

set AG-pro (AG-pro)
set AG-LG-pro (AG-LG-pro)
set AG-H-pro (AG-H-pro)

set PA-pro (PA-pro)
set PA-H-pro (PA-H-pro)
set PA-DC-pro (PA-DC-pro)

set P-pro (P-pro)
set P-H-pro (P-H-pro)

set G-pro (G-pro)
set G-LG-pro (G-LG-pro)

set LG-f(LG-f)

set LG-H-f (LG-H-f)
set LG-DC-f (LG-DC-f)
set LG-AG-f (LG-AG-f)
set LG-G-f (LG-G-f)

set H-f (H-f)
set H-LG-f (H-LG-f)
set H-DC-f (H-DC-f)
set H-AG-f (H-AG-f)
set H-PA-f (H-PA-f)
set H-P-f (H-P-f)

set DC-f (DC-f)
set DC-LG-f (DC-LG-f)
set DC-H-f (DC-H-f)
set DC-PA-f (DC-PA-f)

set AG-f (AG-f)
set AG-LG-f (AG-LG-f)
set AG-H-f (AG-H-f)

set PA-f (PA-f)
set PA-H-f (PA-H-f)
set PA-DC-f (PA-DC-f)

set P-f (P-f)
set P-H-f (P-H-f)

set G-f (G-f)
set G-LG-f (G-LG-f)

```
  set cost(cost)

  reset-ticks
end

to go
  if ticks > 20000 [ stop ]

  move-turtles

  ask LGs [ if energy < energy-limitation [meet-LG]]
  ask Hs [ if energy < energy-limitation [meet-H]]
  ask DCs [ if energy < energy-limitation [meet-DC]]
  ask AGs [ if energy < energy-limitation [meet-AG]]
  ask PAs [ if energy < energy-limitation [meet-PA]]
  ask Ps [ if energy < energy-limitation [meet-P]]
  ask Gs [ if energy < energy-limitation [meet-G]]


  set OCB-frequency (OCB-LG + OCB-H + OCB-DC + OCB-AG + OCB-PA + OCB-P
+ OCB-G)

  turnover

  recruitment


  set LG-performance (sum [performance] of LGs)
  set H-performance (sum [performance] of Hs)
  set DC-performance (sum [performance] of DCs)
  set AG-performance (sum [performance] of AGs)
  set PA-performance (sum [performance] of PAs)
  set P-performance (sum [performance] of Ps)
```

```
    set G-performance (sum [performance] of Gs)
    set total-performance (sum [performance] of LGs + sum [performance] of
Hs + sum [performance] of DCs + sum [performance] of AGs)

  if LG-pro > 1 [set LG-pro 1]
  if LG-pro < 0 [set LG-pro 0]
  if LG-H-pro > 1 [set LG-H-pro 1]
  if LG-H-pro < 0 [set LG-H-pro 0]
  if LG-DC-pro > 1 [set LG-DC-pro 1]
  if LG-DC-pro < 0 [set LG-DC-pro 0]
  if LG-AG-pro > 1 [set LG-AG-pro 1]
  if LG-AG-pro < 0 [set LG-AG-pro 0]
  if LG-G-pro > 1 [set LG-G-pro 1]
  if LG-G-pro < 0 [set LG-G-pro 0]
  if H-pro > 1 [set H-pro 1]
  if H-pro < 0 [set H-pro 0]
  if H-LG-pro > 1 [set H-LG-pro 1]
  if H-LG-pro < 0 [set H-LG-pro 0]
  if H-DC-pro > 1 [set H-DC-pro 1]
  if H-DC-pro < 0 [set H-DC-pro 0]
  if H-AG-pro > 1 [set H-AG-pro 1]
  if H-AG-pro < 0 [set H-AG-pro 0]
  if H-PA-pro > 1 [set H-PA-pro 1]
  if H-PA-pro < 0 [set H-PA-pro 0]
  if H-P-pro > 1 [set H-P-pro 1]
  if H-P-pro < 0 [set H-P-pro 0]
  if DC-pro > 1 [set DC-pro 1]
  if DC-pro < 0 [set DC-pro 0]
  if DC-LG-pro > 1 [set DC-LG-pro 1]
  if DC-LG-pro < 0 [set DC-LG-pro 0]
  if DC-H-pro > 1 [set DC-H-pro 1]
  if DC-H-pro < 0 [set DC-H-pro 0]
  if DC-PA-pro > 1 [set DC-PA-pro 1]
```

```
if DC-PA-pro < 0 [set DC-PA-pro 0]
if AG-pro > 1 [set AG-pro 1]
if AG-pro < 0 [set AG-pro 0]
if AG-LG-pro > 1 [set AG-LG-pro 1]
if AG-LG-pro < 0 [set AG-LG-pro 0]
if AG-H-pro > 1 [set AG-H-pro 1]
if AG-H-pro < 0 [set AG-H-pro 0]
if PA-pro > 1 [set PA-pro 1]
if PA-pro < 0 [set PA-pro 0]
if PA-H-pro > 1 [set PA-H-pro 1]
if PA-H-pro < 0 [set PA-H-pro 0]
if PA-DC-pro > 1 [set PA-DC-pro 1]
if PA-DC-pro < 0 [set PA-DC-pro 0]
if P-pro > 1 [set P-pro 1]
if P-pro < 0 [set P-pro 0]
if P-H-pro > 1 [set P-H-pro 1]
if P-H-pro < 0 [set P-H-pro 0]
if G-pro > 1 [set G-pro 1]
if G-pro < 0 [set G-pro 0]
if G-LG-pro > 1 [set G-LG-pro 1]
if G-LG-pro < 0 [set G-LG-pro 0]
tick


ask turtles
[ifelse show-performance?
    [ set label performance ]
    [ set label "" ] ]



end

to move-turtles
  ask turtles[
```

```
    right random 360
    forward 1]

  end

to meet-LG
  ifelse count other LGs-here > 0
  [ifelse random-float 1 < LG-f
    [ifelse random-float 1 < LG-pro
      [ask other LGs-here [set performance performance + LG-pro - cost + energy / 100 - 0.2]
      ask LGs-here [set energy energy + 1]
      set LG-pro LG-pro + LGSP-plus
      set OCB-LG OCB-LG + 1
    ]
      [ask LGs-here [set energy energy - 1]
      set LG-pro LG-pro - LGSP-minus]
      ]
      []
    ]
      [ifelse count Hs-here > 0
        [ifelse random-float 1 < LG-H-f
        [ifelse random-float 1 < LG-H-pro
          [ask Hs-here[set performance performance + LG-H-pro - cost + energy / 100 - 0.2]
          ask LGs-here [set energy energy + 1]
          ask Hs-here [set energy energy + 1]
          set LG-H-pro LG-H-pro + LGDP-plus
          set OCB-LG OCB-LG + 1
          ]
          [ask Hs-here [set energy energy - 1]
          ask LGs-here [set energy energy - 1]
          set LG-H-pro LG-H-pro - LGDP-minus]
```

```
            ]
          []
          ]
      [ifelse count DCs-here > 0
        [ifelse random-float 1 < LG-DC-f
        [ifelse random-float 1 < LG-DC-pro
            [ask DCs-here [set performance performance + LG-DC-pro - cost
 + energy / 100 - 0.2]
              ask LGs-here [set energy energy + 1]
              ask DCs-here [set energy energy + 1]
              set LG-DC-pro LG-DC-pro + LGDP-plus
              set OCB-LG OCB-LG + 1
              ]
        [ask LGs-here [set energy energy - 1]
            ask DCs-here [set energy energy - 1]
            set LG-DC-pro LG-DC-pro - LGDP-minus]
            ]
          []
          ]
      [ifelse count AGs-here > 0
        [ifelse random-float 1 < LG-AG-f
        [ifelse random-float 1 < LG-AG-pro
              [ask AGs-here [set performance performance + LG-AG-pro -
 cost + energy / 100 - 0.2]
              ask LGs-here [set energy energy + 1]
              ask AGs-here [set energy energy + 1]
              set LG-AG-pro LG-AG-pro + LGDP-plus
              set OCB-LG OCB-LG + 1
              ]
        [ask LGs-here [set energy energy - 1]
            ask AGs-here [set energy energy - 1]
            set LG-AG-pro LG-AG-pro - LGDP-minus]
            ]
```

                    []
                    ]
            [ifelse count Gs-here > 0
                [ifelse random-float 1 < LG-G-f
                [ifelse random-float 1 < LG-G-pro
                    [ask Gs-here [set performance performance + LG-G-pro - cost + energy / 100 - 0.2]
            ask Gs-here [set energy energy + 1]
            ask LGs-here [set energy energy + 1]
            set LG-G-pro LG-G-pro + LGDP-plus
            set OCB-LG OCB-LG + 1]
                [ask Gs-here [set energy energy - 1]
            ask LGs-here [set energy energy - 1]
            set LG-G-pro LG-G-pro - LGDP-minus]
            ]
                []
                ]
            []
            ]
            ]
            ]
            ]

end

to meet-H
    ifelse count other Hs-here > 0
    [ifelse random-float 1 < H-f
    [ifelse random-float 1 < H-pro
        [ask other Hs-here [set performance performance + H-pro - cost + energy / 100 - 0.2]
        ask Hs-here [set energy energy + 1]
        set H-pro H-pro + HSP-plus

```
        set OCB-H OCB-H + 1 ]
      [ask Hs-here [set energy energy - 1]
        set H-pro H-pro - HSP-minus]
      ]
    []
    ]
    [ifelse count LGs-here > 0
      [ifelse random-float 1 < H-LG-f
      [ifelse random-float 1 < H-LG-pro
         [ask LGs-here [set performance performance + H-LG-pro - cost +
energy / 100 - 0.2]
          ask LGs-here [set energy energy + 1]
          ask Hs-here [set energy energy + 1]
          set H-LG-pro H-LG-pro + HDP-plus
          set OCB-H OCB-H + 1]
       [ask LGs-here [set energy energy - 1]
          ask Hs-here [set energy energy - 1]
          set H-LG-pro H-LG-pro - HDP-minus
          ]
      ]
        []
        ]
      [ifelse count DCs-here > 0
        [ifelse random-float 1 < H-DC-f
        [ifelse random-float 1 < H-DC-pro
           [ask DCs-here [set performance performance + H-DC-pro - cost +
energy / 100 - 0.2]
            ask DCs-here [set energy energy + 1]
            ask Hs-here [set energy energy + 1]
            set H-DC-pro H-DC-pro + HDP-plus
            set OCB-H OCB-H + 1]
         [ask DCs-here [set energy energy - 1]
            ask Hs-here [set energy energy - 1]
```

```
            set H-DC-pro H-DC-pro - HDP-minus
                ]
          ]
            []
          ]
        [ifelse count AGs-here > 0
            [ifelse random-float 1 < H-AG-f
            [ifelse random-float 1 < H-AG-pro
                [ask AGs-here [set performance performance + H-AG-pro - cost +
energy / 100 - 0.2]
            ask AGs-here [set energy energy + 1]
            ask Hs-here [set energy energy + 1]
            set H-AG-pro H-AG-pro + HDP-plus
            set OCB-H OCB-H + 1]
                [ask AGs-here [set energy energy - 1]
            ask Hs-here [set energy energy - 1]
            set H-AG-pro H-AG-pro - HDP-minus
                ]
          ]
            []
          ]
        [ifelse count PAs-here > 0
            [ifelse random-float 1 < H-PA-f
            [ifelse random-float 1 < H-PA-pro
                [ask PAs-here [set performance performance + H-PA-pro - cost
+ energy / 100 - 0.2]
            ask PAs-here [set energy energy + 1]
            ask Hs-here [set energy energy + 1]
            set H-PA-pro H-PA-pro + HDP-plus
            set OCB-H OCB-H + 1]
                [ask PAs-here [set energy energy - 1]
            ask Hs-here [set energy energy - 1]
            set H-PA-pro H-PA-pro - HDP-minus
```

            ]
          ]
         []
        ]
       [ifelse count Ps-here > 0
          [ifelse random-float 1 < H-P-f
            [ifelse random-float 1 < H-P-pro
              [ask Ps-here [set performance performance + H-P-pro - cost + energy / 100 - 0.2]
      ask Ps-here [set energy energy + 1]
      ask Hs-here [set energy energy + 1]
      set H-P-pro H-P-pro + HDP-plus
      set OCB-H OCB-H + 1]
              [ask Ps-here [set energy energy - 1]
      ask Hs-here [set energy energy - 1]
      set H-P-pro H-P-pro - HDP-minus
               ]
             ]
            []
           ]
          []
         ]
        ]
       ]
      ]
     ]

end

to meet-DC
  ifelse count other DCs-here > 0
  [ifelse random-float 1 < DC-f

```
[ifelse random-float 1 < DC-pro
    [ask other DCs-here [set performance performance + DC-pro - cost +
energy / 100 - 0.2]
    ask DCs-here [set energy energy + 1]
    set DC-pro DC-pro + DCSP-plus
    set OCB-DC OCB-DC + 1 ]
    [ask DCs-here [set energy energy - 1]
     set DC-pro DC-pro - DCSP-minus]
    ]
  []
]
[ifelse count LGs-here > 0
    [ifelse random-float 1 < DC-LG-f
    [ifelse random-float 1 < DC-LG-pro
        [ask LGs-here [set performance performance + DC-LG-pro - cost +
energy / 100 - 0.2]
        ask LGs-here [set energy energy + 1]
        ask DCs-here [set energy energy + 1]
        set DC-LG-pro DC-LG-pro + DCDP-plus
        set OCB-DC OCB-DC + 1]
        [ask LGs-here [set energy energy - 1]
        ask DCs-here [set energy energy - 1]
        set DC-LG-pro DC-LG-pro - DCDP-minus]
        ]
    []
    ]
    [ifelse count Hs-here > 0
        [ifelse random-float 1 < DC-H-f
        [ifelse random-float 1 < DC-H-pro
            [ask Hs-here [set performance performance + DC-H-pro - cost +
energy / 100 - 0.2]
        ask Hs-here [set energy energy + 1]
        ask DCs-here [set energy energy + 1]
```

```
        set DC-H-pro DC-H-pro + DCDP-plus
        set OCB-DC OCB-DC + 1]
         [ask Hs-here [set energy energy - 1]
        ask DCs-here [set energy energy - 1]
        set DC-H-pro DC-H-pro - DCDP-minus]
          ]
      []
      ]
      [ifelse count PAs-here > 0
         [ifelse random-float 1 < DC-PA-f
         [ifelse random-float 1 < DC-PA-pro
             [ask PAs-here [set performance performance + DC-PA-pro - cost
+ energy / 100 - 0.2]
        ask PAs-here [set energy energy + 1]
        ask DCs-here [set energy energy + 1]
        set DC-PA-pro DC-PA-pro + DCDP-plus
        set OCB-DC OCB-DC + 1]
            [ask PAs-here [set energy energy - 1]
        ask DCs-here [set energy energy - 1]
        set DC-PA-pro DC-PA-pro - DCDP-minus]
          ]
        []
        ]
        []
      ]
    ]
  ]

end

to meet-AG
  ifelse count other AGs-here > 0
  [ifelse random-float 1 < AG-f
```

```
[ifelse random-float 1 < AG-pro
  [ask other AGs-here [set performance performance + AG-pro - cost + energy / 100 - 0.2]
    ask AGs-here [set energy energy + 1]
    set AG-pro AG-pro + AGSP-plus
    set OCB-AG OCB-AG + 1]
    [ask AGs-here [set energy energy - 1]
      set AG-pro AG-pro - AGSP-minus]
  ]
  []
]
[ifelse count LGs-here > 0
  [ifelse random-float 1 < AG-LG-f
  [ifelse random-float 1 < AG-LG-pro
    [ask LGs-here [set performance performance + AG-LG-pro - cost + energy / 100 - 0.2]
      ask AGs-here[set energy energy + 1]
      ask LGs-here [set energy energy + 1]
      set AG-LG-pro AG-LG-pro + AGDP-plus
      set OCB-AG OCB-AG + 1]
      [ask LGs-here [set energy energy - 1]
        ask AGs-here [set energy energy - 1]
        set AG-LG-pro AG-LG-pro - AGDP-minus]
      ]
    []
  ]
  [ifelse count Hs-here > 0
    [ifelse random-float 1 < AG-H-f
    [ifelse random-float 1 < AG-H-pro
      [ask Hs-here [set performance performance + AG-H-pro - cost + energy / 100 - 0.2]
        ask Hs-here[set energy energy + 1]
        ask AGs-here [set energy energy + 1]
```

```
            set AG-H-pro AG-H-pro + AGDP-plus
            set OCB-AG OCB-AG + 1]
              [ask Hs-here [set energy energy - 1]
             ask AGs-here [set energy energy - 1]
            set AG-H-pro AG-H-pro - AGDP-minus]
              ]
            []
            ]
            []
        ]
    ]


end

to meet-PA
    ifelse count other PAs-here > 0
    [ifelse random-float 1 < PA-f
    [ifelse random-float 1 < PA-pro
    [ask other PAs-here [set performance performance + PA-pro - cost +
energy / 100 - 0.2]
       ask PAs-here [set energy energy + 1]
       set PA-pro PA-pro + PASP-plus
       set OCB-PA OCB-PA + 1]
       [ask PAs-here [set energy energy - 1]
        set PA-pro PA-pro - PASP-minus]
       ]
    []
    ]
    [ifelse count Hs-here > 0
       [ifelse random-float 1 < PA-H-f
        [ifelse random-float 1 < PA-H-pro
         [ask Hs-here [set performance performance + PA-H-pro - cost +
```

```
energy / 100 - 0.2]
      ask PAs-here[set energy energy + 1]
      ask Hs-here [set energy energy + 1]
      set PA-H-pro PA-H-pro + PADP-plus
      set OCB-PA OCB-PA + 1]
      [ask Hs-here [set energy energy - 1]
       ask PAs-here [set energy energy - 1]
       set PA-H-pro PA-H-pro - PADP-minus]
          ]
    []
    ]
    [ifelse count DCs-here > 0
      [ifelse random-float 1 < PA-DC-f
      [ifelse random-float 1 < PA-DC-pro
         [ask DCs-here [set performance performance + PA-DC-pro - cost +
energy / 100 - 0.2]
      ask DCs-here[set energy energy + 1]
      ask PAs-here [set energy energy + 1]
      set PA-DC-pro PA-DC-pro + PADP-plus
      set OCB-PA OCB-PA + 1]
         [ask DCs-here [set energy energy - 1]
       ask PAs-here [set energy energy - 1]
       set PA-DC-pro PA-DC-pro - PADP-minus]
          ]
        []
        ]
        []
    ]
  ]


end
```

```
to meet-P
  ifelse count other Ps-here > 0
  [ifelse random-float 1 < P-f
  [ifelse random-float 1 < P-pro
     [ask other Ps-here [set performance performance + P-pro - cost + energy / 100 - 0.2]
     ask Ps-here [set energy energy + 1]
     set P-pro P-pro + PSP-plus
     set OCB-P OCB-P + 1]
     [ask Ps-here [set energy energy - 1]
      set P-pro P-pro - PSP-minus]
     ]
  []
  ]
  [ifelse count Hs-here > 0
    [ifelse random-float 1 < P-H-f
    [ifelse random-float 1 < P-H-pro
       [ask Hs-here [set performance performance + P-H-pro - cost + energy / 100 - 0.2]
       ask Hs-here[set energy energy + 1]
       ask Ps-here [set energy energy + 1]
       set P-H-pro P-H-pro + PDP-plus
       set OCB-P OCB-P + 1]
       [ask Hs-here [set energy energy - 1]
        ask Ps-here [set energy energy - 1]
        set P-H-pro P-H-pro - PDP-minus]
       ]
    []
    ]
    []
   ]

end
```

```
to meet-G
  ifelse count other Gs-here > 0
  [ifelse random-float 1 < G-f
  [ifelse random-float 1 < G-pro
    [ask other Gs-here [set performance performance + G-pro - cost + energy / 100 - 0.2]
     ask Gs-here [set energy energy + 1]
     set G-pro G-pro + GSP-plus
     set OCB-G OCB-G + 1]
    [ask Gs-here [set energy energy - 1]
     set G-pro G-pro - GSP-minus]
    ]
  []
  ]
  [ifelse count LGs-here > 0
    [ifelse random-float 1 < G-LG-f
    [ifelse random-float 1 < G-LG-pro
      [ask LGs-here [set performance performance + G-LG-pro - cost + energy / 100 - 0.2]
       ask LGs-here[set energy energy + 1]
       ask Gs-here [set energy energy + 1]
       set G-LG-pro G-LG-pro + GDP-plus
       set OCB-G OCB-G + 1]
      [ask LGs-here [set energy energy - 1]
       ask Gs-here [set energy energy - 1]
       set G-LG-pro G-LG-pro - GDP-minus]
      ]
    []
    ]
    []
  ]

end
```

```
to turnover
  ask turtles
  [if energy < 0
    [die]
  ]

end

to recruitment
  set count-LGs ( count LGs )
  set count-Hs ( count Hs )
  set count-DCs ( count DCs )
  set count-AGs ( count AGs )
  set count-PAs ( count PAs )
  set count-Ps ( count Ps )
  set count-Gs( count Gs )

  if count-LGs / initial-number-LG < LG-turnover-limitation
  [create-LGs ( initial-number-LG - count-LGs )
    [set color pink
      set label-color black
      set performance (50 + random 50)
      set energy initial-LG-energy
      setxy random-xcor random-ycor]
  ]

  if count-Hs / initial-number-H < H-turnover-limitation
  [create-Hs ( initial-number-H - count-Hs )
    [set color blue
      set label-color black
      set performance (50 + random 50)
      set energy initial-H-energy
      setxy random-xcor random-ycor]
```

]

if count-DCs / initial-number-DC < DC-turnover-limitation
[create-DCs (initial-number-DC - count-DCs)
　　[set color green
　　set label-color black
　　set performance (50 + random 50)
　　set energy initial-DC-energy
　　setxy random-xcor random-ycor]
]

if count-AGs / initial-number-AG < AG-turnover-limitation
[create-AGs (initial-number-AG - count-AGs)
　　[set color yellow
　　set label-color black
　　set performance (50 + random 50)
　　set energy initial-AG-energy
　　setxy random-xcor random-ycor]
]

if count-PAs / initial-number-PA < PA-turnover-limitation
[create-PAs (initial-number-PA - count-PAs)
　　[set color red
　　set label-color black
　　set performance (50 + random 50)
　　set energy initial-PA-energy
　　setxy random-xcor random-ycor]
]

if count-Ps / initial-number-P < P-turnover-limitation
　[create-Ps (initial-number-P - count-Ps)
　　[set color violet
　　set label-color black

```
    set performance (50 + random 50)
    set energy initial-P-energy
    setxy random-xcor random-ycor]
  ]
  if count-Gs / initial-number-G < G-turnover-limitation
  [create-Gs ( initial-number-G - count-Gs )
    [set color orange
    set label-color black
    set performance (50 + random 50)
    set energy initial-G-energy
    setxy random-xcor random-ycor]
  ]
end
```

后 记

春去秋来，花开花落，四年时间如白驹过隙，转眼即逝。

同济的华表柱见证了一代又一代的学子录取的喜悦，也见证了一代又一代的学子离校的欢乐。

来同济笔试、面试乃至报道的日子仿佛就在昨日，今天却不得不面对与同济的暂时别离。

感谢同济，在这里我有幸师从导师何清华教授，学习领悟了如何做研究，如何将实践与研究相结合做有意义的研究，如何处理复杂的人际关系，如何更高质量地生活等一系列学习和生活问题。在同济求学的经历也是我一生中最宝贵的学习经历。

感谢我的导师何教授。他敏锐高瞻的学术视野、渊博深厚的专业知识、丰富的理论与实践结合的能力以及对大局的把握和控制能力引导我进入建设工程管理学术研究的殿堂。在学期间，导师的学识、智慧和影响力，每一句指点、每一句不经意的启发均能对研究产生触动。在读博期间，多次帮我把握研究方向，避免了我研究出现死循环，一直致力于强调理论与实践结合，强调"言之有物"，面向工程管理实践研究实践需要的理论问题。鼓励我申请奖学金，并对我不善于突出自身优势的问题提合理化建议。在生活上更是十分关心，经常给我们科研补贴，针对我不注重细节的问题关心我在正式场合的仪表。导师上善若水、高贵内隐的学术气质、崇高的智慧和平易近人的人文关怀，需要我用一生来学习、体悟，师恩如山！

在博士阶段求学的道路上，感谢同济大学的诸多知名教授的授课与指导，他们的指点同样让我受益良多。特别感谢乐云教授对研究课题选题的宏观把握，感谢李永奎教授对研究理念和研究方法的指点，他务实的研究态度和严谨的治学精神对我提升论文质量改进甚大。

在学术探索的道路上，需要各类引路人为我的研究指引方向。感谢同门罗岚师姐的帮助和启发，感谢王森浩师兄、张兵师兄、单明师兄在研究方向上给我的指点，感谢同门解燕平在生活、学习中给予我的帮助。还感谢师弟范道安、王歌、白居、吴智磊、刘明强，师妹杨德磊、刘晓雪、王婷、郑弦等在学术研讨中的探讨、相互启发和帮助，尤其感谢吴智磊师弟关于多个研究主题与我的反复讨论、思辨以及鼓励。

一起在同济大学同济联合广场 A 座就读的博士同学部分已经毕业离校，感谢经管 12 级博士班同学：余伟、叶江峰、孔庆山、曹玉红、赵佳、石恋、张士彬、马振鹏、吴晓伟、马腾、谢坚勋、郑威、陈宝春、邵志国、刘娜娜、徐松鹤、孙文华、朱琳、段春艳、陈翼然……难忘的岁月中有一起学习生活的场景，有一起研究讨论的画面，还有相互鼓励完成学业的信念，这些都让我终生难忘。

感谢同济大学经济与管理学院博士生科研秘书兀云波老师和唐海燕老师，班主任曹晓玲老师，他们在我博士上学期间给予了我精神上和行动上的支持。

感谢身处家乡的父母，感谢你们不辞劳苦的培养，无怨无悔的关爱和支持让我一路前行。

谨以本书献给所有关心我、支持我和帮助我的人！我将化激励为动力，不辜负大家对我的期望，继续在学术的道路上再创新的历史！

陈　震